《复旦网络空间治理评论》第三辑

数字时代的新地缘政治博弈与冲突协调

胡冯彬 沈逸 ⊙ 主编

时事出版社
北京

本书是上海市哲学社会科学规划课题（项目编号：2021ZXW004）阶段性成果。

编辑委员会

战略顾问
  邬贺铨 中国工程院院士
  何德全 中国工程院院士
  郝叶力 中国国际战略学会高级顾问，国家创新与发展战略
      研究会副会长
  姜 迅 上海市互联网业联合会会长
  林 鹏 广东工业大学特聘教授，享受国务院特殊津贴专家

编委会成员（排名不分先后）
  沈 逸 教授，复旦大学网络空间国际治理研究基地主任
  桂 勇 教授，复旦大学社会治理研究中心主任
  杨 珉 复旦大学计算机科学技术学院院长，教授
  杨海军 上海市委网络安全与信息化委员会办公室总工程师
  方兴东 浙江大学传媒与国际文化学院常务副院长，教授
  支振锋 中国社会科学院法学研究所研究员
  田 丽 北京大学互联网发展研究中心主任，北京大学新媒
      体研究院副教授
  徐纬地 国防大学战略研究所原研究员，退役大校
  郎 平 中国社会科学院世界经济与政治研究所国家安全研
      究室主任、研究员
  李 艳 中国现代国际关系研究院科技与网络安全研究所执

行所长，研究员
鲁传颖　上海国际问题研究院网络空间国际治理研究中心秘书长，研究员
惠志斌　上海社会科学院互联网研究中心主任，研究员
蔡翠红　复旦大学美国研究中心教授
汪晓风　复旦大学美国研究中心副研究员
黄　晟　网络安全领域资深专家
Bruce McConnell　美国史汀生中心杰出研究员
Luca Belli　巴西瓦加斯基金会法学院教授

前言：国际体系演进新时期网络空间认知博弈

伴随信息技术革命的演进，全球网络空间成为大国战略博弈的新场域。2022—2023年，伴随俄乌冲突爆发，以及巴以冲突升级，人们发现，网络空间的大国战略博弈正持续集中围绕"认知塑造"为核心议程的新焦点展开。从历史源流来看，1948年美国"遏制战略之父"乔治·凯南首次提出"有组织政治战"这一概念，阐述"白色宣传""黑色宣传"，以及"灰色行动"的战略意义和价值，虽然当时还没有当下意义上的信息技术革命，但是通过特定的传媒技术，借助不同的媒介平台，以一定的策略和方式传播特定内容的信息，以期影响对方认知，削弱对方意志，乃至影响、改变，继而"操控"受众行动，已经成为当时美国战略精英眼中至关重要的战略工具。

信息技术在冷战结束之后的拓展，推动美西方与认知博弈相关的认知和实践经历了五个不同的发展阶段：第一阶段从20世纪90年代开始，持续到2001年"9·11"恐怖袭击事件发生之前。秉持赢得冷战的"乐观主义情绪"，在《互联网：战略评估》等机密报告中，美国政府已经初步意识到了互联网的"进攻性运用"可以获得巨大的战略价值。第二阶段从"9·11"恐怖袭击事件之后持续到2010年美国国务卿希拉里·克林顿发表互联网自由演说之前。主要特征是在恐怖袭击刺激下，以"战略沟通"及"公共外交"为概念核心与知识体系载体，美国谋求通过网络实现对阿拉伯世界的有效传播，以改善美国形象，缓和其对美仇恨情绪。第三阶段从 2010 年希拉里·克林顿发表互联网自由演说开始，到 2016 年美国总统选举开始之前。美国开始单方面推进"进攻性互联网自由战略"，谋求获得非对称的使用社交媒体改变他国国内政治制度的行动自由，继而形成新的战略优势。第四阶段从 2016 年美国总统选举开始，到 2022 年 2 月俄乌冲突爆发为止。这个阶段的特点是美西方国家发现所谓西方成熟民主政体并不能"免疫"网络空间信息无序流动带来的政治风险与伤害。新冠疫情的发生以及治理疫情过程中全球范围面临的虚假信息危险和挑战，提升了各方对于"认知安全"的关切，"治理虚假信息"持续成为新的全球治理的新焦点。第五阶段开始于 2022 年俄乌冲突，并持续至今，且在 2023 年巴以冲突进一步引发各方关切。这一阶段的特点是，以网络空间认知塑造为核心的博弈，正式进入国家安全战略框架，成为网络空间这个大国战略博弈新场域中最引发各方关切和关注的新议题领域。相比此前各发展阶段，主权国家介入网络空间认知博弈，综合使用线上线下的各类工具体系，谋求在全球网络空间，特别是超级社交媒体平台上，竞争对信息流动和国家安全框架下的战略认知的塑造能力，以一种不容否认也无法回避的方式，成为大国战略博弈在当下形成和并、高速迭代发展的全新特征。

正确把握这种博弈的内在规律，构建相应的分析框架，有助于推动全球治理理论研究的不断完善和深化。因此，本论文集集中呈现了国内具有代表性的学者最新的研究成果：

《计算宣传与社交媒体平台中的舆论操控》一文侧重从传播学的知识体系出发，构建分析和理解社交媒体平台中不同行为体展开的"舆论操控"，提供了全景式的分析和深度的理解。《社交机器人参与社交网络舆论建构的策略分析》一文从社交机器人的个体行为、集群行为与混合人机行为三个层次切入，考察了人工智能技术驱动的机器如何参与社交网络舆论的建构。《社交媒体"算法认知战"与公共外交的新特点》一文将基于算法的认知操控博弈，作为国际关系理论中"公共外交"理论与实践在信息革命背景下的最新呈现形式，对其特点展开了比较全面的分析和阐释。《人工智能时代美西方认知战的运作机制与中国应对》则认为美西方国家所开展的认知战呈现战略叙事、多元主体参与、智能技术驱动三大特征，正由传统意义上通过控制信息流以辅助军事目标的信息战转向以改变公众认知、追求持久效应的认知战。《从"推特革命"到"WarTok"——社交媒体如何重塑现代战争？》聚焦信息技术革命对现代战争形式的深层影响，从领域、群体、技术三个维度描述了信息时代传媒技术对战争的重构，帮助人们更好地理解新时期战争范式经历的深层变革。

俄乌冲突不可避免地成为各方研究者关注的焦点，此次文集收录了五篇与俄乌冲突直接相关的文章：《俄乌冲突中的舆论战探析及其启示》一文对该地域性冲突的国际传播分析可见，美国及以其为首的北约采用了多种宣传手法鼓吹反对俄罗斯立场的新闻话语，如炮制假新闻定性俄罗斯"入侵"、封锁俄罗斯新闻海外传播渠道等。网络渗透、舆论引导和认知干预已成为新型战时宣传的重要目标，以社交机器人为代表的"算法武器"正推动着当代舆论战范式的转型。《信息迷雾视域下社交机器人对战时宣传的控制及影响》一文基于LDA主题建模分析，探讨俄乌冲突中双方"机器部队"的主题介入、战术部署与舆论交锋。探究在战时宣传从"地缘政治时代"走向"技术政治时代"的背景下，由社交机器人驱动的信息迷雾将对战时宣传产生何种影响。《从俄乌冲突看网络空间武器化倾向及其影响》一文以"网络空间武器化"为核心概念，分析俄乌冲突带来的影响，指出代码、基础设施、社交媒体等的武器化,是网络空间武器化在俄乌冲突背景下的具体体现。《算法认知战:俄乌冲突下舆论战的新范式》一文将算法认知战作为舆论战的一种全新表现形式,对其在俄乌冲突中的表现形式与核心特征进行了全面深入的分析。《数字时代的"有组织政治战"——信息技术革命背景下的俄乌冲突系统解读》一文尝试运用"有组织政治战"作为核心概念,将俄乌冲突看做信息技术革命背景下一场"有组织政治战"的经典案例,构建深度分析俄乌冲突新特征与深层规律的系统框架。

《拜登政府网络安全战略评析》《"主权困惑"——欧盟主权的博弈与再定义》《大国战略背景下的威胁认知变化及其国内后果——比较奥巴马政府到拜登政府网络安全协调机构》是对美国国家网络安全战略的系统性研究,分别从本届美国政府新的网络安全战略文件、欧盟主权概念及背后的主权原则,以及克林顿政府以来美国国家网络安全战略演进的系统分析三个不同的角度,适度持续追踪挖掘美国国家网络安全战略的时代特征、深层规律以及演化趋势,继而寻求构建聚焦美国国家网络安全战略的深层研究与分析框架。这三篇论文均为复旦网络空间国际治理研究基地科研团队新锐成员的研究成果,他们以充满朝气且锐意进取的研究取向,在力所能及的范围内,系统而全面地解析美国国家网络安全战略演进和迭代的图景,帮助读者更好地认识和把握在持续不断演化变迁之中的美国国家网络安全战略的核心特征。

伴随着国际体系格局变化的深度演进,大国战略博弈正在新的历史时期全面而系统地展开,网络空间是大国战略博弈的新场域,认知博弈又是大国在网络空间战略博弈的新焦点,本文集汇集了国内活跃于相关议题的领军学者的最新研究成果,希望能够为相关各方深入理解网络空间大国战略博弈,理解网络空间认知博弈,提供较为系统、全面、完整的学理思考,也希望吸引更多有志之士,在复旦大学网络空间国际治理研究基地的平台上携手共进，共同产出更多更丰硕的学术研究成果。

编者

2023 年 11 月 26 日

目 录

计算宣传与社交媒体平台中的舆论操纵……… 汤景泰 姚 春（1）
社交机器人参与社交网络舆论建构的策略分析
　　——基于机器行为学的研究视角 ………… 张洪忠 王竞一（18）
算法认知战：俄乌冲突下舆论战的新范式 … 方兴东 钟祥铭（34）
俄乌冲突中的舆论战探析及其启示 ……………… 贺潇潇（57）
人工智能时代美西方认知战的运作机制与
　　中国应对 ……………………………… 罗 昕 张 骁（65）
信息迷雾视域下社交机器人对战时宣传的
　　控制及影响 …………………………… 张梦晗 陈 泽（84）
从"推特革命"到"WarTok"：社交媒体
　　如何重塑现代战争？………………… 蔡润芳 刘雨娴（118）
社交媒体"算法认知战"与公共外交的新特点 …… 蔡翠红（142）
从俄乌冲突看网络空间武器化倾向及其影响 ………… 郎 平（154）
数字时代的"有组织政治战"
　　——信息技术革命背景下的俄乌冲突
　　　系统解读 ……………………………… 段惠子 沈 逸（163）
拜登政府网络安全战略评析 ……………… 沈 逸 高 瑜（184）
"主权困惑"
　　——欧盟主权的博弈与再定义 …………………… 宫云牧（206）
大国战略竞争背景下的威胁认知变化及其国内后果
　　——比较奥巴马政府到拜登政府网络安全
　　　协调机构 …………………………………… 张书言（230）

计算宣传与社交媒体平台中的舆论操纵*

汤景泰　姚　春**

摘　要：随着社交媒体平台的发展，计算宣传活动强化了通过流量、流向和内容影响公众行为的可能性。计算宣传通过大数据与算法推荐技术，实现了"信息投喂"的自动化和精准化，针对特定受众营造出"信息茧房"，并基于立场政治与情感政治的逻辑，制造社会对立和群体撕裂，然后通过复杂的多元联动实现深层协同化，形成稳定的执行策略与行动机制。计算宣传不仅被广泛应用于一个国家的国内政治，也被迅速应用于国际政治领域。从效果来看，计算宣传不仅能够塑造一个国家内部的意见气候，影响政治选举与公共决策，而且还能在潜移默化中影响目标国家或地区的舆论、决策与形象塑造，甚至能够影响目标国家或地区的社会稳定与政治安全。

关键词：计算宣传　舆论操纵　国际政治　国际关系

随着社交媒体的迅速发展，基于大数据和算法推荐技术的支撑，各类信息可以实现自动化、大规模的精准传播。在这一背景下，一

---

* 本文是国家社会科学基金重点项目"公共危机中的风险沟通与效果评估研究"（20AXW008）阶段性成果，获复旦大学新闻学院一流学科项目经费资助。

本文发表于《探索与争鸣》2022年第11期。

** 汤景泰，复旦大学新闻学院教授；姚春，复旦大学新闻学院博士生、一带一路国际合作发展（深圳）研究院研究员。

些国家大力发展所谓的"计算宣传"技术，基于网络社交媒体，针对特定国家或族群进行隐蔽的舆论操纵，使得传播内容的投送精准度大大提升和覆盖人群数大大增加。例如，针对美国大选、英国脱欧等典型事件的研究发现，在算法技术、大数据、社交机器人的支持下，计算宣传对舆论的操纵能力日趋明显。具体到我国，一些境外分裂势力频繁利用社交媒体制造事端，开展对华舆论战。[①] 特别是2020年新冠疫情席卷全球以来，部分西方国家开展多轮基于计算宣传的舆论攻势，诱发了旷日持久的"信息疫情"[②]。这不仅对我国的国际声誉造成了严重不良影响，而且还煽动群体对立，制造内部撕裂，成为国家安全方面的隐患。因此，研究计算宣传的技术要点及其在舆论操纵中的运用策略与未来趋势，具有特别的理论价值与现实意义。

一、计算宣传的内涵及其演变

（一）计算宣传的内涵

"计算宣传"作为一个舶来词语，其形成时间较短，学术界和实务界对其定义各不相同。相对而言，美国学者塞缪尔·伍利和英国学者菲利普·霍华德2016年提出的概念得到了学界较大范围的认同。在伍利和霍华德看来，计算宣传指的是"使用算法、自动化和人工策划展示等手段进行的有目的的在社交平台上操控和

[①] 吴锋、李耀飞：《境外反华媒体的最新态势、运作模式及应对策略》，《情报杂志》2017年第3期。

[②] 王世伟：《略论"信息疫情"十大特征》，《图书馆杂志》2020年第3期。

分发虚假信息的传播行为"[①]。这一概念综合了计算机技术、网络平台、传播方式、潜在影响等要素，内涵界定较为全面。其后，尽管不同学者的认知视角和论述重点可能存在差异，但对计算宣传的界定基本在如下三点保持一致：第一，基本将社交媒体视为计算宣传的重灾区，着重强调社交媒体的传播方式和社交属性是计算宣传的土壤和温床；第二，多对计算宣传的目的进行批判，认为其暗含了操纵、欺骗、撒谎、蒙蔽等意图，从而对计算宣传持负面态度；第三，大都强调计算宣传重视算法的运用，认为借助计算机技术和人工智能辅助能够实现大规模信息扩散，并让虚假信息完成精准投放。

尽管传统宣传和计算宣传都属于宣传的范畴，但二者存在较大差异。总体来看，计算宣传与传统宣传最大的区别在于，是否采用了大数据和算法技术。虽然从表现形式来看，网民看到的都是和常规账号发布的基本差别不大的内容，但是这些内容是如何产生的，网民们并不了解，因此也就无法判断这些内容是否属于有组织的宣传行为。算法技术的使用提高了信息的曝光率，海量具有政治性目的的信息大量充斥社交媒体，很容易被网民误认为"主流民意"，甚至让决策者产生误判。由此可见，计算宣传强化了通过流量、流向和内容影响公众行为的可能性，并进一步实现了对政治、经济、军事、外交、文化、意识形态等领域的干扰。因此，相对于传统宣传而言，计算宣传不仅是一种隐蔽性极强的宣传方式，而且基于现代网络信息技术，其效果可以远远超越传统宣传。

[①] S.C. Woolley, P.N. Howard, "Automation, Algorithms, and Politics/Political Communication, Computational Propaganda, and Autonomous Agents—Introduction," International Journal of Communication, Vol. 10, No. 9, 2016.

（二）计算宣传的演变

1. "9·11"事件后：基于社交媒体的政治宣传初露头角

从美国战略层面来看，2001年发生"9·11"事件后，美国将反恐作为本国的核心战略之一，进一步强调全球控制，而意识形态控制则是其中重要的一环。恰好在这一时期，互联网进入蓬勃发展期，各种类型的社交媒体不断涌现，使得民众有机会主动参与信息的生产和发布，形成了直接影响国家政治宣传的手段和标准，也让政治宣传从线下转变为线上线下结合的模式。洛克·约翰逊指出，美国的战略传播主要有三种活动方式：一是"白色宣传"，即政府公开行动；二是"黑色宣传"，即隐蔽行动；三是"灰色宣传"，即幕后收买意见领袖以及传媒从业者。依托社交媒体，三种模式都有新的改进，并产生了明显的实践成效。美国的政治宣传也从传统单一的机构向复杂机构转变，手段也日趋网络化、移动化、智能化，并且和美国的军事战略进一步融合，呈现多种不同模式。[①] 其中，最主要的一种模式是：针对需要颠覆的目标国家，基于社交媒体进行大规模舆论操纵，通过寻找热点话题，策动其国内群体抗争，然后发动各国政客线上支援，实现线上线下联动，以达到颠覆目标国家政权的目的。这一时期，在中东地区大规模出现的多次"颜色革命"即是典型案例。在美国看来，一个破碎且混乱的中东符合美国的国家利益，不需要通过任何军事手段，只需要通过社交媒体影响目标国家政权，无疑是最为经

---

① L. K. Johnson, "National Security Intelligence: Secret Operation in Defense of the Democracies," UK: Polity Press, 2017, pp. 110-112.

济和便捷的。美国策动中东"颜色革命"的成功，也进一步促使其迅速研究运用社交媒体进行政治宣传的系统战略。经过多年研究和实践后，美国确立了对需要长期渗透的国家采取系统化、整体化、长期化宣传工作的总体策略，以扶持反对派、政治干涉等方式逐步扩大对目标国家的影响，并持续利用社交媒体操纵目标国家受众的认知。

2. 英国"脱欧"事件及以后：计算宣传的大规模应用

以英国"脱欧"事件为起点，在社交媒体的推波助澜下，原本言之凿凿、笃信不疑的民主选举结果很可能发生逆转，产生出人意料的结果，这反映了西方"后民主"时代的新动向。20世纪80年代以来，西方民主便开始走下坡路，"在形式上，民主的制度要件依然存在，即人们可以投票实现政府轮替，但是该过程实际上却被技术官僚和政治精英控制，大众的政治参与热情开始显著降低，媒体的发展使选举和政治的参与已经出现了超级形式化和选秀化的特征。与此同时，新的商业团体以及压力集团越来越积极地介入政治，成为影响政府决策的关键力量，由此西方民主进入'后民主'时代。"① 社交媒体强势介入民主选举和政治过程，计算宣传的威力持续强化，成为"后民主"时代最显著的特征。在2016年英国"脱欧"公投中，社交机器人被大量利用以支持英国脱欧。2016年6月，77000名机器人"签署"了第二次英国"脱欧"公投的网络请愿书，② 这些大规模的社交机器人行动，在很大程度上影响了"脱欧"公投的结果，并令那些原本意志和观点并不明确的网民，成为计算宣传操控下的"追随者"。2016年美国大选期间，计算机操控

---

① Colin Crouch, Post-democracy. Cambridge: Polity, 2004.
② "EU Referendum Petition Hijacked by Bots," Jun. 27, 2016, http://www.bbc.com/news/technology-36640459.

下的宣传机器人贡献的社交媒体话题流量占据了总流量的60%以上。在特朗普和希拉里个人Twitter账号上，能够分别检测出59%和50%的机器人追随者，可见二者均将计算宣传作为关键竞选手段，而计算宣传也成为影响大选的主要因素之一。[1]

计算宣传不仅在西方国家颇为盛行，对我国的影响也在不断加大。有学者通过对"脸书""推特"上的信息进行分析，发现大部分带有#China、#Chinese、#CCP、#CCPChina、#antiCCP、#Chinazi、#antiChinazi和#boycottchina标签的均是社交机器人所为。除此之外，以美国为代表的西方国家出于政治目的，也会在社交媒体上投放大量虚拟账户进行舆论操控。这其中，在中美贸易冲突、中国香港"修例风波"等问题上，约有20%话题流量由机器人操纵。[2] 不同议题呈现出不同的差异，但毫无例外的是，这些行动均是部分国家大规模开展对华计算宣传活动的证据。

综合目前实践情况来看，计算宣传已经基于较为成熟的技术，形成了稳定的执行策略与行动机制，不仅被广泛应用于国内政治，而且被迅速应用于国际政治领域。从效果来看，计算宣传不仅能够塑造国内的意见气候，影响政治选举与公共决策，而且还能在潜移默化中影响目标国家或地区的舆论、决策与形象塑造，甚至能够影响目标国家或地区的社会稳定与政治安全。接下来我们重点结合相关计算宣传活动实践，从技术、策略与机制三个维度，进一步深入解析计算宣传活动。

---

[1] Anastasia Pyrinis, "Fake News is Real: The Rise of Computational Propaganda and Its Political Ramifications," Berkeley Political Review, Nov. 6, 2017, https://bpr.berkeley.cdu/2017/11/06/fake-newsis-real-the-rise-of-computational-propaganda-and-itspolitical-ramifications/.

[2] 师文、陈昌凤:《分布与互动模式：社交机器人操纵Twitter上的中国议题研究》,《国际新闻界》2020年第5期。

二、"信息茧房"与舆论操纵技术的自动化和精准化

随着数字技术、移动互联和智能算法等技术的迅猛发展,以及用户群体和用户需求的多元化和细分化,实现内容与用户的精准匹配才能增强用户黏性,提升传播效果。各类传播主体利用大数据分析等技术,准确刻画用户群像,深度把握用户特点,根据不同的用户群体制定有针对性的传播策略日趋成为潮流。在此背景之下,具有人工智能倾向的算法迅速渗透进政治社会领域的各个层面,并表现出强大的威力。计算宣传活动也强化利用相关技术,从收集社会舆情中个体用户的行为和观点偏好开始,找到目标用户群体,完成数据标签和算法设计过程,然后明确内容生产策略,再通过受众对经过修辞手法处理的内容的"正负反馈"来修正算法,最后通过推荐算法进行精准匹配。具体来看,这一系列技术应用主要有三个重点。

首先,通过大数据技术进行受众画像,并以此为基础进行内容定制。随着移动互联网、云计算、大数据和人工智能的发展,人们在享受信息交互与数据共享益处的同时,个人数据也被各类组织机构掌控、分析并解读,呈现出全景监控的态势。计算宣传活动的起点就是利用大数据技术进行数据挖掘和数据画像,利用网络用户的社交媒体应用行为所产生的数据,不仅对特定群体的身份、行为、情感、倾向等进行深度分析,而且系统挖掘其价值立场、情感倾向与意识形态光谱,通过数据精准把握公众需求,并以此为基础指导信息内容生产,从而实施更有针对性的信息投喂。

其次,通过大规模社交机器人实现虚假信息的自动化传播,提升传播效率与覆盖面。社交机器人是在社交媒体中扮演人的身份、

拥有不同程度人格属性,且与人进行互动的人工智能应用,①是计算宣传的核心实现手段。具体而言,社交机器人常见的行为策略在于制造虚假的舆论传播数据,包括制造话题标签趋势,设置议程,开展垃圾信息攻击,充当僵尸粉,推广相关任务或组织制作的信息(包括竞选广告等),发布"点击诱饵"链接,为虚假信息或政治广告引流等,以达到扰乱舆论场的效果。有研究分析,社交机器人在社会抗争运动、政治选举、国际争议事件中被大规模部署和广泛使用。在"推特"上大约有15%的争议性信息都是由社交机器人制造的。2018年10月—2019年3月,"脸书"共对33.9亿个虚假账户采取行动,较2018年4月—9月的数据翻倍。2020年,"脸书"第三期半年度的社区准则执行报告指出,一季度有21.9亿个虚假账户被移除,是2019年同期的3倍,也较2019年四季度的12亿个接近翻倍,这一数字逼近其23.8亿个月活用户数据。由此可见,社交机器人在制造舆论热度方面的影响力已经不容小觑。

最后,依托算法分发技术完成信息的自动化分发和精准推送。计算宣传主要基于算法技术的"趋势""过滤""推荐"三种基本形式进行传播实现精准推送。在"趋势"方面,算法技术利用其可见性不断放大议题影响力。在"过滤"方面,不透明的算法技术能够消除和劫持某些议题,以实现打压对手、降低信息可见性与可及性的目的。在"推荐"方面,算法技术在海量用户中发掘出一部分品位、观点、行为比较类似的用户群体,然后根据这类用户群体的相关特征属性,找出他们更倾向于或者更感兴趣的主题观点,再组织成一个排序的目录列表,有的放矢地把这类列表中的相关信息进行

---

① 张洪忠、段泽宁、韩秀:《异类还是共生:社交媒体中的社交机器人研究路径探讨》,《新闻界》2019年第2期。

内容包装后，推送给这类用户群体，从而来引导受众的态度与意见。综合来看，通过算法技术不仅可以增大热点事件中既定目标的声量，提高可信度，更可以通过对趋势的塑造紧紧掌握民众的关注度，为后续持续投喂信息提供基础。

作为一种策略与手段，计算宣传通过大数据分析和算法智能推送实现了内容与算法的有机结合，并为目标受众逐步构建出坚实的"信息茧房"，"投喂"用户愿意接收的信息，让用户看到他们想看到的内容，造成用户的思想和观点趋于固化或极化。[①] 在"信息茧房"中，社交机器人批量生产或真实或虚假或专业或通俗的内容产品，通过迎合用户的喜好而构造出一种封闭的传播环境。在这样的环境中，用户接收到的是经过"过滤"和"算法计算"后的信息，同时用户也非常愿意相信这些与他们认知和观点偏于一致的信息，加上利用大量社交机器人在信息茧房内传播这些内容，形成统一的意见气候，进一步给用户造成内容真实的假象，加深用户的固有认知，宛如"作茧自缚"。显然，信息茧房的出现逐步规限了用户接受信息的范围，而根据"茧房内容"区分好的用户又可以成为细分的计算宣传的目标群体，如此便于实施"分类控制"，从而实现舆论操纵的自动化与精准化。

基于计算宣传形成的信息茧房对于民主政治也造成了严重冲击。一般而言，在运作良好的民选机制中，政治竞选的核心都锚定相互竞争的政治目标和价值观、权威的证据主张等方面，沟通和分歧的解决都遵循理性辩论的规范和程序。然而，随着计算宣传的广泛应用，阴谋论大行其道，民主公共领域的基本功能正被蚕食。针对政治中的焦点议题，计算宣传活动的主导者会想方设法扭曲舆论对问

---

① 喻国明、曲慧：《"信息茧房"的误读与算法推送的必要——兼论内容分发中社会伦理困境的解决之道》，《新疆师范大学学报（哲学社会科学版）》2020年第1期。

题和解决方案的看法。这种将虚假信息主流化的做法攻击了民主最基本的传播逻辑，即理性辩论和反对党参与的原则，导致更大的选民不稳定性和更密集的政治光谱，造成政党和选举政治的空洞化以及民主的形式主义化。

三、"数字巴尔干"与舆论操纵策略的立场化和情感化

随着各类社交媒体的快速发展，新传播格局已经在重构公共事件的内在机理与外在表征，当下的传播应放到以"主观情感超越客观现实对人们影响"为主要特征的"后真相时代"这一大背景下进行考量。在这一时代背景下出现的"后真相政治"，其最典型的特点就是立场与情感而非事实与真相，成为维系和主导群体言论与网络行动的因素。

首先，"立场政治"成为支配网络舆论生成与演化的重要内在机制。从利用计算宣传操纵的舆论来看，相关内容主要以攻击论调为主，往往运用似是而非的逻辑，将局部问题全局化，将社会问题政治化，将个别问题阴谋论化，既非理性讨论，也缺乏对相关问题的建设性意见，所以其实质是通过激进的话语策略来抢占话语空间，已经呈现出典型的立场政治倾向。

立场政治倾向的加强与基于互联网的思潮传播及舆论圈层密切相关。互联网不仅改变了人的现实生活与行动方式，而且作为思想的生产与传播平台，也改变着意识形态和社会思潮的传播路径和接受方式。社会思潮是特殊社会心理的系统化反映，在各类不同的舆情焦点事件中，某些社会思潮在孵化平台、传播路径及互动方式上总是呈现出相对稳定的鲜明特征。当热点事件发生后，这些不同地盘的舆论表达与社会行动就会被激活，并通过链条式的扩散传播模

式，形成特别的舆论圈层，并在舆论表达中既反映又建构特定的意识形态。由此可见，社交媒体拓宽了民众卷入意识形态塑造的通道，极大地释放了个体力量，意识形态塑造与舆论焦点事件传播的结合成为一种稳固的绑定方式。

基于这种规律，计算宣传的主导者往往诉诸意识形态立场实现对舆论的有力操纵。他们利用意识形态框架包装炒作社会热点事件，让相同立场的受众同声相应、同气相求，以政治立场驱动观点极化，可以非常便捷地制造阶层对立和群体撕裂。具体而言，因为网络参与的便捷性和平民性，通过传统渠道难以表达观点的网民，可以借助各个网络公共话题反映利益诉求，间接表达自己的政治立场，成为立场政治的"易感人群"。不仅如此，在流量经济模式驱动下，一些商业机构基于经济利益的考虑，看中了这些"韭菜"，为了扩大"流量"，也会跟风炒作，不断博下限、触底线，成为立场政治的吹鼓手。在这样的流量经济模式驱动下，数字空间中的立场政治就演化为一种可以带来资本增值的文化生产和消费策略。但立场政治的本质特征是画地为牢，以政治立场而非事实来判断是非曲直，这就必然造成同一立场信息的泛滥与异质信息的匮乏，强化"信息茧房"效应，造成舆论的激化与极化，进而造成社会对立与群体撕裂。

其次，情感政治也成为计算宣传进行社交媒体舆论操纵的核心策略。情感具有强社会属性，它不只是工具与资源，更是斗争的动力，[①] 而且相比于传统的政治动员，依托互联网的动员过程更依赖于文化与话语的情感力量。特别是在社会化媒体的环境中，身体的不在场使斗争和抗议更依赖于话语、意见与情感的联结。基于计算宣传技术制作的信息内容故意减少理性、中立、客观的内容，反而通过发布极端性、攻击性的虚假信息，利用煽动性的情绪注入和夸张

---

① 杨国斌：《悲情与戏谑：网络事件中的情感动员》，《传播与社会学刊》2009 年第 9 期。

不实的叙事表达，快速让受众产生情绪上的反应。这种极端性的表达会进一步撕裂受众，情绪性的内容也会加快受众被诱导的进程。除此之外，这种情绪性的内容很容易让受众产生"自主思考"的错觉，将非理性的情感归结于"义愤填膺"或"感同身受"，从而加剧了价值上的迷惑性，[1] 也强化了计算宣传对目标群体的影响效果。

不仅如此，计算宣传所散播的虚假信息深受现实政治结构的影响，是人们深层情感目的的反映，又可以助推社会运动。虚假信息一方面营造拟态环境，影响受众的认知归因；另一方面借助其中所蕴含的强烈情感促使运动参加者获得集体性的情感体验，并通过社交媒体用户的转发、评论、点赞等传播行为进行群体表征，进而形成情感的共同体。随着虚假信息的广泛传播及共同体规模的扩大，社会运动的参加者认为群体得到外部社会的支持，自身的行为是符合社会期望的，从而论证了运动的"合法性"，进而推动运动更趋向两极分化和激进化，而在两极分化、低信任的环境中，情感化、丑闻化、冲突导向的内容又容易获得更广泛的传播。[2] 这种情感驱动的动力机制由此形成闭环，使得抗争性的社会运动规模愈益扩大，并实现社会情感的武器化。

在立场政治与情感政治的驱动下，会出现明显的群体分化与舆论极化。而当网络社群圈层的舆论表达极端化、模式化之后，就形成了数字空间的"巴尔干化"，[3] 即一些话题成为众多社群关注的敏感点和话语权争夺的焦点，变成了一点就着的"火药桶"。因而可以

---

[1] 祁涛：《网络舆论中非理性情感的激活及控制》，《中州学刊》2016年第9期。

[2] Umbricht, Andrea, Frank Esser, "The Push to Popularize Politics," Journalism Studies, Vol. 17, No. 1, 2016. W. Lance Bennett, Steven Livingston, "The Disinformation Order: Disruptive Communication and the Decline of Democratic Institutions," European Journal of Communication, Vol. 33, No. 2, 2018.

[3] Marshall Van Alstyne, Erik Brynjolfsson, "Electronic Communities: Global Village or Cyberbalkans," Economic Theory, No. 3, 1997.

说，计算宣传不仅像传统宣传那样倾向于制造共识，更重要的是它会重点制造分裂和对立，将因某个具体事件而出现的态度与意见矛盾，叠加到社会微观结构中已有的职业、性别、阶层、地域、宗教、种族等矛盾之中，并在事件与结构性要素的互相影响与交替发酵下，催化出更为严重的社会撕裂与对立。例如，以福克斯广播公司为代表的美国右翼媒体极为热衷采用计算宣传的方式进行极化动员，主要表现在三个方面：一是孤立战略，通过投入机器人账号，耗费巨大精力攻击传统媒体，批量制造情绪化的内容，逐步培养出一批忠诚的追随者；二是通过计算宣传创造"信息茧房"，通过身份认同，逐步让受众产生"我们相信我们愿意相信的东西"这一心理；三是构建所谓"新闻内容平民化"，通过塑造一些富有洞察力和情感煽动力的讲述者，并以社交机器人作为推广手段，传播所谓"残酷的真相"，以进一步打击理性、中立、客观、科学的新闻内容。据美媒统计，早在2014年，88%的保守党派人士表示相信福克斯广播公司的新闻台，47%的保守派受访者表示福克斯广播公司的新闻台是他们获取政府和政治信息的主要来源，由此凸显计算宣传强大的认知塑造能力。[①] 在此之后，被极化和部落化的民众忠诚于自己信任的媒体，这不仅让"信任鸿沟"进一步加深，还使这些民众更加蔑视其他信息来源，这便成为计算宣传带来的长尾效应。

四、多元联动与舆论操纵机制的深层协同化

计算宣传是一个系统工程，包括不同的参与主体、传播形态、

[①] Nicole Hemmer, Messenger of the Right, "Conservative Media and the Transformation of American Politics," Philadelphia: University of Pennsylvania Press, 2016.

文本形式、媒介行为及传播平台。为了"协同作战",计算宣传活动中涉及的政府部门、情报机构、军方机构、政要、智库、企业等多元主体,在实践应用中已经形成了一种深层协同的关系模式。近年来,这种协同联动更趋成熟,重点以"去中心化"和"扁平化"为核心,力图实现多中心、多层次之间的联动。2020 年 1 月 21 日,美国国家安全档案馆发布通过《自由信息法》获得的六份美国网络司令部文件。从这些公开的文件来看,从创建项目、分配指挥到指挥调度、协同作战等,美国网络空间组织力都十分强大。[①] 从近年来的一些典型舆论事件的发生发展轨迹来看,其包括境外指挥部、国内据点、网络大 V、网络水军四级在内的较为系统的深度协同网络已经初具规模。从近年来我国的情况来看,某些事件中境内境外联动"唱双簧"的现象就是这种深度协同的外在体现。其主要表现是:一方面通过境外账户制造谣言,然后通过境内自媒体平台账户"洗稿"搬运,大规模散播谣言,激发对党政机关的不满情绪;另一方面在境内社交媒体平台,策动部分自媒体账号顺应正能量宣传的逻辑,不断拉高舆论预期。通过这种拉踩的方式,既可以制造冲突,吸引更高的流量和关注度,又可以制造不同立场群体之间的撕裂和对立。

从议程设置维度来看,计算宣传的深层协同机制的典型体现是议题的"涟漪效应",即通过针对目标国家的一个焦点事件进行周密策略,通过不同类型关键意见领袖的介入和阐释,逐步转换该问题的建构框架,进而逐步将问题政治化、国际化,同时通过社交机器人的扩大传播,将小事炒大、大事炒炸。这种舆论操纵手法在发起时,往往以民生问题为伪装以提升话题的关注度,并造成管理者一定程度的麻痹大意。然而在关键意见领袖与社交机器人介入后,原

---

① "USCYBER - COMAfter Action Assessments of Operation GLO WING SYMPHONY," Jan. 21, 2020, https: //nsarchive. gwu. edu/briefing - book/cyber - vault/2020 - 01 - 21/uscybercom - after - action - assessments - operation - glowing - symphony.

本被忽视的小问题将持续发酵并迅速扩散,矛头迅速转向对目标国社会治理、人权保障、体制改革等系列问题的抨击,并可能激发线下一定规模的抗议行动。例如"颜色革命"时期,突尼斯一个商贩被粗暴执法的录像经社交媒体发布后,通过境内外的反复发酵,最终演化成为对突尼斯政府当局的攻击,并最终导致了政权颠覆。

从传播策略来看,计算宣传的深层协同机制呈现出多平台协调的典型特征。有研究利用时序分析的方法,针对"互联网研究机构"在美国三个社交媒体平台上的虚假信息活动展开分析,发现相对"红迪网""推特"的活动呈现一个星期的滞后性,笔者认为这是IRA在进行平台实验,以确认哪些信息适合在其他平台发布。[1] 由于平台的受众特性和技术环境不同,不少西方政客也早已使用不同的平台策略联系自己的选民。例如,在美国全国辩论和电视辩论等竞选活动期间,候选人会优先选择公开性较高的"推特"平台,以接触意见领袖、扩大自己的圈层影响力,而相对私密的"脸书"则优先被用于管理黏性较高的支持者社群,特别是用来处理地方性的政治事务,因而"脸书"拥有更高的动员价值。不同性质的社交媒体平台被不同的人群所使用,就存在不同的平台策略。

通过深度协同机制,计算宣传实现了真实性的深度伪造与意见气候的营造。随着事实核查技术的进步与公众虚假信息识别能力的提升,计算宣传的主导者也在不断完善深度协同机制,通过多主体联动的"洗稿"与线上线下的行动互证等,提升其可信度。具体而言,通过计算宣传活动发布的虚假信息经机器人大规模转发后,第一步会经过网站的交叉引用或关键意见领袖的互相转发,以混淆信息来源,增加信源查证的难度;第二步,如有事实核查机构或独立

---

[1] J. Lukito, "Coordinating a Multi‐Platform Disinformation Campaign: Internet Research Agency Activity on Three U. S. Social Media Platforms, 2015 to 2017," Political Communication, Vol. 37, No. 2, 2020.

媒体发布了对该信息的澄清报道，则使用阴谋论等"泼脏水"的方式在社交媒体上抹黑报道者的动机或历史；第三步，通过行动主义传播的方式在线下制造活动，一方面吸引媒体报道，进一步助推相关议程设置；另一方面雇佣水军线上讨论，提升相关议题热度。通过这三种协同策略，不仅可以达到"三人成虎"的效果，逐步提升所设置议题的热度和可信度，而且还营造了意见气候，造成了"沉默的螺旋"效应，压制了质疑者的声音，从而提升了计算宣传的整体效果。

深度协同还可以结合网络自组织机制，强化伪装能力，提升从线上舆论到线下行动的转化效果。在网络传播环境中，新信息传播技术会将社会形态引至分布式系统，即通过网络连接的各个组织借助信息交换形成的协作系统。所谓的网络自组织行动，就是基于这种分布式系统环境，由网民自主动员、协调、展开的一种集体行动类型。在近年来的一些社会运动中，一些开放式、大规模在线协作的网络自组织行动异军突起。这些社会运动均体现出典型的多中心、分布式行动特点，大量行动虽然没有明确的领导者，但通过互联网却可以高效地进行分享资源、协同行动，并持续利用互联网招募志愿者。虽然克莱·舍基将之称为"无组织的组织"，[①] 但这类表面上看是网民自发采取的抗争性行动，其实背后均隐藏着"操盘手"，离不开计算宣传行动的支持。

五、结语

爱德华·卡尔在《20 年危机（1919—1939）：国际关系研究导

---

① [美] 克莱·舍基：《人人时代：无组织的组织力量》，胡泳、沈满琳译，浙江：浙江人民出版社 2015 年版。

论》一书中认为权力有三种形式：第一种是军事实力，第二种是经济实力，第三种就是支配舆论的力量。[①] 基于这一观点可以说，计算宣传以数据和算法等技术为关键，以社交媒体为主要实施平台，成为一种新型的、隐蔽且有效的支配舆论的力量，这必将对传统的权力分配格局形成冲击。从国际范围来看，虽然一些国家和地区已经重点关注这种新型的舆论操纵方式，但监管仍然力有不逮，而这将给当代社会带来极为复杂的影响。特别是部分国家不断策动计算宣传活动来维系甚至强化其霸权，开展新型文化侵略、政治渗透、意识形态塑造和新型战争，造成了国际局势的动荡不安和意识形态的空前混乱。在这种形势下，我国如何快速提升应对境外计算宣传战的能力，亟须进行更深入的研究。

[①] [英] 爱德华·卡尔：《20年危机（1919—1939）：国际关系研究导论》，秦亚青译，北京：世界知识出版社2005年版，第120—130页。

社交机器人参与社交网络舆论建构的策略分析*
——基于机器行为学的研究视角

张洪忠　王竞一**

摘　要：本文从社交机器人的个体行为、集群行为与混合人机行为三个层次切入，考察了人工智能技术驱动的机器如何参与社交网络舆论的建构。在个体行为层次，机器充当高度拟人化的意见领袖、制造或减弱逆火效应，以增强自身所处立场的影响力和所提出观点的说服力；在集群行为层次，机器通过集体转发行为扩大中心节点的影响力、共同推送相似内容以阻碍多元观点的流通并制造出沉默的螺旋效应；在混合人机行为层次，机器采取影响媒体议程和公众议程、与民众共同推动标签活动以制造热门议题、转发真人意见领袖或媒体的内容以及标签劫持等策略左右公众舆论。文章还提出了机器行为范式下三条未来舆论研究的可操作路径。

关键词：机器行为　社交网络舆论建构　社交机器人　个体行为　集群行为　混合人机行为

---

* 本文是国家社会科学基金重点项目"人工智能技术背景下加快国际传播能力建设研究"（22AZD072）成果之一。
本文发表于《新闻与写作》2023年第2期。
** 张洪忠，北京师范大学新闻传播学院教授；王竞一，北京师范大学新闻传播学院博士研究生。

一、问题缘起与研究框架

"舆论"是有理性反思能力和公共关怀意识的个体通过意见表达和相互讨论达成的对公共事务较为一致的意见[②]。在信息通信技术快速发展的背景下，舆论建构的空间和主体都产生了变化。一方面，舆论生成的场所已从古罗马时代的广场与大众传播时代的报纸、电视和广播等延伸至现今占据全球互联网主要流量的"推特""脸书"、微博、微信等各类社交媒体；另一方面，长期以来，舆论是由"人"这一生物主体所建构起来的意见产物，但随着人工智能技术的快速发展，社交机器人等由人工智能技术驱动的"机器"也可以作为行为主体广泛参与各类网络舆论的建构活动。例如，2016年美国大选有近19%的相关推文由社交机器人账号发出[③]、2019年中美贸易战有13%的社交机器人参与了"推特"上的相关讨论并发布了占比将近20%的内容[④]、2022年初仅统计俄乌冲突爆发前后一周内于"推特"平台中参与"俄乌局势"涉华议题讨论的社交账号属性就可以发现有22.5%为社交机器人。

种种经验表明，当前的社交网络舆论生态已进一步演化成为"人+机器"作为行为主体共栖的舆论生态。作为一种新兴变量，"机器"正以自己独特的行为方式冲击着社会舆论。社交机器人的介入丰富了网络舆论生态的多样性和内外部张力（参见图1），浅灰色

[②] 张志安、晏齐宏：《网络舆论的概念认知、分析层次与引导策略》，《新闻与传播研究》2016年第5期，第20—29、126页。

[③] 张洪忠、段泽宁、韩秀：《异类还是共生：社交媒体中的社交机器人研究路径探讨》，《新闻界》2019年第2期，第10—17页。

[④] 张洪忠、赵蓓、石韦颖：《社交机器人在Twitter参与中美贸易谈判议题的行为分析》，《新闻界》2020年第2期，第46—59页。

圆圈代表机器、白色圆圈代表人类、黑色圆圈代表政治组织或之中的工作人员、圆圈代表传统媒体或自媒体），其与大众、媒体、政治组织等行动者之间具有支配、屈从或同谋的多元关系[①]，由其形成的技术环境也在不断与其他诸如政治、经济、媒体和心理等环境发生交互。同时，社交机器人还采取多种行为方式干预舆论，并在一定程度上重塑了网络舆论生成和传播的机制。在介入传统网络舆论生态后，"机器"并非单一地作为"政治工具"或新兴媒介渠道影响舆论和他者，而是通过连接包含自身在内的不同行动者并主动与之展开话语互动和意义表[②]，真正地参与到了相关舆论的建构过程中。

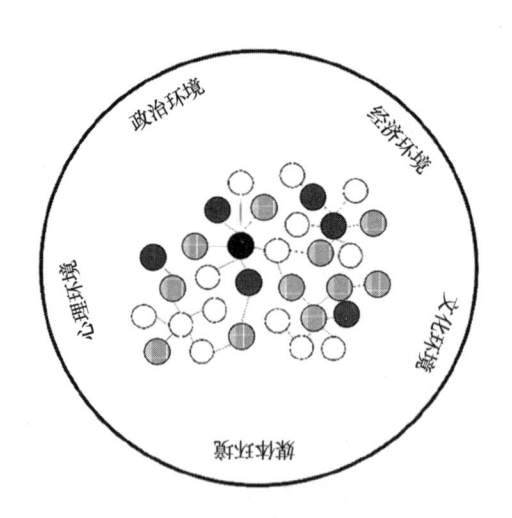

图1 混合人机社交网络舆论生态的抽象形态

"机器"参与社交网络舆论建构的具体行动方式和策略路径是怎

[①] 姜东旭:《舆论场域融合中媒体的激励机制与选择逻辑》，《现代传播（中国传媒大学学报）》2019年第3期，第140—143页。

[②] 张涛甫、徐亦舒:《寻求对话：在舆论研究的特殊性与普适性之间》，《新闻大学》2017年第5期，第23—28、146页。

样的呢？为回答该问题，本文将遵循《机器行为》一文中提出的"机器个体行为—机器集群行为—混合人机行为"（参见表1）三个层次的研究分析框架展开研究。

表1

分析层次	图示	研究对象	研究范围
机器个体行为		单个机器	同一机器在不同条件下的行为特征；不同机器在相同条件下的行为差异等
机器集群行为		机器集合	机器间的相互作用如何创造更高层次的结构和特性；机器间的社会学习等
混合人机行为		混合人机系统	机器塑造人类行为；人类塑造机器行为；人机协同行为（合作、竞争、协调、人类劳动自动化）等

机器行为学将"机器"看作一类具备自身行动和发展逻辑、是能与其他物种和更广泛环境之间相互作用的物种。其提出的"机器个体行为"研究尺度侧重于研究特定智能机器本身具有的行为特征；其提出的"机器集群行为"侧重于揭示机器个体之间的相互作用如何产生单个机器所不具备的群体行为；"混合人机行为"则从机器塑造人类行为、人类塑造机器行为和人机协同行为

三个方面展开探讨。① 鉴于舆论研究无法脱离特定的社会语境②，本文援引了社交机器人在俄乌冲突、中美贸易战等国际重要事件中的活动数据作为研究案例。同时，文章末尾还基于机器行为范式提出了几条未来舆论研究的可行路径。

二、个体行为层次：充当高度拟人化的意见领袖、制造或减弱逆火效应

社交机器人是"在社交网络中扮演人的身份、拥有不同程度人格属性且与人进行互动的虚拟 AI 形象"③，现已广泛介入了由不同圈层、不同类型的主体混杂组成的社会化媒体中④。以往，"媒体—议题发布—公众讨论—意见融合—舆论生成"是舆论的一般产生过程⑤，随着"社交机器"加入意见博弈、重构了信息主体的信息接近权⑥，舆论产生的过程发生了变化，增添了如图 2 所示的机器行为影响舆论生成和传播的路径。

首先，"社交机器"在个体行为层次参与社交网络舆论建构的方式是充当高度拟人化的意见领袖、集中信息传播中的话语资源，从而增强自身所代表立场的影响力。图 2 中最内层虚线方框的左边即

---

① Rahwan I, Cebrian M, Obradovich N, etal. Machine Behaviour．Nature，pp. 477－486.
② 张涛甫：《媒介化社会语境下的舆论表达》，《现代传播（中国传媒大学学报）》2006 年第 5 期，第 12—15 页。
③ 张洪忠、段泽宁、韩秀：《异类还是共生：社交媒体中的社交机器人研究路径探讨》，《新闻界》2019 年第 2 期，第 10—17 页。
④ 汪翩翩、黄文森、曹博林：《融合与分化：疫情之下微博多元主体舆论演化的时序分析》，《新闻大学》2020 年第 10 期，第 16—33、118—119 页。
⑤ 许加彪、王军峰：《算法安全：伪舆论的隐形机制与风险治理》，《现代传播（中国传媒大学学报）》2022 年第 8 期，第 138—146 页。
⑥ 张涛甫：《媒介化社会语境下的舆论表达》，《现代传播（中国传媒大学学报）》2006 年第 5 期，第 12—15 页。

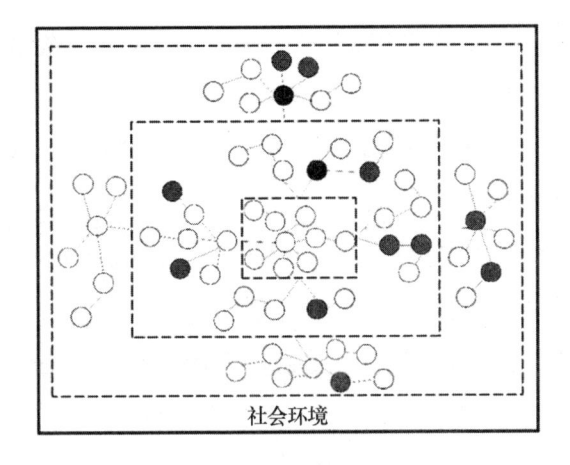

图 2

为一个以社交机器人为中心节点或意见领袖的舆论互动网络。通常，社会化媒体中的意见领袖能够通过对议题的传递使其到达更为广泛的公众之中且能吸引媒体、利益相关者和政策制定者的注意，从而推动公众参与。① 意见领袖型社交机器人在战争宣传活动中十分常见。早在叙利亚战争时期，一个拥有12.5万粉丝、伪装成黎巴嫩独立地缘政治评论员的"推特"社交机器人账号"@sahouraxo"便引发了广泛关注，该账号的影响力几乎达到了与一些持续报道叙利亚战争的BBC记者相一致的水平。②

到了2022年俄乌冲突发生的时候，这类账号的数量变得更为庞大且其影响力也更加广泛。北京师范大学新媒体传播研究中心对2022年3月2—6日在"推特"平台中发布俄乌冲突涉华议题内容的社交机器人账号进行分析后发现，4045个相关账号中共有449个社交机器人账号，并且在这449个社交机器人账号中有157个都扮演着意见领袖的

---

① 曾繁旭、王宇琦：《社会化媒体与明星公共行动的影响力》，《探索与争鸣》2015年第12期，第72—76页。

② 张洪忠、段泽宁、杨慧芸：《政治机器人在社交媒体空间的舆论干预分析》，《新闻界》2019年第9期，第17—25页。

角色，它们的总粉丝数量达 223 万人次，平均粉丝数量为 1.43 万人次[①]，这些社交机器人账号中最早的创建于 2007 年。

北京师范大学团队对 2022 年 3 月 7—14 日期间在"推特"平台发布的内容中同时提及"China""Ukraine"或"China""Russia"的账号进行分析后发现，支持乌克兰的 529 个社交机器人账号中有 128 个意见领袖型账号（占比 24%），粉丝数突破 10000 人次、有 176 个意见领袖型账号（占比 33%）粉丝数在 1000—9999 人次之间；支持俄罗斯的 62 个社交机器人账号中粉丝数突破 10000 人次的意见领袖型账号共有 8 个（占比 13%）、粉丝数在 1000—9999 人次区间内的意见领袖型账号共有 19 个（占比 31%），如图 3 所示。

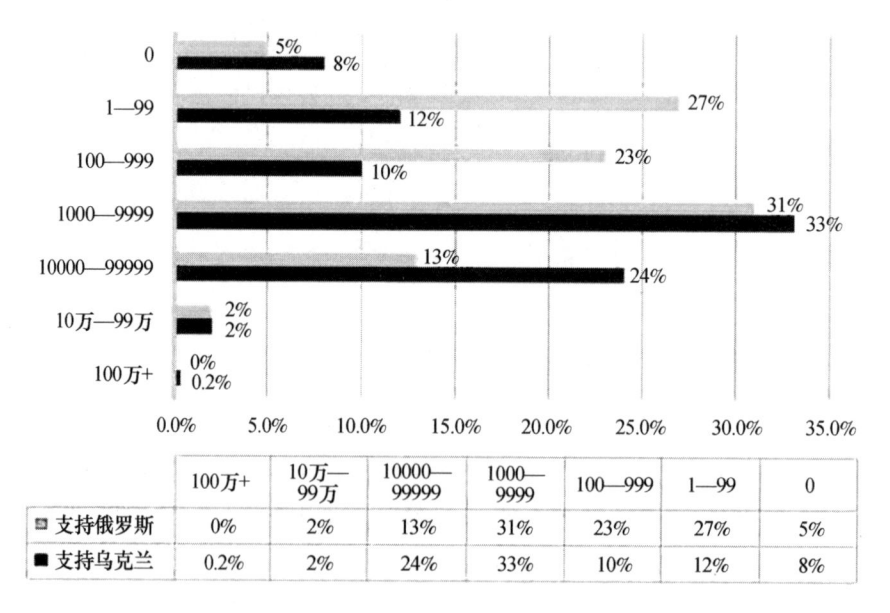

	100万+	10万—99万	10000—99999	1000—9999	100—999	1—99	0
支持俄罗斯	0%	2%	13%	31%	23%	27%	5%
支持乌克兰	0.2%	2%	24%	33%	10%	12%	8%

图 3　2022 年 3 月 7—14 日俄乌双方阵营社交机器人账号的粉丝数量对比

[①] 赵蓓、张洪忠、任吴炯、张一潇、刘绍强：《标签、账号与叙事：社交机器人在俄乌冲突中的舆论干预研究》，《新闻与写作》2022 年第 9 期，第 89—99 页。

这些充当意见领袖的社交机器人会将所支持国家的国旗作为头像，其账号名称后缀或主页图片带有鲜明的政治立场。我们进一步对这些意见领袖的社交机器人账号来源进行分析后发现，除了来自冲突双方的俄罗斯和乌克兰之外，还有来自美国、英国、加拿大、日本、印度等地的社交机器人账号。

其次，社交机器人能够利用社交媒体中弥漫的情绪制造或减弱逆火效应，并通过对民众偏见的确认制造虚假趋势、改变公众舆论。[1]

逆火效应意指由于威胁到受众原有的信念或自我身份认同[2]，"辟谣或说服常常会导致人们更加相信谣言或更加坚信原有观点"[3]，从而加深了虚假信息或某种观点对社会的影响。社交机器人常常被要求以引人注意的形式专门对某一意见进行"反驳"，在此过程中，与社交机器人立场不一致的民众更容易采取评论或点赞等显性行动表达自己对该"反驳意见"的反对。因此，如果想要引导社交网络舆论向与社会目标相同的方向发展，社交机器人可能会采取故意驳斥一致观点的策略来对受众进行说服；而如果想要引导社交网络舆论向与社会目标相反的方向发展，则可能采取先顺从民意、再提出异议的策略对受众进行说服。以第二种情况为例，一项针对积极讨论移民问题并有反移民情绪的"推特"用户的纵向实验研究显示，当一个社交机器人最初发布反对移民的内容、再逐渐发布更多支持移民的内容时（在一开始先同意受众的意见、跟随受众的情绪、在与受众建立起联系后再阐述自己的目标观点），所产生的说服效果最

---

[1] Heidari Mc, James Jr H, Uzuner O., "An Empirical Study of Machine Learning Algorithms for Social Media Bot Detection," 2021 IEEE International IOT, Electronics and Mechatronics Conference (IEMTRONICS), 2021, pp. 1–5.

[2] 熊炎：《辟谣会引发逆反之举还是自知之明与保守之心？——辟谣威胁性与辟谣正面效应的倒 U 型关系探索》，《新闻与传播研究》2021 年第 10 期，第 39—56、127 页。

[3] 熊炎：《谣言传播逆火效应的成因解释与抑制策略——基于实证研究的整合与推导》，《现代传播（中国传媒大学学报）》2019 年第 1 期，第 75—81 页。

佳，优于让社交机器人只发布支持移民的内容等其他策略，这意味着基于民众原始的语言提出更加微妙和温和的论点有助于让人们既能接触反对意见又能减轻逆火效应。[1]

三、集群行为层次：集体转发扩大中心节点的影响力、共同推送相似内容以阻碍多元观点流通并制造出沉默的螺旋效应

社交机器人本身具有社会性，它们采取自组织的方式、依靠自身的行为逻辑、观察自己所处的环境来与邻近的同类进行局部交互[2]，进而以小组或机器人网络的形式出现[3]。图2中最内层虚线方框体现的是由社交机器人同物种构成的"机器集群网络"。通常，"机器集群网络"会涌现出机器个体所不具备的复杂性质和更高阶的功能[4]，以集体的方式进一步与大众、政治组织、媒体和其他社交机器人共同实施话语互动实践，通过组织化传播对舆论生态中的话语权进行争夺[5]。

机器群体主要通过两种方式参与网络舆论的建构。

第一种方式是通过"集体转发"行为共同制造机器意见领袖，

---

[1] Yang Q, Qureshi K, Zaman T., "Mitigating the Backfire Effect Using Pacing and Leading. International Conference on Complex Networks and Their Applica - tions," Springer, Cham, 2021, pp. 156 – 165.

[2] 郑晨予、范红：《从社会传染到社会扩散：社交机器人的社会扩散传播机制研究》，《新闻界》2020年第3期，第51—62页。

[3] Assenmacher D, Clever L, Frischlich L, etal., De - mystifying Social Bots: On the Intelligence of Automated Social Media Actors. Social Media + Society, 2020, 6 (3): 2056305120939264.

[4] Rahwan I, Cebrian M, Obradovich N, etal., Machine Behaviour. Nature, 2019, 568 (7753): pp. 477 – 486.

[5] 陈龙：《舆论熵的控制与防范：一种关于网络治理的认识方法论》，《新闻与传播研究》2018年第8期，第65—80、127页。

从而扩大机器网络中心节点账号的影响力。例如，分析俄乌冲突中推动标签活动的两个典型社交机器人"@Indddy77"与"@Aditya_Sindh"的推文转发用户结构可以发现，参与转发的1003个用户中有106个都为社交机器人账号，且两者之间借助一批共同转发账号形成了较强的网络联系（如图4所示）①。还有一个典型的例子为2022年2月20日于"推特"上创建的一个名为"@UAWeapons"的乌克兰武器追踪社交机器人账号，它在1个月内便新笼络了数十万粉丝，在不到3个月的时间内就拥有了53万粉丝，而促使该账号快速成长为意见领袖、推动其发布的推文越来越流行的一个重要因素便是批量社交机器人的联合转发行为，我们对转发量较多的15条推文的转发网络数据分析后显示，转发次数在4次及以上的1045个账号中有447个为社交机器人；转发次数在10次及以上的14个账号中有9个为社交机器人②。

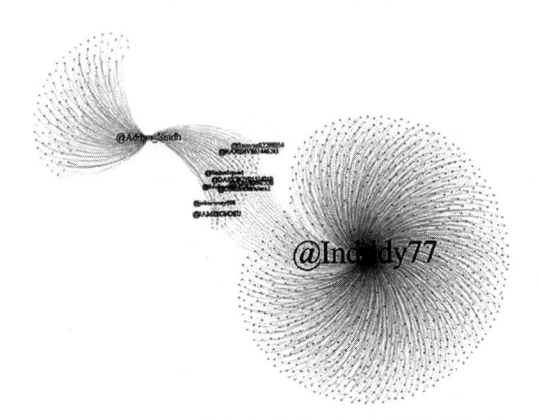

图4　两个典型社交机器人"@Indddy77"与"@Aditya_Sindh"的推文转发用户结构③

---

① 赵蓓、张洪忠、任吴炯、张一潇、刘绍强：《标签、账号与叙事：社交机器人在俄乌冲突中的舆论干预研究》，《新闻与写作》2022年第9期，第89—99页。

② 赵蓓、张洪忠、任吴炯、张一潇、刘绍强：《标签、账号与叙事：社交机器人在俄乌冲突中的舆论干预研究》，《新闻与写作》2022年第9期，第89—99页。

③ 同上。

机器群体第二种参与网络舆论建构的方式则是通过共同推送某一内容以阻碍多元观点的流通，制造沉默的螺旋效应，从而提高自身所代表的立场和观点的影响力。结合推荐系统的协同过滤机制，社交机器人能够诱导特定信息的传播，同时，大量社交机器人全天候对同一观点进行高频率宣传，由于缺乏把关，其在无意中共同构建出了一种舆论的"拟态环境"，减少了网络民众接触来自其他立场的观点的机会，并可能制造出某方虚伪的声势、借由沉默的螺旋效应影响民众的判断，进而产生威胁民主的严重后果[1]。有研究表明，社交机器人只需占讨论者的5%—10%就能改变公众意见，并使其传播的观点最终成为主导性意见。[2]

四、混合人机行为层次：机器议程影响其他议程、共同制造热门话题、联结真人或媒体意见领袖及标签劫持

智媒技术将不同利益诉求的异质化交流主体融入虚实交织的时空中[3]，机器能与舆论生态中的其他"物种"相互连接、相互塑造，形成如图2中最外侧虚线内所示的混合人机网络。

社交机器人在混合人机行为层次中的第一类参与网络舆论建构的模式主要体现为其对舆论生态中人类行为的影响。例如，通过机器议程影响媒体议程和公众议程，进而影响公众舆论。一项基于中美贸易战探讨社交机器人、公众、媒体在社交网络中互动机

---

[1] García – Orosa B. Disinformation, Social Media, Bots, and Astroturfing: the Fourth Wave of Digital Democ – racy. Profesional de la Información, 2021, 30 (6).
[2] Cheng C, Luo Y, Yu C., Dynamic Mechanism of Social Bots Interfering With Public Opinion in Net – work, Physica A: Statistical Mechanics and its Applica – tions, 2020, 551: 124163.
[3] 高宪春：《智媒技术对主流舆论演化的影响研究》，《现代传播（中国传媒大学学报）》2019年第5期，第5—11页。

制的研究显示：在第一层议程设置中，社交机器人议程会对公众议程产生正向影响；在第二层议程设置中两者之间相互影响，而且在第二层实质属性中，在负面情感属性中媒体会受到社交机器人的影响。①

　　社交机器人在混合人机行为层次中的第二类参与网络舆论建构的模式主要体现为人和机器为促使舆论向某一方向发展而自主形成的协调、合作和竞争行为。就人机间的协调与合作行为而言，首先是社交机器人和民众共同推动标签活动以制造热门议题。例如，在俄乌冲突"推特"混合舆论生态中，充斥着大量支持俄罗斯或支持乌克兰的立场鲜明的"话题标签"，这些"话题标签"原本是由人类发起的，但社交机器人也能够通过转发以放大议题声量、在标签中重复推送相同内容以扩大关注度等方式帮助"话题标签"迅速登上热门趋势榜单并争取民众更广泛的注意力和认同资源。② 其次是社交机器人主动与人类展开积极互动，通过"@其他账号"来与真人对话，甚至通过转发真人意见领袖的内容来增加原始推文内容的影响力。以社交机器人账号"@DoronRecruiter"为例，该账号转发了演员阿诺德·施瓦辛格在3月17日发布的一条面向俄罗斯民众旨在呼吁俄罗斯民众反抗战争的演说视频，截至3月22日，该视频已被播放超过3520万次。最后是社交机器人与媒体之间可能会相互利用，当社交机器人与媒体的立场观点一致时，其可能采取积极转发媒体推文内容或链接的方式帮助其放大声量。有研究发现，媒体机器人是"早期传播者"，在一个高可信度的媒体网站发布文章链接后的第一时刻，它们就开始活动了，这可能会增加媒体内容病毒式传

---

① 赵蓓、张洪忠：《议题转移和属性凸显：社交机器人、公众和媒体议程设置研究》，《传播与社会学刊》2022年（总）第59期，第81—118页。
② 赵蓓、张洪忠、任吴炯、张一潇、刘绍强：《标签、账号与叙事：社交机器人在俄乌冲突中的舆论干预研究》，《新闻与写作》2022年第9期，第89—99页。

播并成为社交媒体热门趋势的机会。[1]

人机间的竞争行为主要体现为社交机器人所采取的"标签劫持"活动，社交机器人可能会采取发布对立标签和内容、对标签流行的原因进行质疑、攻击标签涉及的人物或发起者、发布无关内容或垃圾信息等策略转移公众对该标签的注意力、降低该标签的公信力、污名该标签指代的内容等，使真实舆论受到干扰。[2]

总的来看，社交网络舆论生态中的社交机器人通常基于制造虚假意见领袖、争取对反对派团体的支持、制定政治议程和辩论、削弱政治异议、赋予公众权力等目的开展行动。[3] 一方面，社交机器人的技术逻辑对传统舆论生态中的政治逻辑和媒体环境进行了一定程度的再造，是社会舆论建构过程中不可忽视的一类媒介动员主体[4]，能够通过资源动员、成员动员和框架动员[5]等多种方式重塑社会的信息结构[6]，进而推动社会发生变革；另一方面，社交机器人是官方组织的"下属"，"根植于政治体系、受到政治目标、组织体制和宣传任务的制约"[7]，因此具有塑造舆论拟态环境、制造虚伪的"同意"、放大情感态度等非理性因素的传播进而引发民众内部矛盾等方面的消极影响，其产生的"人造无机舆论"具有打破网络舆论结构有序

---

[1] Santini R M, Salles D, Tucci G, et al., Making Up Audience: Media Bots and the Falsification of the Pub-lic Sphere, Communication Studies, 2020, 71 (3): 466-487.

[2] 赵蓓、张洪忠、任吴炯、张一潇、刘绍强：《标签、账号与叙事：社交机器人在俄乌冲突中的舆论干预研究》，《新闻与写作》2022 年第 9 期，第 89—99 页。

[3] García-Orosa B. Disinformation, Social Media, Bots, and Astroturfing: the Fourth Wave of Digital Democ-racy, Profesional de la Información, 2021, 30 (6).

[4] 郭小安、霍凤：《媒介动员：概念辨析与研究展望》，《新闻大学》2020 年第 12 期，第 61—75、120—121 页。

[5] 石大建、李向平：《资源动员理论及其研究维度》，《广西师范大学学报（哲学社会科学版）》2009 年第 6 期，第 22—26 页。

[6] 韩鸿：《集体行动与当代中国的媒介行动主义——从纪录片〈穹顶之下〉说起》，《国际新闻界》2016 年第 5 期，第 69—87 页。

[7] 李后强、彭剑、李贤彬：《舆论场结构演化论》，《新闻界》2016 年第 7 期，第 33—40、72 页。

性和功能有序性的可能性①，并增加了社交媒体对在线公众的影响力②。要减弱社交机器人等人工智能技术对社会和民众可能造成的伤害，政府应积极展开技术监测并尝试推行多种技术治理方式，而普通社交媒体用户也应尽可能提高自己的算法素养，以应对技术的欺骗挑战，提高自身防范和对抗风险的能力③。

五、思考：机器行为范式下未来舆论研究的路径

如今，社会舆论发生的地点从线下转移到了人机多主体混合的网络空间，传播学在进行舆论研究时需要特别关注互联网自身所具备的通信逻辑、技术逻辑和平台媒介逻辑对舆论传播方式和特点造成的影响。对于深度介入社交网络舆论生态中的人工智能技术或"机器"，我们不应再简单地将其当作一种媒介渠道或工具，而是要将其视为一类与"人"对等的信息传播主体，采取将机器逻辑和人的逻辑加以明确区分并注重技术能动性的机器行为范式，重点探讨机器行为与社会舆论建构之间的关系。在方法上，传统的问卷调查法、内容分析法等舆论研究方法已经不足以挖掘出"机器"在舆论生态中的行动规律及其对人和社会产生的实际影响，我们可以利用仿真模拟、大数据挖掘等方法进行创新。具体来说，未来的舆论研究可以遵循以下三条研究路径、解决新的与"舆论"相关的问题。

首先，研究机器作为社交网络舆论建构行动者在网络中的位置、

---

① 陈龙：《舆论熵的控制与防范：一种关于网络治理的认识方法论》，《新闻与传播研究》2018年第8期，第65—80、127页。

② Santini R M, Salles D, Tucci G, et al. Making Up Audience: Media Bots and the Falsification of the Pub-lic Sphere, Communication Studies, 2020, 71 (3): 466-487.

③ 彭兰：《如何实现"与算法共存"——算法社会中的算法素养及其两大面向》，《探索与争鸣》2021年第3期，第13—15、2页。

身份及与他者间的连接互动模式。可以使用大数据挖掘、社会网络分析等研究方法勾画出机器广泛参与的或者以机器为中心节点的舆论传播网络形态，从而定位好"机器"在传播网络中的地位，继而发现机器在传播网络中所具有的传播者、受众、跟随者和扩散者等多重身份属性，并在此基础上进一步从微观视角切入，基于其与民众、媒体、政治组织或其自身之间具体的互动方面去探究机器连接他者的模式，避免只讨论人工智能技术广泛操纵舆论的现象。

其次，研究塑造舆论的机器行为的产生机制。"机器行为学"强调研究特定机器的特定行为发生的内外部原因[1]。现有的社交机器人舆论研究多强调社交机器人带给舆论生态的变化，而较少考察人类如何塑造社交机器人的行动模式。未来的舆论研究，可以着眼于某种人工智能技术干预舆论的具体行为，既考察其行为产生的基本技术原理和内在触发逻辑，又使用访谈法、参与式观察法等研究方法探讨其背后如何受到设计师、用户等人类群体的目的与固有局限性的影响。[2] 同时，无论是机器个体、机器集群还是作为整体的混合人机网络，它们都诞生并嵌套于综合的社会环境之中，不可避免地会被社会中的其他系统制约，因此还可以考察机器的功能如何受到更广泛的社会结构的影响。

最后，研究舆论建构的不同阶段中机器行为产生的微观、中观和宏观效果。可以采取时间序列分析等研究方法考察舆论建构过程中机器行为的发展和变化，寻找机器的行为规律，并使用在线实验法、仿真法等实证研究方法对机器行为在微观层面产生的对具体个体的影响，中观层面产生的对不同组织或产业的影响以及宏观层面

---

[1] Rahwan I, Cebrian M, Obradovich N, et al. Machine Behaviour. Nature, 2019, 568 (7753): 477–486.

[2] 张洪忠、王竞一：《机器行为范式：传播学研究挑战与拓展路径》，《现代传播（中国传媒大学学报）》2023年第1期，第1—9页。

的对政治、经济、文化等社会子系统及整体社会环境的影响进行研究。从多方面切入来研究舆论生态中的"机器"与"机器行为"，有助于丰富智能传播领域的研究议题，并可能拓宽既往有关舆论的传播学理论边界。

结语

社交网络是舆论建构中的一个最大空间，社交机器人等智能传播技术将颠覆舆论的建构形态。学者们通常认为传播学是一门研究人类行为以及这些行为所构建的各种关系的学科，可见人类行为是传播学的核心。研究舆论实际上是洞察舆论背后人的认知、观念与行为等形成的真正原因，但机器行为改变了传播学研究的这一模式。在舆论场域中，随着社交机器人的加入，行为数据更加多样，且社交机器人行为与人类行为存在差异。社交机器人等作为由各种人工智能技术所支撑的传播主体，其传播行为受到技术建构的影响，在社交网络空间中的生产、转发、评论等行为方面均与人类行为存在一定区别。[1] 因此，在新技术视野下，舆论背后可能是人也可能是机器，如果以为可以仅通过舆论来判断人的认知与行为，那么可能就存在研究准确性的风险。在智能传播时代，舆论研究确实已经到了需要引入机器行为范式的新阶段。

---

[1] 张洪忠、斗维红、任吴炯：《机器行为特征建构：传播学视野下社交机器人识别方法研究》，《苏州大学学报（哲学社会科学版）》2022年第2期，第174—182页。

算法认知战：俄乌冲突下舆论战的新范式

方兴东　钟祥铭

摘　要：俄乌冲突是第一场真正意义上的网络时代的战争，是现实空间局部战争与网络空间全球一体化舆论战第一次高度融合的战争，标志着人类战争形态与方式的转变，也标志着舆论战范式发生了根本的转变。社会信息传播范式的转变是舆论战范式转变的前提和基础。基于网络的全球信息联动、全球民众的动员、人工智能技术的广泛使用等，舆论战超越了传统宣传和民众动员，而转变为更加复杂的认知战和混合战。本文基于互联网技术的演进和信息传播机制的变革，梳理了大众传播与数字传播两种范式的舆论战演进历程，分析了这场混合战的特点与规律，并为我们未来更好应对相应挑战和威胁提出相应的对策建议。

关键词：俄乌冲突　网络战　舆论战　混合战　智能传播　范式转变

俄乌冲突是互联网诞生以来，第一场真正意义上的网络时代的战争，标志着人类战争形态与方式所发生的根本性变化，重构了战

---

* 本文系2021年国家社科基金重大专项（批准号：21VGQ006）阶段性成果。
本文发表于《传媒观察》2022年第4期。
** 方兴东，浙江大学传媒与国际文化学院求是特聘教授，浙江大学社会治理研究院首席专家；钟祥铭，浙江传媒学院互联网与社会研究院助理研究员。

争的规则，重写了决定战争胜负的关键因素。更重要的是，在这场冲突中，网络战和舆论战本身也发生了重大的改变。真正攻击关键基础设施、切断通信和互联网、瘫痪指挥系统等常规网络战，并不是这次俄乌冲突的主角。多层次、多主题的网络战更多融入了广义的舆论战之中，以更加非军事化的方式实现更大的影响和威力。虽然网络战和舆论战在俄乌冲突中两者经常纠结在一起，密不可分，但是我们更多将两者融合的形态使用"舆论战"的称呼，以此突出传播在其中扮演的特别角色。显然，这一次冲突中，网络战的形态和方式发生了重大转变。从过去军事行动的支援和辅助角色上升为关键角色，完成了新的范式转变，并极大地改变了国家边界和主权的内涵。

2019年9月23日，美国、英国、澳大利亚等27国联合签署《关于在网络空间促进负责任的国家行为联合声明》提出要以实际行动共同"保护自由、开放和安全的网络空间"，确保"背道而行的国家"为"网络空间的不良行为承担后果"[①]。该声明将俄罗斯排除在外，旨在构建网络空间的"北约"，不仅将在网络空间开展进攻性军事行动合法化，更试图联合更大的力量在网络空间围剿和打压包括俄罗斯在内的战略对手。

舆论战的历史远比网络战要早得多，至少可以追溯到二战时期。而且舆论战从一开始就不仅仅是舆论宣传，而是和心理战、认知战等结合在一起。其作战方式，包括系统性地精心调控媒体，策划、制造、筛选和传播信息，争取、控制、影响受众的信念、思想、心理等。从表面上看，和今天的舆论战在功能与方式的表述上并没有本质的差异。但事实上，支撑舆论战的基础，也就是

---

① 孙文竹：《美日同盟网络空间合作新态势》，《现代国际关系》2021年第9期，第18—27页。

构建舆论战的技术能力、软硬一体化要素和系统化的关键基础设施，已经发生了根本性的变化。同时，这也是新旧舆论战范式转变的基础所在。

信息革命和组织创新改变着冲突的性质以及所需的军事结构、理论和战略。20多年前，约翰·阿尔吉拉和大卫·朗斐德在兰德公司的一篇论文中对"网络战"概念进行了前瞻性分析。他们认为，未来的冲突将更多地通过网络而不是等级制度来进行斗争，谁掌握了网络，谁就将获得主导优势，并预告"网络战争即将到来"①。

虽然传播始终是人类战争的重要因素——人类的战争史堪称一部传播发展史。但传播扮演如此关键的角色，对战争的态势与走向发挥如此重要作用，却是前所未有的。从19世纪末被称为第一次"媒体战争"的美西战争、第一次"电视战争"的越南战争，到鲍德里亚媒介真实意义下"未发生过"的海湾战争和伊拉克战争，直至当下的俄乌冲突，传播第一次从战争的辅助角色变为战争的主角，这究竟是一次偶然还是必然？俄乌冲突除了本身的是非曲直之外，传播在其中发挥的作用也为我们提供了最好的参考与警示。值得高度关注。

一、"笔杆子"的力量：俄乌冲突中传播的崛起

俄乌冲突还没有尘埃落定，但是，围绕这场战争的范式转变，已经有广泛的讨论与一定的共识。这不仅是人类战争本身的范式转

---

① Arquilla, J., Ronfeldt, D. Cyberwar is Coming!, Rand Corporation, https://www.rand.org/pubs/reprints/RP223.html.

变，也是网络战和舆论战的范式转变，尤其是传播在本次冲突中扮演角色的转变。

数字时代的"信息战"是解读当下俄乌冲突的关键维度。对战争进行善恶定性的权力并不仅仅取决于真相，而取决于一个国家的传播实力。在此次俄乌冲突中，"不愿"涉入前线阵地的美国试图利用软实力动员国际舆论，达到在各个领域削弱俄罗斯的目标。[1] 相较于俄罗斯的"宏大叙事"（试图从历史维度质疑乌克兰的国家合法性），乌克兰总统泽连斯基则更善用社交媒体的展演进行"差异叙事"，抢占"道德制高点"。同时，网民碎片式的"个人叙事"更是成为此次博弈中的新变数。

在 2014 年乌克兰东部冲突后，赫尔辛基大学媒体与传播研究负责人梅尔维·潘蒂在《媒体与乌克兰危机：混合媒体实践和冲突叙事》中通过提供"文化混乱"这一概念性工具来探索混合媒体与冲突的逻辑。"文化混乱"展示了一种新的话语秩序结构，在这种秩序中，信息流是多孔的，对议程的霸权控制几乎是不可能的，传统的宣传也逐渐失去其效用。[2] 在现实冲突中，"混合"并没有忽视传统媒体而专情于数字媒体，两者混合的力量以及它们与网络领域的混合过程值得重视。当代战争不仅变得混合，军事和非军事战术都得到应用，而且前线和市民空间之间的边界变得模糊，同时战争也被调解，军事行动者和战略开始失去其重要性，媒体及信息传播成为主要行动者和主战场。

我们正在见证卡尔·冯·克劳塞维茨的"全面战争"概念的实现，它由一个新的虚拟整体水平所促成，通过社交媒体的非凡能力，

---

[1] 徐培喜：《互联网为何成为俄乌冲突另一"战场"》，http://www-chinanews-com-cn-s.vpn.sdnu.edu.cn/gj/2022/03-13/9700491.shtml.

[2] Lazitski, O. Book Review: Media and the Ukraine Crisis: Hybrid Media Practices and Narratives of Conflict by Mervi Pantti, Journalism & Mass Communication Quarterly, 2018, 96 (01): 321-323.

赋予普通人改变物理战场及其周围话语的能力。[1] 在以往的冲突中，社交媒体是关键的"招聘"工具、筹款来源和向全球受众进行"宣传"的平台。社交媒体还被用作"中间平台"，以便将内容带入传统新闻媒体，从而进一步掩盖信息的真实来源。[2] 当前，社交媒体浪潮"削弱了克林姆林宫的宣传，并将世界团结到乌克兰一边"。社交媒体的强度和即时性正在制造一种新的"战争迷雾"。在这种迷雾中，包括虚假信息在内的各种信息互相纠缠，澄清与混淆几乎处于同等程度。[3] 哈佛大学肖恩斯坦媒体、政治和公共政策中心主任琼·多诺万由此呼吁，重新从有线新闻获取信息，而不是"社交媒体的荒原"。虚假信息通常被描述为虚假、不准确或误导性信息的故意和协调传播，旨在实现政治传播目标。[4] 俄罗斯的虚假信息策略是一种"反身控制"，已积攒40多年经验，[5] 其目的是造成对方的错误决策，特点在于制服对手，而非与对方周旋，这也是俄罗斯虚假信息策略经常被误解和低估的地方。俄罗斯国家杜马主席维亚切斯拉夫·沃洛金批准了一项提案，针对社交媒体上存在的大量虚假信息，规定分享与俄罗斯武装部队有关的虚假内容者将承担刑事责任。

与以往策略不同，除作为战略实施主体的政府和军方之外，民意（网民）的走向在很大程度上影响着政府决策。当前俄乌之间的

---

[1] Beaudreau, M, D., Patrikarakos, D. War in 140 Characters: How Social Media Is Reshaping Conflict in the Twenty‐First Century, Naval War College Review, 2019, 72 (04): 172–174.

[2] Nissen, T. E. Social Media's Role in 'Hybrid Strategies'. NATO Strategic Communications Centre of Excellence, https: /stratcomcoe. org/cuploads/pfiles/tomas_nissen_article_12‐09‐2016. pdf.

[3] Timberg, C., Harwell, D. Social Media Fuels New Type of "Fog of War" in Ukraine Conflict, The Washington Post, https: //www washingtonpost. com/technology/2022/02/24/ukraine‐russia‐war‐twitter‐social‐media/.

[4] European Commission. Final Report of the High‐Level Expert Group on Fake News and Online Disinformation, (2018‐03‐12), https: //digital‐strategy. ec. europa. eu/en/library/final‐report‐high‐level‐expert‐group‐fake‐news‐and‐online‐disinformation.

[5] Thomas, L. Russia's Reflexive Control Theory and the Military, Journal of Slavic Military Studies, 2004, 17 (02): 237–256.

对抗已经不再是两个国家之间的较量，全球多个国家和地区、黑客组织、民间力量等都参与其中。如《后真相时代》作者赫克托·麦克唐纳所言，人和组织之间的每一条新的连接都会提高事情的复杂性。新的人造真相每一秒都在被创造出来。当我们展望未来或者应对越来越复杂的概念时，未知真相只会越来越多。① （政治）娱乐化、情绪传播、偏见与虚假信息等在算法推送下，造成了真相的"消失"。

从应用程序的下架到全球性社交媒体平台上的禁言，从假新闻到"直播秀"，在军事上拥有绝对优势的俄罗斯，在新的舆论战场上似乎成为了弱者。网络社会中的认同力量的展现（分布式、多向度、实时性等）在此次冲突中结合加密货币网络，完成了从认同网络向行动网络的转化。② 此外，对于俄乌冲突带来的冲击与变化，迄今人们已经收获不少新颖的名词，诸如"TikTok战争""全球共时性""混合战"等。《纽约时报》专栏作家托马斯·弗里德曼将俄乌冲突描述为"第一场由仅拥有智能手机却被超级赋权的个人在 TikTok 上报道的战争"。同一周，各种出版物开始将这场冲突称为"第一次 TikTok 战争"。《纽约杂志》更是创造了合成词"WarTok"。这些新名称背后，究竟蕴含着哪些新的特征与规律，值得深入探讨。

二、智能时代战争新范式：现实与网络融合的"混合战争"

托马斯·里德在其名为《网络战争：不会发生》一文中认为，

---

① ［英］赫克托·麦克唐纳著：《后真相时代》，刘清山译，民主与建设出版社 2019 年版，第 324 页。

② 《俄乌超限战：镜头表演、社交媒体与加密全球化》，2022 年 3 月 2 日，http://www.beechain.net/news/82247.html。

一种通过恶意代码进行的潜在致命的、工具性和政治性的武力行为才能构成网络战争。所有出于政治动机的网络攻击都只是与战争一样古老的三种活动的复杂版本，即破坏、间谍和颠覆。[1] 而显然，他对网络战的讨论并未涉及媒体传播可能带来的影响分析。自2014年以来，俄罗斯对乌克兰的网络攻势复杂而激烈，乌克兰仿佛成为"俄罗斯的网络游乐场"。然而，伦纳特·马斯切梅耶和纳迪亚·克斯特尤克发现，俄罗斯的网络攻击并没有对乌克兰领导人的决策产生实质性影响，也没有削弱乌克兰人对其领导人的信心。[2] 同时，也有人对冲突升级后网络攻击的效果及网络行动的战略效用持怀疑态度，或将网络战的不足归因于"颠覆性"的行动机制。[3] 西亚兰·马丁认为，网络作为战争武器的局限性并没有被充分地理解。他观察到，人们目前对网络能力的理解过于乐观，从低级骚扰到严重破坏日常经济和社会活动，网络被认为可以做任何事情。他认为，受干扰和破坏的战略脆弱性不在于军事领域，而在于医院系统、后勤、政党、电网和私有的网络。[4]

信息与智能技术所催生之智能时代下的战争呈现了物理、网络和社会系统虚实互动、协同共生的"三战合一"的发展态势，即"明战""暗战""观战"跨域合一的常态化与一体化。[5] 总体而言，俄乌冲突爆发迄今，"混合战"成为最基本的特性。这场战争大致可以分为两个层面的两场战争，而且是两场具有典型的不对称战争：

---

[1] Rid, T. Cyber War Will Not Take Place, Journal of Strategic Studies, 2011, 35 (01): 5-32.

[2] Maschmeyer, L., Kostyuk, N. There Is No Cyber "Shock and Awe": Plausible Threats in the Ukrainian Conflict, War on the Rocks. https://warontherocks.com/2022/02/there-is-no-cyber-shock-and-awe-plausible-threats-in-the-ukrainian-conflict/.

[3] Maschmeyer, L. The Subversive Trilemma: Why Cyber Operations Fall Short of Expectations, International Security, 2021, 46 (02): 51-90.

[4] Martin, C. Cyber Realism in a Time of War, Lawfare. https://www.lawfareblog.com/cyber-realism-time-war.

[5] 李强、阳东升、孙江生等：《"社会认知战"：时代背景、概念机理及引领性技术》，《指挥与控制学报》2021年第2期，第97—106页。

一场是现实世界中俄罗斯与乌克兰的地面军事战，主要发生在乌克兰国家边界之内；另一场是网络空间中的新型战争，是美西方主导的针对俄罗斯的新型网络战、舆论战。前一场是军事实力差距悬殊、俄罗斯实力具有碾压式优势的不对称战争，后一场是全球一体化的网络空间为主战场，是美西方针对俄罗斯在全球策动的"战争"，也形成了态势鲜明的不对称战争。前者是局部战争，而后者是某种意义上的"世界大战"。

此次俄乌冲突可谓第一次真正意义上"枪杆子"和"笔杆子"高度融合、博弈联动的"混合战"。就是以国家实力为基础的自上而下的传统军事战，与全球范围的自下而上的网络战之间的高度协同、全盘谋划、实时联动。从俄乌冲突的进程来看，俄罗斯并非在网络战和舆论战方面欠缺考虑，事实上也做了精心准备，但当战争开始之后，在全新的"混合战"中，俄罗斯依然处于明显的劣势。2022年3月26日，美国总统拜登在波兰华沙发表关于所谓自由世界齐心协力支持乌克兰人民的讲话时称，各种经济制裁手段的相互结合，是一种新的经济国策，其造成损害的威力可与军事力量相匹敌。可见，军事硬实力不再是决定战争胜负的唯一力量。军事力量和网络力量优劣势的转换、对冲和博弈，使得俄乌冲突具有特别的借鉴价值和研究意义。两场不对称战略的交织，谁将最终决定战争的胜负，这是未来最值得关注和研究的问题。但显然，即便俄罗斯在军事层面最终获得成功，也将付出远远超越预期的惨重代价。尤其是美西方成功地把俄罗斯从国际社会的产业链、金融链等全球基础设施网络中割裂出去，这将给俄罗斯的发展带来深远影响。

三、舆论战新范式：网络战与舆论战走向融合

舆论战的核心是宣传。哈罗德·拉斯韦尔在《世界大战中的宣传技巧》一书中定义了"宣传"一词："以有含义的符号，或者稍具体一点而不那么准确地说，就是以描述、谣言、报道、图片和其他种种社会传播方式来控制意见。"[1] 十年后，他进一步精简、修正为："以操纵表述来影响人们行动的技巧。"[2] 直到今天，拉斯韦尔概括的舆论战的本质依然没有改变，改变的只是舆论战的形式、方式和作用。

舆论战范式转变的底层逻辑，是信息传播技术与传播基础设施的演进与变革。也就是说，社会信息传播范式的转变是舆论战范式转变的前提和基础。2000年之前，传统大众媒体和Web 1.0的网络传播是人类社会信息传播的主导模式，我们称为传播的自上而下、集中控制的大众传播范式（也称为大教堂模式）。[3] 这一阶段的舆论战，无论是二战、冷战还是海湾战争等，国家力量和大型传统媒体强有力地主导着信息传播的权力，因此我们称之为自上而下的大众传播舆论战范式。2000年之后，随着Web 2.0和移动互联网的发展，由网民驱动的、基于社交媒体的社交传播，使得自下而上、开放性分布式的信息传播逐渐崛起，形成了与大众传播范式不同的、新的数字传播范式（也称为大集市模式）。2020年以后，随着智能技术

---

[1] [美]哈罗德·拉斯韦尔著：《世界大战中的宣传技巧》，张洁、田青译，中国人民大学出版社2003年版，第22页。

[2] E. M. 罗杰斯著：《传播学史——一种传记式的方法》，殷晓蓉译，上海译文出版社2002年版，第222页。

[3] 方兴东、严峰、钟祥铭：《大众传播的终结与数字传播的崛起——从大教堂到大集市的传播范式转变历程考察》，《现代传播（中国传媒大学学报）》2020年第7期。

的广泛使用，由大规模、实时动态的大数据驱动的智能传播崛起，信息传播的数字传播范式进一步上升为整个社会的主导性传播范式。从 2004 年乌克兰第一次"橙色革命"、2014 年乌克兰第二次"橙色革命"和 2022 年本次冲突下舆论战的表现、机制与作用，可以清晰地看到舆论战范式的根本性改变（参见表 1）。

表 1　舆论战范式的演进历程

传播范式	传播机制	时间	技术阶段	传播特性	驱动力	舆论战范式
大众传播范式	大众传播	20 世纪 90 年代前	大众传媒	自上而下	内容驱动	大众传播舆论战范式
（大教堂模式）	网络传播	20 世纪 90 年代	Web 1.0	自上而下	内容驱动	
数字传播范式	社交传播	21 世纪初—10 年代	社交媒体	自下而上	用户驱动	数字传播舆论战范式
（大集市模式）	智能传播	21 世纪 20 年代	智能媒体	自下而上	数据驱动	

当下的社会信息传播主要有四种传播机制，传统的大众传播和以门户为代表的网络传播依然发挥着自己独特的作用，2000 年之前，舆论战主要是以自上而下的内容操控为表现方式。即便 2004 年乌克兰发生的第一次"橙色革命"，当时社交媒体还处于萌芽状态，舆论战也依然表现为更多样化的宣传手段和方法，但整体的作用是辅助性、低烈度的。随着最近 20 年来社交传播和智能传播的爆发，舆论战的机制开始发生重大改变——用户驱动而不再是内容驱动的社交传播，使得大规模直接、实时的民众动员成为可能。强度也快速上升。2014 年乌克兰发生的第二次"橙色革命"，则呈现了鲜明的"颜色革命"特征。但与传统摧毁性和颠覆性的军事行动相比，依然是低烈度的。而此次俄乌冲突中，以数据驱动的智能传播为新特点的舆论战，与传统军事行动已经高度协同与融合，舆论战拥有了与军事行动同等的强烈度。这无疑是舆论战的根本性改变。当然，由于信息的四种传播机制今天处于联动与叠加状态，因此舆论战也

呈现了复杂性和综合性，旧有的方式与特性依然存在，新的方式和特性也脱颖而出。只是智能传播还处于发展初期，因此对于未来舆论战角色的进一步升级必须给予高度的关注和警惕（参见图1）。

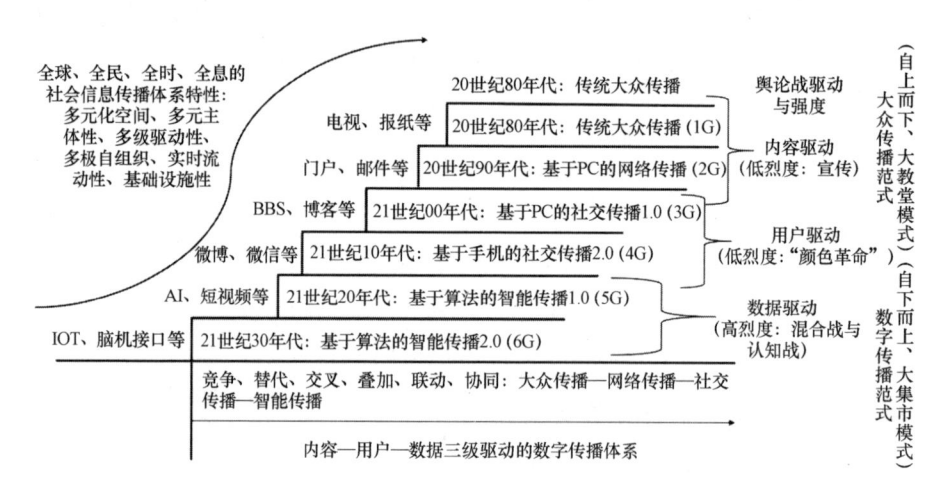

图1　数字传播与舆论战范式转变：双范式、三驱动和四机制

2022年2月25日，美国国家广播公司（NBC）报道称，拜登已获取了一份可供美国实施大规模网络攻击的选项清单，这些攻击旨在破坏俄罗斯在乌克兰维持军事行动的能力。其中包括切断俄罗斯全国互联网、瘫痪电网、干扰铁路线运行等目标，从而令俄罗斯对乌军事行动后继乏力。有网络安全专家分析称，目前美国可能采取的主要网络攻击类型包括分布式拒绝服务攻击（DDoS）、恶意植入攻击、数据擦除攻击等。① 近年来，美国比世界上任何其他国家都更经常将"网络归因"作为地缘政治工具，并与英国及欧洲其他盟友合作，特别是当目标是俄罗斯时。白宫迅速公开谴责俄罗斯对乌克

---

① Dilanian, K., Kube, C. Biden Has been Presented With Options for Massive Cyberattacks Against Russia, NBC News, https：//www.nbcnews.com/politics/national - security/biden - presented - options - massive - cyberattacks - russia - rcna17558.

兰的网络进攻，表现出美国在归因速度上的非同寻常，即美国希望将其作为让各国在进行破坏稳定的网络活动时承担责任的一部分。同时，网络归因也被视为网络战中的一个关键工具。①

在网络攻击的范畴，舆论战属于更高层次的网络攻击。美西方一直是网络舆论战的"高手"，在此次俄乌冲突中更是表现得淋漓尽致。拉里萨·多罗申科等人探讨了俄罗斯互联网研究机构（IRA）在顿巴斯军事冲突期间针对乌克兰的网络信息战。他们认为，当代作战战略意义的重点在于通过混合媒体生态系统传播虚拟信息的多平台协调行动。② 2014 年乌克兰东部冲突也被认为是数字时代冷战虚假信息战略的缩影。而此次俄乌冲突不仅改写了战争模式，还深刻地改变了我们过去所认知的网络战和舆论战。这一次，网络战和舆论战与俄罗斯地面战争紧密相关、高度联动，可以说成了战争整体不可分割的一部分，大大超越了过去目的相对单一、低强度的网络战和舆论战，成为助力乌克兰地面抵抗的新型"混合"战。

表2 俄乌冲突中的网络战事件

时间	俄乌冲突中的网络战事件
2022 年 1 月 14 日	乌克兰外交部、教育部、内政部、能源部等在内的 70 多个政府网站因遭到 APT 组织网络攻击而关闭
2022 年 1 月 15 日	微软威胁情报中心称发现针对乌克兰政府和多个组织的破坏性恶意软件 Whisper Gate 数据擦除器操作的证据，该软件于 2022 年 1 月 13 日首次出现在乌克兰的被攻击对象系统上，伪装成勒索软件
2022 年 2 月 15 日	乌克兰国防部、武装部队等多个军方网站和银行的网站遭到大规模网络攻击而关闭

---

① O'Neill, P. H. The US Is Unmasking Russian Hackers Faster than Ever, MIT Technology Review, https://www.technologyreview.com 2022/02/21/1046087/russian–hackers–ukraine/.

② Doroshenko, L., Lukito, J., Trollfare：Russia's Disinformation Campaign During Military Conflict in Ukraine, International Journal of Communication, 2021（15）：4662 – 4689.

续表

时间	俄乌冲突中的网络战事件
2022年2月23日	乌克兰境内多个政府机构（包括外交部、国防部、内政部、安全局及内阁等）以及两家大型银行（乌克兰最大银行 Privatbank 及国家储蓄银行 Oschadbank）的网站再次沦为 DDoS 的攻击对象
	乌克兰数百台计算机上发现新型恶意数据擦除软件 Hermetic Wiper（又名 KillDisk. NCV）的第一个样本，其中一个样本的 PE 编译时间戳为 2021-12-28，涉及目标包括：金融及政府承包商
2022年2月24日	乌克兰政府呼吁地下黑客组织参与防护网络攻击，国际黑客组织"匿名者"报名参加
	俄罗斯"今日俄罗斯"电视台称网站遭到 DDoS 攻击，大约 27% 的攻击地址位于美国，攻击时间持续 6 个小时
	俄罗斯国家互联网络托管的俄罗斯军方网站（mil. ru）和克里姆林宫网站（krylin. ru）因此无法访问或加载速度很慢，托管克里姆林宫网站的一整块互联网域名都受到了攻击
	在受到 DDoS 攻击后，消息称俄罗斯政府似乎正在部署一种名为"地理围栏"的防御性技术措施，以阻止俄罗斯影响范围以外的地区访问其控制的某些网站，包括军事网站
	俄罗斯警告其国内关键基础设施运营商"计算机攻击强度增加的威胁"，并表示应考虑任何没有"可靠确定"原因的关键基础设施运行故障可能是"计算机攻击的后果"
2022年2月25日	国际黑客组织"匿名者"在"推特"声称，该团体"全体人员正式向俄罗斯宣战"并"攻陷""今日俄罗斯"电视台网站
	美国前国务卿希拉里·克林顿在接受 MSNBC 的采访时，呼吁美国黑客对俄罗斯发动网络攻击
	美国国家广播公司报道称，拜登已获取了一份可供美国实施大规模网络攻击的行动方案，其中包括切断俄罗斯全国互联网、瘫痪电网、干扰铁路线运行等目标。白宫否认考虑对俄罗斯进行网络攻击

在战争中，舆论并非自发形成，而是具有很强的操控性和引导性，舆论战的政治目标及利益诉求高于一切。其中，对发声平台的控制成为舆论斗争的策略。美西方则凭借自身政治传播优势，引导

国际舆论，全方位向俄罗斯施压。如美西方国家政府和国际社交平台对"今日俄罗斯"（RT）等俄罗斯媒体设限或禁播。在俄乌冲突前的一次新闻发布会上，美国总统拜登说："我'确信'俄罗斯总统普京已经决定对乌克兰采取军事行动。"当被问及原因时，拜登说："我们拥有强大的情报能力。"相较于冷战时期，开源情报在数字世界中发挥着极为重要的作用。以往的秘密情报似乎被"TikTok们"所取代，而"几乎不需要秘密情报来确定俄罗斯在乌克兰边境的大规模军事集结"[1]。美国《大西洋》月刊文章指出，俄罗斯对乌克兰特别军事行动给未来战局带来一种全新发展态势，即实时公开高度机密的情报，它成为"西方用来对付普京的武器"。美国政府除了武装乌克兰、提供武器等"递刀子"的常规做法，这一次"递情报"也成为重要举措。过去一贯处于保密的美国情报部门，此次通过公开机密信息、公布卫星照片、动员乌克兰当地民众等诸多方式，成为引导全球自媒体的重要推手之一。美国政府在俄乌冲突爆发之前就批准了对俄罗斯发动网络战的程序，并将大量俄罗斯军事行动的机密信息公之于众。到目前为止，乌克兰危机的证据表明，这种情报披露策略的回报远远大于风险，即使在数字时代，真相和揭露仍然可以成为强有力的武器。相较于"谎言武器化"舆论斗争策略，周庆安等通过对国际舆论斗争历史脉络的梳理，提出以事实真相作为武器的"真相武器化"概念，将其视为一种公共外交和国际舆论斗争的最佳选择。[2]

国内智库在总结北约认知战概念的基础上，对其在此次俄乌冲突中的运用做出分析。作为一种战略性传播，认知战为对手提供了

---

[1] Walton, C. Can Intelligence Tell How far Putin Will Go?. (2022-02-28). https://www.warontherocks.com/2022/02/lessons-of-cold-war-intelligence-for-ukraine-today/.

[2] 周庆安、刘勇亮：《真相武器化：一种公共外交和国际舆论斗争的新视角》，《对外传播》2021年第11期，第44—48页。

一种绕过传统战场取得重大战略成果的手段。"如果社交媒体等媒介是认知战武器的话，认知战弹药则主要是信息。"除军民融合、信息欺骗之外，当前认知战的特点还包括智能媒体的崛起和全时全域的作战。① 俄乌冲突从由大众媒体主导的"图文信息战"迭代成为由社交媒体主导的"算法认知战"。史安斌认为，智能传播时代的"算法认知战"具有三个特点：战略性，以"战略传播"思维抢占命名权、阐释权和议程设置权；短视频化，主流媒体挪用社交平台上碎片化传播的战争画面，增强其报道的吸引力与说服力；情感化，网红借助社交媒体与全球网民进行互动，通过"代入感"的营造实现有效的媒介营销。② 此外，美西方通过策动欧美高科技企业以各种方式发起"制裁"俄罗斯的社会运动。2022 年 3 月 10 日下午，30 名在短视频平台"抖音"和"优兔"及"推特"活跃的"头部网红"与"网络大 V"，通过视频会议接收来自白宫的指导，大大升级了过去主要围绕"颜色革命"的舆论操作手法。

四、智能传播：俄乌冲突中 AI 技术的多层次使用

要辨析此次舆论战的特点，必须深入支撑舆论战基础设施的技术层面，尤其是人工智能技术的广泛使用，包括智能化的美国"标枪"肩扛式反坦克导弹系统，美国和北约的情报支援增强乌克兰军队的战场感知能力，如利用面部识别技术辅助识别俄罗斯士兵身份信息等，战争各个层面的智能化，是这场舆论战呈现特别威力的关键所在。

---

① 刘海洋：《北约认知战概念在俄乌冲突中的实战检验》，经士智库，2022 年 3 月 19 日，http：//www. gginstitution. org. cn analysisdetail？article_id = 303。
② 史安斌：《"图文信息战"正向"算法认知战"迭代》，《环球时报》2022 年 3 月 8 日，https：//opinion. huanqiu. com/article 476ICcThiyt。

美国国防部联合人工智能中心负责人杰克·沙纳汉认为,未来只有通过算法才能预见战争的发生。① 人工智能正在成为各主要军事强国军备竞赛的"新赛道",智能化战争初现端倪。通过一系列布局和发展计划,美国已将人工智能发展提升至国家战略层面,并从思想到研发等多维度深入军事应用领域。俄罗斯也从国家层面为俄军推动人工智能军事应用确立了一系列机制。美俄两国都致力于在军事系统和作战中使用人工智能,包括后勤、指挥和控制、情报收集和分析,以及开发更加自主的武器。

战争在推动技术进步方面发挥着关键作用。俄乌冲突正在成为人工智能的关键试验场。在实际作战方面,自主武器发展速度持续加快。乌克兰已经投入使用土耳其制造的 TB2 无人机,该无人机可以自主起飞、巡航和着陆,尽管它仍然依靠人工操作决定何时投放其携带的激光制导导弹。在网络战中,人工智能不仅可以帮助分析大量开源情报,推荐算法更是加速了社交媒体上有关俄乌冲突的虚假信息的传播,在 TikTok 上尤为明显。选择性曝光与偶然性曝光成为网络政治传播研究的重要关注点。数据分析、机器学习和人工智能等技术正在塑造用户与政治信息之间的连接方式。② 弗雷斯特研究公司分析师麦克·瓜尔蒂耶里表示,双方在冲突中散布虚假信息并非新鲜事,而使用人工智能和训练机器学习模型作为虚假信息的来源则是前所未有的。这些机器学习能力是社会媒体的基础,政府和公众都可以通过这些平台来影响大众的意见。③ 包括此次才使用的

---

① The Pentagon's AI Chief Prepares for Battle,Wired.(2019 - 12 - 18),https://www.wired.com/story/pentagon – ai – chief – prepares – fo – battle/.

② 赵曙光、张竹箐:《数字传播治理与新闻媒体的责任》,《现代出版》2021 年第 5 期,第 42—50 页。

③ TechTarget. AI and Disinformation in the Russia – Ukraine war.(2022 - 03 - 14). https://www.techtarget.com/searchenterpriseai/feature/AI – and – disinformation – in – the – Russia – Ukraine – war.

GPT-3模型网络，它是一种具有1750亿个参数的自然语言深度学习模型，可以用来生成信息，并将人类完全排除在此过程之外。① 通过人工智能引擎生成信息，并立即测试信息是否有效，如"每天快速发射1000次，人工智能就能快速学会如何影响目标人群"。社交媒体用户构建此类人工智能引擎和机器学习模型的门槛很低。特别是，以往"深度造假"需要掌握复杂的技能，而如今则可以在没有编码知识的情况下被创建，且用来创建"深度造假"的工具在网络上很容易获取。② 吉姆·迈克纳尼发现，许多著名的研究人员在"推特"上讨论人工智能行业如何更好地应对冲突，以及人工智能技术如何帮助尽早结束当前的冲突。然而，大部分内容与现实脱节，而"显得出奇的幼稚"。他认为："当技术开发人员无法理解他们正在建造的东西以及如何使用它的含义时，我们都处于危险之中"③。

据路透社报道，2022年3月12日，乌克兰国防部开始使用美国面部识别公司的人脸识别技术。美国面部识别公司顾问、前外交官李·沃洛斯基提出，将免费提供乌克兰使用该人脸的搜索引擎，供乌克兰当局在检查站的审查中使用。④ 一个关键的挑战是，人工智能本身不是一种武器，而是一系列技术和技巧，在现有武器平台和网络空间中，人工智能在决策中的自主性和使用范围不断拓展和深入，这或许将导致不成熟的系统部署，其结果可能引发冲突

---

① OpenAI. GTP-3 Powers the Next Generation of Apps, https://openai.com/blog/gpt-3-apps.
② Whittaker, L., Letheren, K., Mulcahy, R. The Rise of Deepfakes: A Conceptual Framework and Research Agenda for Marketing, Australasian Marketing Journal, 2021, 29 (03): 204-214.
③ Kahn, J. A. I. is On the Front Lines of the War in Ukraine, Fortune. (2022-03-02). https://fortune.com/2022/03/01/russia-ukraine-invasion-war-a-i-artificial-intelligence/.
④ Dave, P., Dastin, J., Exclusive: Ukraine Has Started Using Clearview AI's Facial Recognition During War, https://www.reuters.com technology/exclusive-ukraine-has-started-using-clearview-ais-facial-recognition-during-war-2022-03-13/.

的升级。[①]

著名网络社会思想家曼纽尔·卡斯特认为，人工智能已经改变了国家之间的对抗形式，并深深改变了一切，如无人机对抗和监控。人工智能军事技术的所有可能用途的结合意味着一件事：战争从来都是非人性的，但结合后，就会完全泯灭人性。俄乌冲突是人类智能时代的第一场战争，也是人工智能初步显示身手的舞台。面向未来，人工智能究竟是成为造福人类的技术突破，还是加剧人类之间冲突和残杀的武器，这是人工智能全球治理机制亟待回答的问题。

五、传播的全新角色：现代战争的决定性因素

技术改变了战争形态，也改变了舆论战范式。从传播学角度，俄乌冲突让我们正视传播在人类社会发展中扮演的全新角色与作用，更需要我们重估全球传播的新格局和新态势。美国参议员海勒姆·约翰逊1918年就道破了战争时期信息传播的本质："战争中最先牺牲的是真相。"交战双方以及深度卷入的各国，没有谁是假新闻的无辜者，只是参与的能力、手段和方式存在不同。无论是众多的国家行为体还是海量的非国家行为体，都基于各自利益和倾向深度参与了这场舆论战。智能时代的假新闻，无论是在技术的便利性、形态的丰富性、海量的信息量上，还是在传播策略的组合上，都呈现了前所未有的程度。

其一，我们正在进入真正的全民传播时代。2003年伊拉克战争，借助电视网和互联网，开启了"全球围观"的战争新模式。此

---

① Marijan, B. Beyond, Ukraine: AI and the Next US – Russia Confrontation, Centre for International Governance Innova 02 – 14), https://www.cigionline.org/articles/beyond – ukraine – ai – and – the – next – us – russia – confrontation/.

次俄乌冲突开启了"全球围观、全球参与"的新范式。全球网民突破 50 亿人次，欧美互联网普及率超过 85% 以上。为这场冲突通过网络拓展到全球层面，提供了强大的基础设施。

其二，社交媒体已经深度嵌入社会。在以即时信息共享和个人高度参与社交媒体为特征的媒体传播环境中，普通人在舆论战中扮演着越来越重要的角色。国家主导信息传播的权力已经被削弱，并创造了一波新的战争参与者。美国新闻记者戴维·帕特里克拉克斯在《140 个字符的战争：社交媒体如何重塑 21 世纪的冲突》一书中描述了社交媒体如何在战争、和平及两者之间的灰色地带赋予新参与者权力。[1] 正如乔安娜·杜纳韦所言，从高度集中的媒体生态系统过渡到拥有诸多不同信息源且更加分散的环境，从根本上改变了人们接受重大全球事件的方式。尽管它有助于这次冲突消息的传播，但也加速了不同叙事的发展。这要求人们通过社交媒体视角看待这场冲突时，应怀着批判的眼光。社交媒体在现代战争中的重塑作用及其特殊角色，也为在讨论未来类似冲突中社交媒体的角色与责任及平台治理等问题时提供反思。

其三，智能时代 AI 技术在传播中发挥重要作用。智能时代的来临影响着信息传播的基本版图，人工智能技术正从技术手段向技术模式转型，它不仅引发了媒体内容生产的变革，重构了媒体结构的布局，[2] 还助力了媒体参与社会治理，形成媒介景观与社会景观的共融。[3] 相应地，媒介治理面临着算法干涉、信息茧房、隐私侵犯、信息失真等伦理挑战，同时媒介治理体系的伦理特征、运行机制以及

---

[1] Kuchler, H. War in 140 Characters by David Patrikarakos – from Trenches to Twitter, Financial Times. (2017 - 12 - 8), https://www.ft.com/content/8a0d4b76 – dbaa – 11e7 – a039 – c64b1c09b482.

[2] 黄楚新、许可：《人工智能技术驱动传媒业发展的三个维度》，《现代出版》2021 年第 3 期，第 43—48 页。

[3] 彭兰：《数字时代新闻生态的"破壁"与重构》，《现代出版》2021 年第 3 期，第 17—25 页。

实践原则也随之发生改变。①

其四,传播再也不仅仅是信息和新闻的广播与较量,而是一场全球动员,局部战争开始演变成为全球的"民心之战"和"民众动员之战"。"作为一个全球社区,我们比任何时候都要更紧密地联系在一起",卡琳·威尔金斯如是说。甚至整个全球网络空间都纳入高度联动、国家行为体和非国家行为体全面博弈的作战空间,传播之争和传播之战提升到高烈度的现实军事行动的层面。

其五,封闭的情报和军事行动与开放的互联网构建了新的战争互动形式。首先,乌克兰军事能力与美国和北约能力的紧密衔接。美军的情报部门、侦察机、预警机和监听部队通过网络成为乌克兰的全面支撑力量,比如侦察卫星在发现俄军动态和位置以后,立即在驻欧美军参谋部和情报部门进行分析和甄别,然后分析结果会在1小时到2小时内,分门别类地快速传输给乌克兰军队司令部。其次,过去被视为高度机密的军事情报和信息,通过数字化技术赋能到前线每一名单兵,同时通过互联网开放,赋能乌克兰民众的反抗行动和情报收集,传统军事情报的边界被瓦解。

六、预演与警醒：舆论战范式转变下的中国应对

中国舆论场成为俄乌冲突中交锋最激烈的网络战场。这场网络战、舆论战之特点大致表现在三个层面：国家情报能力、军事实力、舆论战能力。显然,中国国内舆论场也是全球一体化舆论战的一部分。尤其是以新闻发言人、官方主流媒体为代表的自上而下的立场

---

① 龙耘、吕山：《AI 时代媒介治理的伦理体系：内涵、特征及实践原则》,《现代出版》2021 年第 4 期,第 32—38 页。

和信息，与以网民为主体，以微信、微博等社交媒体为平台的自下而上的立场和倾向，呈现了鲜明的差异，形成了值得高度警惕的"剪刀差"。

俄乌冲突的进程和最终结果，对于美西方对中国的态度依然存在很大变数和风险。对中国来说，站在国家最高利益和战略的层面，即便面对高度紧张的国际环境和国内高度复杂的舆论态势，我们对这场冲突的中立态势和立场亦是清晰的、坚定的，也是不能动摇的。迄今为止也是恰当的。总体而言，本次俄乌冲突的网络交锋可以被视为给中国的一次预演，它在彰显中国的国际地位和价值的同时，让我们看到了自身在应对真正的意识形态国际博弈时的能力缺陷、机制短板和现实困境。[①] 换而言之，这场冲突对中国最大的意义和考量，主要是针对新形势下战争形态与方式的变化，要洞察新的规律和特性，深刻反思由此引发的国内舆论的民心向背问题，探讨如何建构"统一战线"的新机制和新格局。

具体的对策建议包括：

1. 在网络战、舆论战方面，必须清醒地认识到敌强我弱的现有格局，早做准备、多做努力，才可能缓解我们平时和战时的被动局面。尤其是面对有着鲜明自下而上特性的数字传播舆论战范式，无论在思维、体制、方式，还是在具体能力建设方面，都需要及时调整战略、改革机制。

2. 此次俄乌冲突中，以美国为代表的北约在武器供给、情报支撑、网络战配合、先进技术支撑、极限施压与制裁等各个准战争层面采取措施。可见，过去相当独立的网络战和舆论战，未来将越来越紧密地结合在一起，且与全球性经济战、军事行动和国际政治的

[①] 雷希颖：《为何"中国舆论场"成"俄乌冲突"最激烈网络战场》，2022年2月28日，http：//www.ccsa.hk/index.php？m=home&c=View&a=index&aid=529。

联系也将更加紧密。因此，我们需要更加熟悉美西方的战略部署和战术打法，逐渐打造一系列具体应对的工具库，从而在危急紧要关头化解这些挑战。

3. 当下首要的任务，是针对此次俄乌冲突马上组织专门的研究团队，汇聚国内真正"懂网络、了解网络、理解网络"的军事领域、技术领域，以及学术界、产业界的团队，在面向社会相对开放的和相对秘密的两个层面，展开系统、深入、全面的专项研究。

4. 今天舆论战的核心，已经不在于信息的控制和管制等"消极防御举措"，而在于关键时候能否最大程度地进行社会动员和形成社会共识的"积极防御能力"。要正视国内舆论场的"剪刀差"现象，系统检讨本次俄乌冲突以来我国国内舆情出现的问题，通过内部和外部不同层面展开研究、解析问题、找到方法，营造有助于形成"统一战线"的舆论环境。

5. 针对网络战和舆论战的研判和战略部署，不能停留在理论层面的研究。而更需要掌握全新的手段和工具，尤其是通过最新的技术，建设整体性的、全球性的态势感知系统。基于新技术手段和大数据能力等，对俄乌冲突的具体态势和未来战时的态势发展，部署相应的基础设施建设，形成强大的技术支撑能力，这对应对未来危机将至关重要。

6. 需要根据战略需要，在一定程度上重构机构和部门设置。过去舆论战主要集中在意识形态和宣传方面，未来舆论战将深度结合军事、情报与秘密行动等。美国在网络战方面已经形成一整套"主动向前防御体系"，而舆论战是其中关键环节。

7. 战争状态的网络战和舆论战基于一系列平时的基础设施建设，基础设施是支撑系统、能力系统，要立足长远、提前布局，缜密规划、持续建立。新型网络战和舆论战，建立在新型基础设施之上，比如全球主导性的基础软硬件、全球性的社交媒体平台、实时态势感知监控系统等。除传统大众媒体平台之外，对于全球头部网红、意见领袖和大众用户群体的引导和影响，也应该视为日常的基础设施建设工作。

  总之，俄乌冲突是一次深刻的警示和警醒，需要我们在坚持全面合作、改革开放的基本前提下，对中美冲突、欧美博弈等形成新的战略认知，在网络战和舆论战方面早做准备，避免战略被动。

俄乌冲突中的舆论战探析及其启示*

贺潇潇**

摘　要：2022年以来，俄乌冲突引发国际社会广泛关注。对该地域性冲突的国际传播进行分析可见，美国及以其为首的北约采用了多种宣传手法鼓吹反对俄罗斯立场的新闻话语，如炮制假新闻定性俄"入侵"、封锁俄罗斯新闻海外传播渠道等。我国应对此类国际舆论战需注重培养应急语言翻译传播后备力量；增强海外社交媒体舆论战斗力，并保障外宣媒体传播有生力量；加强重要国家舆情分析和中国建设性机制方案传播。

关键词：俄乌冲突　应急语言　传统外宣　舆情信息

俄乌冲突爆发以来，持续受到国际社会的广泛关注，反映了俄罗斯与美国及北约之间长期的历史积怨。在俄美大国竞争与对抗框架下，乌克兰成为美西方对抗俄罗斯的重要力量。美国及北约为乌克兰提供大量的军事援助、经济援助，支持乌克兰对俄罗斯进行军事威慑与前沿对抗，极大地威胁俄罗斯的安全利益。① 这场国际性冲突为大国间舆论战提供了契机，深入了解俄乌冲突所涉大国舆论战

---

* 本文发表于《对外传播》2022年第11期。
** 贺潇潇：中国外文局翻译院国际传播部副主任。
① 《俄乌冲突背后的深层次动因及其影响》，光明网，2022年3月1日，https://m.gmw.cn/baijia/2022-03/01/35555286.html。

趋势和特点，将有利于我国在国际传播领域做出有效应对。

一、美国对俄乌冲突新闻报道的特点分析

从 20 世纪 50 年代起，美国开始建设强大的战时情报系统。在历次战争或冲突爆发时，以强大的舆论宣传系统支持对其有利的战争局面一直是其惯用伎俩。美国在俄乌冲突国际新闻报道中主要运用了以下几种手法。

（一）炮制假新闻定性俄罗斯"入侵"

俄乌冲突爆发之初，美国抢发定性俄罗斯"入侵"新闻，并与以其为首的北约一道，采用多种宣传手法鼓吹反对俄罗斯立场甚至中国立场的新闻话语，炮制假新闻。在 2022 年北京冬奥会开幕式结束后仅数小时，美国知名财经媒体彭博社即在其网站上发布了《直播：俄罗斯入侵乌克兰》的报道。倘若此事属实，无疑是个"惊天新闻"。但仅过了不到半小时，彭博社即将该文章删除，并声称是"意外"发布了预先拟好的备用标题，并为此致歉，表示会调查此事。[①] 不止彭博社，包括美国《纽约时报》、德国《图片报》在内的一些美西方媒体，在北京冬奥会期间一直在疯狂炒作"俄罗斯将入侵乌克兰"，发布相关言论。此外，据"今日俄罗斯"电视台（RT）援引英国《泰晤士报》的报道称，在叙利亚战争中活跃的"白头盔"组织正在为乌克兰一方制作培训视频，指导后者"如何救人和

---

① 《彭博社冬奥期间搞"惊天新闻"，耐人寻味！》，参考消息网，2022 年 2 月 6 日，https: //export. shobserver. com/baijiahao/html/449312. html。

记录战争罪行"。在按计划制作的一系列视频中,"白头盔"成员教其急救技术,以及如何寻找未爆炸的炸弹等。① 多家媒体披露,美国政府是该组织重要支持者。

(二) 封锁俄罗斯新闻在海外传播渠道

美国多次以技术手段封锁俄罗斯媒体新闻的海外传播。以"优兔"平台为例,除了限制俄方发声,"优兔"还限制俄罗斯国家媒体在其平台投放广告。② 俄罗斯2022年2月24日对乌克兰发起特别军事行动后,西方国家宣布对俄罗斯实施一系列制裁措施。③ 欧盟委员会主席乌尔苏拉·冯德莱恩表示,欧盟决定扩大对俄制裁领域,包括采取管制措施,禁止"今日俄罗斯"和卫星通讯社的新闻信息产品在欧盟落地和传播。美国联邦参议员马克·沃纳致信多家社交媒体运营商,敦促他们遏制俄罗斯的"影响力攻势"④。2022年2月28日,旗下拥有社交媒体平台"脸书"和"照片墙"的"元"公司(即"脸书"母公司)宣布了与"优兔"类似的措施;"推特"则宣布将在消息来源为俄罗斯克里姆林宫的帖文打上标签;此外,微软宣布不再展示"今日俄罗斯"和卫星通讯社的产品和广告,并在其应用商店中下架"今日俄罗斯"相关应用程序;谷歌宣布,旗下视频分享网站"优兔"将禁止"今日俄罗斯"和卫星通讯社的账

---

① 《"白头盔"组织造假摆拍为虎作伥》,人民网国际频道,2021年11月18日,https://baijiahao.baidu.com/s?id=1716725655284965587&wfr=spider&for=pc。
② 《谷歌、推特等美网络技术企业限制俄罗斯通过社交媒体发声》,央视财经网,2022年3月2日,https://baijiahao.baidu.com/s?id=1726173080831838632&wfr=spider&for=pc。
③ 《美国社交媒体封杀限制俄罗斯发声》,环球时报网,2022年3月2日,https://baijiahao.baidu.com/s?id=1726147471918014917&wfr=spider&for=pc。
④ 李巍:《俄乌冲突下美西方对俄经济制裁的内容、特点及影响》,中国人民大学国家发展与战略研究院网站,2022年2月24日,http://nads.ruc.edu.cn/xzgd/37814ec53ce04454ab35c66b28329d18.htm。

号面向欧洲发布信息。按照"优兔"的说法，这一措施将"在整个欧洲立即生效"。

（三）与俄罗斯角力社交媒体舆论场

俄乌冲突舆论战中，社交媒体成为各国关注的舆论角力场、辩论场。多国纷纷在这场舆论战中拿起社交媒体武器，试图控制舆论导向。美国也不例外，与俄罗斯在历史渊源问题上展开"推特辩论赛"。2022 年 2 月 21 日，俄罗斯总统普京发表全国电视讲话，较为详细地阐述了俄罗斯与乌克兰的历史关系，认为"现代乌克兰完全是由俄罗斯创造的"。普京称："对我们来说，乌克兰不仅仅是一个邻国。它是我们自己的历史、文化、精神空间不可分割的一部分。"次日，美国驻基辅大使馆官方"推特"账号发布一张"基辅修建教堂的时候，莫斯科还是原始森林"的图片，讽刺普京总统"现代乌克兰完全由俄罗斯创造"的言论。双方在社交媒体平台阐释历史话语权，寻求有利于该方行动合法性的依据。

二、俄罗斯对俄乌冲突新闻报道的特点分析

（一）面临严峻的乌克兰社交媒体舆论挑战

现今，乌克兰使用"元"平台的人数攀升。大多数乌克兰民众已经将其作为获取资讯和与官方沟通的有效渠道，并形成了乌方由思想领袖、政界人士、记者等组成的大舆论场。例如，乌克兰总统泽连斯基在基辅街头自拍短视频，其开放、简单、富有热情的演讲极大地凝聚了乌克兰民众的爱国意识，也激起了一些国家对乌克兰

的同情和支持。目前，仅"推特"平台上，泽连斯基就拥有630多万粉丝。这一平台还得到"促进乌克兰"等非政府组织的支持，这些非政府媒体中心每天在网络上发布信息，分享来自被围困的乌克兰城市的最新消息，为成千上万的各国记者提供新闻素材。① 面临严峻的社交媒体舆论挑战，与乌克兰不同，俄罗斯出于各种原因更倾向使用本国社交媒体，在国际性社交媒体舆论战中话语权较弱，其主张难以在国际舆论场形成有效传播。

（二）俄罗斯新闻报道申辩战争合法性并揭批乌克兰罪行

普京在启动军事行动前夜发表讲话，提出了多方面的理由，以解释俄罗斯采取特别军事行动的正当性，例如，俄罗斯长期受到的安全威胁；要保护在乌克兰境内的俄罗斯裔人或俄罗斯人不受迫害，以及响应人民意愿，恢复俄罗斯的历史领土等。普京讲话主要是为了团结俄罗斯人，当然也希望打动乌克兰及其他国家的受众。受众对军事手段的"正当性"和"正义性"的接受，使得普京的军事行动能够至少在俄罗斯国内获得相当的正当性、合法性基础。② 此外，俄罗斯在新闻报道中尝试揭披乌方罪行，发文指出"在攻陷乌克兰阵地时，发现乌克兰境内居然有化学武器实验室，而且至少有30个化学武器的实验室组成的化学实验网略"，认为美国早在后苏联时期就在乌克兰从事化学生物实验。消息一经报道，全球舆论一片哗然。这是俄军在俄乌冲突中舆论战的一个重要拐点。

---

① 《谷歌、推特等美网络技术企业限制俄罗斯通过社交媒体发声》，央视财经网，2022年3月2日，https://baijiahao.baidu.com/s?id=1726173080831838632&wfr=spider&for=pc。
② 《"正义战争"框架与俄乌战争》，腾讯网，2022年10月10日，https://new.qq.com/rain/a/20221010A00YOB00。

（三）亲俄团体成为俄罗斯海外形象塑造的重要力量

各地的亲俄罗斯团体集中揭露西方国家的虚伪行径，并在社交媒体上发起支持俄罗斯的行动。俄乌冲突爆发初期，社交媒体平台上出现了很多"#istandwithrussia"（我与俄罗斯同立场）"#isupportrussia"（我支持俄罗斯）"#putinisright"（普京是对的）等标签，相关帖子揭露了乌克兰危机背景下的种族主义、一些西方国家的虚伪和双重标准。当西方媒体记者将乌克兰难民称为"金发碧眼的人"，将乌克兰爆发的危机称为"针对文明的战争"时，全球亲俄社交媒体账号集中在新媒体平台上发布批判一些西方国家双重标准的帖子，对美西方观点进行批驳。

三、俄乌冲突对我国应对国际舆论战的启示

（一）注重培养应急语言翻译传播后备力量

美国的战时话语传播体系基于其常年对世界信息舆情霸权的控制，可以通过捕捉风言风语和对某一地区受众接收习惯的熟练掌握，以及精准施行虚假信息投放得到预想效果。美国从20世纪50年代开始，在人口普查中添加了语言选项，借此可以精准收集每个家庭语言掌握及运用的情况。美国最大的语言识别平台谷歌助手在各大语音助手中所能理解的语言数量位居榜首。截至2022年5月，谷歌助手已经在全球80个国家的近30种语言中被广泛使用，而在2017年，这一数字仅为8种语言和14个国家。其目前支持的语言包括：阿拉伯语（埃及、沙特阿拉伯），中文（繁体），英语（澳大利亚、

加拿大、印度、印度尼西亚、爱尔兰、菲律宾、新加坡、泰国、英国、美国)，法语（加拿大、法国）等，便于构筑强大的话语传播体系。

为此，我国应该加强培养应急语言翻译传播后备力量，为大量获取情报信息做充分准备。我国语音识别技术近十年来也取得突飞猛进的发展，发展较快的科大讯飞企业，目前可以将短音频（≤60秒）精准识别成文字，除中文普通话和英文外，支持65个语种、24种方言和1种民族语言。由此，我国应该继续加强对大众外语能力的培养，尤其是一些受众虽小但很重要的语种，存在受众的语言都应该受到应有的重视。同时，需要培养一批精通对象国政治偏好和传播习惯的多语传播专家，在和平年代和特殊时期都能做好传播工作。例如，中国翻译协会每年发布的年度语言服务行业报告，可以加强跨行业、跨部门合作，深度掌控全国和全球翻译人才资源状况，做到有的放矢地加强翻译能力建设，从而达到中国翻译人才服务世界以及世界翻译人才服务中国的目标。

（二）增强社交媒体舆论战斗力，保障传统外宣有生力量

中国在海外社交媒体平台日渐活跃，可以利用自有的"抖音"国际版等海外社交媒体平台，策划热点，加强信息翻译主动"喂料"，建立面向社交媒体的舆情信息收集整理机制，并关注话题和"大V"动态，展开多角度舆情游击战。在本次俄乌冲突中，美国因主导着世界信息传播网络等，俄罗斯的一些社交媒体被美西方封锁，我国的中国国际电视台等媒体也受到美国和欧洲的封锁。为此，我们应以久久为功的心态，深耕我国对外书刊等传统媒体平台，扩大舆论场。中国外文局在70多年国际传播实践中，积累了大批海外忠实受众。近十年来，中国外文局坚持做好《习近平谈治国理政》的

出版发行，统筹推进《之江新语》《摆脱贫困》《习近平谈"一带一路"》等习近平同志著作的翻译出版工作，已出版习近平同志著作27种，涉及36个语种，发行覆盖170多个国家和地区，进入海外400余家主流渠道，在宣传党的创新理论、激发人民奋斗实践方面发挥了重要作用，也为国际社会了解中国、读懂新时代中国打开了重要的"思想之窗"。在推动对外出版业务快速增长的同时，中国外文局还策划实施了"丝路百城传""读懂中国""辉煌中国""大美中国""人民中国""外国人写中国"等一系列重点对外出版项目。此类项目、产品应作为对外传播的重要资源，被持续开发利用。

（三）加强重要国家舆情分析和中国建设性机制方案传播

俄乌冲突期间，美西方媒体持续通过多种方式逼迫中国政府对俄乌冲突表态，而中国新闻传播话语多以中性和客观描述等为主。对此，应面向以美国为首的北约和欧洲国家加强舆论研判，提升对北约反战信息传播，面向北约国家人民塑造中国反对战争和热爱和平的国家形象。

俄乌冲突中的各方话语权争夺与博弈，为我国国际传播话语体系构建提供了具有深远意义的启示。中国政府反复强调的人类命运共同体理念印证世界是一体的，全球各国命运息息相关。构建人类命运共同体是理念与方案的统一，在目标、途径等各个方面具有很强的实践性。应持续向国际社会宣扬构建人类命运共同体理念，倡导为俄乌冲突建设沟通新机制，从而贡献解决国际冲突和问题的中国智慧和中国方案。真理越辩越明，相信一个积极用实际行动向世界表明立场的中国必将得到世界人民的客观认识和深刻理解。

人工智能时代美西方认知战的运作机制与中国应对*

罗 昕 张 骁**

摘 要：技术的更迭使现代战争正迎来范式转变。传统意义上通过控制信息流以辅助军事目标的信息战正转向以改变公众认知、追求持久效应的认知战。当前，美西方国家所开展的认知战呈现出战略叙事、多元主体参与、智能技术驱动三大特征，尤其是在技术层面，美西方通过智能算法实现精准化传播，利用社交机器人达成高强度传播，并运用深度伪造技术来传播虚假信息，从而模糊受众认知、操纵受众大脑。对此，我国应从叙事、主体、技术和制度四个层面建立相应的认知战响应体系，通过增强叙事自主性、加强社会协同能力、增强认知作战技术优势以及共建全球性治理框架，沉着应对此类新型作战方式，提高我国认知作战的防御能力和反击能力。

关键词：认知战 运作机制 人工智能 舆论战

随着人工智能技术的日臻完善，如今舆论战的性质正在发生转

---

* 本文为2023年广东省科技创新战略专项资金重点项目"后真相时代美西方涉华议题的舆论动态分析及应对策略"阶段性成果。

本文发表于《统一战线研究》2023年第7期。

** 罗昕，暨南大学新闻与传播学院教授；张骁，暨南大学新闻与传播学院本科生。

变。与传统宣传战和信息战的目的不同,以人工智能技术为核心驱动力的认知战旨在对人们的认知领域发起进攻,通过信息操纵,最大程度地改变受众认知和行为方式,掌握人工智能技术成为认知战的"制胜刀锋"[1]。当前,国内有关美西方认知战的研究大多以俄乌冲突为具体案例进行分析,有学者认为2022年爆发的俄乌冲突是第一场真正意义上的网络时代战争,标志着人类战争形态与方式的转变[2]。美国及其联合成立的北约组织在这场战争中发挥巨大作用,通过借助算力、算法、数据和平台的强大智能优势,发动了强大的算法认知战,极大地改变了俄乌冲突双方的态势,由大众媒体主导的"图文信息战"正向社交媒体主导的"算法认知战"迭代,展现出战略性、短视频化、情感化等特征[3]。

如今,美西方国家已经对认知战进行了基本的战略布局,并且相关行动计划已进入实操阶段[4]。因此,对美西方认知战展开系统研究十分必要和紧迫。目前国内针对美西方认知战具体运作机制的研究还较少,缺乏从整体层面对美西方认知战运作原理、实践做法开展深度分析。对此,本文旨在对美西方此类新型作战方式开展研究,分析其运作机制、了解其运作特点,并在此基础上探索我国应采取的应对策略,为未来可能的认知战做好准备。

一、美西方国家"认知战"的发展脉络

近两年,认知作战成为全球范围内广泛讨论的话题,诸如军事

---

[1] 陈东恒:《人工智能:认知战的制胜刀锋》,《解放军报》2021年11月4日,第7版。
[2] 方兴东、钟祥铭:《算法认知战:俄乌冲突下舆论战的新范式》,《传媒观察》2022年第4期,第5—15页。
[3] 史安斌:《"图文信息战"正向"算法认知战"迭代》,《经济导刊》2022年第3期,第5页。
[4] 门洪华、徐博雅:《美国认知域战略布局与大国博弈》,《现代国际关系》2022年第6期,第1—11、61页。

学、脑科学、计算机科学、新闻传播学等学科领域都对认知战开展了相关研究。加拿大军方将认知战视为整合网络、虚假信息、错误情报、心理和社会工程能力对认知领域发动的进攻,其目的不仅在于改变民众的想法,还在于改变民众的行为[①]。美国神经学家詹姆斯·乔尔达诺则在西点军校的一次演讲中将人类的大脑称为"21世纪的战场"[②]。

纵观人类历史发展的长河,通过散布虚假信息、传播错误情报来影响敌人心理与决策的作战方式早已有之。从冷战时期美国大规模开展的"宣传战",到21世纪各国为争夺信息权而进行的"信息化战争",再到如今基于认知领域而实施的"认知战",其作战目的都是通过利用信息资源来为国家赢得战略优势。然而,随着支撑技术与基础设置的更迭升级,学界认为这些战争正迎来范式转变。为了厘清美西方"认知战"的发展脉络,本文将其演进分为三个阶段:以广播为主要传播媒介的宣传战阶段(20世纪初至20世纪80年代);为夺取信息获取权、控制权和使用权的信息战阶段(20世纪80年代至21世纪初);旨在改变受众思想、追求持久认知效应的认知战阶段(2020年及之后)。

早在20世纪之前,"宣传"一词就被开始使用。然而,真正较大规模的"宣传战"则出现在第一次世界大战期间。当时无论是在国内开展舆论引导,还是向盟友和敌人进行海外宣传,广播都成了战时交战各国的主要宣传工具。冷战时期,宣传更是成了美国对外

[①] 孙鹏、黄格林:《西方对认知战的研究历程及其特征述评:2008—2021》,《思想理论战线》2022年第6期,第115—124页。
[②] MWI Staff. MWI VIDEO: The Brain Is the Battlefield of the Future – Dr. James Giordano, 2018 – 10 – 29, https://mwi.usma.edu/mwi-video-brain-battlefield-future-dr-james-giordano/. (上网时间:2023年6月24日)

广播一个十分重要的组成部分①。当时除了美国新闻署合法开设的"美国之音"之外，美国还秘密开设了总部位于慕尼黑的自由欧洲电台和自由电台，在欧洲开展大规模反共产主义宣传战，成为现代"心理战"的一部分②。

20世纪80年代，随着信息技术的高度发展和广泛应用，一个具有开放性、共享性、互联程度不断扩大的全球信息传播系统逐渐形成，使基于信息基础设施和基于计算机网络开展的信息战得以发展。信息战作为一个概念，最初在美国军事学说下创造和发展，随后被几个国家以不同的形式采用。美国海军军官斯图亚特·格林指出，"信息作战是美国最接近认知战理论的概念，由五种'核心能力'组成。其中包括电子战、计算机网络作战、心理战、军事欺骗和作战安全"。信息战旨在控制信息流，其设计主要是为了支持军事上定义的目标，而不是为了取得持久的政治成功③。1991年的海湾战争正是人类历史上利用信息技术进行的第一次由电视直播的战争。当时美国通过有线电视新闻网、福克斯电视台、全国广播公司和半岛电视台等电视媒介在全世界范围内向公众呈现这场战争。美军火气冲天的导弹、伊拉克上空刺耳的防空警报等，给全世界的观众留下了前所未有的震撼，也动摇了伊拉克士兵的作战决心。

当下，人工智能、大数据、算法等创新技术的发展，正在赋能新的作战方式——基于认知域领所开展的认知战。事实上，早在2008年，就有西方学者对"认知战"这一概念展开探讨。然而，当

---

① Nicholas J. Cull, The Cold War and the United States Information Agency American Propaganda and Public Diplomacy, Cambridge, United Kingdom: Cambridge University Press, 2008, pp. 255 – 292.
② [英]达雅·基山·屠苏著：《国际传播：沿袭与流变（第三版）》，胡春阳、姚朵仪译，复旦大学出版社2022年版，第21页。
③ Francois du Cluzel. Cognitive Warfare, https://www.innovationhub – act.org/sites/default/files/2021 – 01/20210122_CW%20Final.pdf.（上网时间：2023年6月24日）

时学者们对认知战的理解还主要停留在信息战阶段,仍以如何在战前、战中获取信息以辅助军事决策过程为主要目标。直到2020年,认知战才开始受到美西方重视,并对其作战组织和战争形态进行了系统研究。2021年,来自约翰·霍普金斯大学的阿隆索·伯纳尔认为大众媒体和科技进步所带来的意识形态威胁正在成为战争的焦点,而应对这一威胁的战争就是认知战。伯纳尔指出,当前技术赋能下的认知战与网络时代发展起来的信息战不同,其目的不只在于控制信息流,更在于通过社交媒体平台强大的算法能力、基于深度伪造技术制作的虚假内容、具有情绪煽动性的信息、扩大的媒体代理人团队等实现公共舆论武器化,最大限度地改变人们的思考和行为方式①(参见表1)。随着互联网、大数据、人工智能等技术的加速发展,认知战逐渐发展成为有可靠算据、算力、算法支撑的作战样式②。因此,人工智能时代下的"认知战"也称为"算法认知战",大众媒体主导的图文信息战正在向社交媒体主导的算法认知战迭代。

表1 伯纳尔指出信息战与认知战的区别

特征	信息战	认知战
大量消息动态/数据的使用	√	√
致力于信息的流通	√	√
拥有极大的公众影响力		√
处理人们的思想和行为方式		√

---

① Alonso Bernal, Cameron Carter, Ishpreet Singh, and Kathy Cao. Cognitive Warfare: An Attack on Truth and Thought, https://www.innovationhub-act.org/sites/default/files/2021-03/Cognitive%20Warfare.pdf. (上网时间:2023年6月24日)

② 孙鹏、黄格林:《西方对认知战的研究历程及其特征述评:2008—2021》,《思想理论战线》2022年第6期,第116页。

随着如今地缘政治局势不断加剧、世界经济面临严重衰退风险，认知领域作战或许会成为未来战争的主战场。作为一种成本相对较低、影响范围又可触及全世界的作战方式，认知战正在成为实现国家政策目标以及确保其地缘政治优势的一种重要手段。

近几年，西方国家开始重视"认知战"在当代战争中所扮演的重要角色，纷纷进行了顶层设计和制度保障。2017年，美国国防部正式成立"算法战跨职能小组"，并通过该机构推动人工智能、大数据等关键技术研究，以重新获得对潜在作战对手的压倒性优势。2020年，由北约赞助的创新中心发布《2040年作战项目报告》，明确提出"人类思维已成为一个新的战争领域，北约应该在信息领域和认知领域内准备防御和进攻工作"[1]。2022年日本新修订的《国家防卫战略》提出，日本应从根本上加强防卫省和自卫队应对信息战的体制和功能，在2027年前建立应对包括认知战领域在内的信息战的情报能力。2023年1月，美国国防大学《联合部队季刊》刊文《美国必须参与战略认知领域的斗争》，提出美军应明确认知领域作战概念[2]，同时美国《2023财年国防授权法案》特别强调在军事领域对人工智能等关键技术的应用，并为相关项目授权4.1亿美元[3]。可见，未来在智能化时代，认知远比炮弹重要，谁能率先"抢占"人们的大脑、操纵公民和军事人员的认知机制，谁就能为其战争胜利赢得巨大优势。

---

[1] Innovation Hub, Warfighting 2040 Project Report, 2020-03, https://www.innovationhub-act.org/sites/default/files/2020-06/WF2040Report.pdf. （上网时间：2023年6月24日）

[2] Daniel S. Hall. America Must Engage in the Fight for Strategic Cognitive Terrain, Joint Force Quarterly, 2023 (108), pp. 75-86.

[3] 117th United States Congress. James M. Inhofe National Defense Authorization Act for Fiscal Year 2023. (2022-12-23), https://www.congress.gov/117/plaws/publ263/PLAW-117publ263.pdf. （上网时间：2023年6月24日）

二、人工智能时代美西方国家"认知战"的运作机制

鉴于技术加持下的"认知战"展现出同信息战完全不同的特点，以及其对个人和群体认知所能产生的巨大影响，探究其背后得以"塑造认知""促使行动"的运作机制变得很有必要。而且，近年来随着中美关系螺旋式下降、美国对华意识形态斗争不断激烈，认识、了解美西方"认知战"的运作机制更具紧迫性。我们需要弄清楚的三个问题是美西方认知战在做什么、哪些人在做、通过什么手段来做。这涉及叙事、主体和技术的三个核心议题。

（一）战略叙事，抢占舆论高地

话语建构和意义生产一直是信息战、认知战的主要内容。通过话语竞争和意义争夺，潜移默化地形成有利于话语主体的国际舆论，为其后续的相关行为提供正当性，实现合法化"自我"和"非法化"他者的目的。智能时代下，美西方的国际叙事体现出强烈的战略性，一方面，话语体系建构和议程设置依旧是美西方在虚拟空间开展战争的主要方式，通过"战略传播"来抢占命名权、阐释权和议程设置权[1]；另一方面借由虚假信息以及具备情绪感染力的叙事模因，成为当下认知战中模糊受众认知、感染受众意识、影响其信息判断的关键工具。

---

[1] 史安斌：《"图文信息战"正向"算法认知战"迭代》，《经济导刊》2022年第3期，第5页。

1. 善用名词建构，定义事件性质

名词建构是指媒体对已有概念做出新表述，以模糊人们对原有概念的理解，从而达到引导舆论的目的[①]。这种转换叙述的策略一直是美西方建构话语体系的手段之一。在此次俄乌冲突中，美西方便不断创造概念，为其在国际舆论场上谴责俄罗斯、在国际事务中制裁俄罗斯创造"正当"条件。在俄乌冲突爆发前，美西方主流媒体便不断渲染俄罗斯对乌克兰的战争威胁，而在正式爆发后，美西方给俄罗斯贴上"入侵者"的标签，把俄罗斯采取的"特别军事行动"定义为"侵略战争"，并将普京塑造为"独裁者"，将俄乌之间具有复杂历史成因的矛盾冲突简化为"民主与专制"之间的对垒，影响国际社会对此次事件性质的认知。

2. 制造虚假信息，模糊受众认知

21世纪，各大社交媒体平台的兴起与普及为"虚假信息"的传播提供了强有力的渠道。不少国家行为体通过制造与散布"虚假信息"来迷惑对手、影响对方信息决策，某些西方政客也将操纵"虚假信息"视为诽谤其政治上的竞争对手、模糊受众认知，为自己赢得竞争优势的重要工具。

2016年美国总统大选期间，美国主流社交媒体上出现了一系列有利于唐纳德·特朗普，而不利于希拉里·克林顿的虚假信息，而且相关研究证明这些虚假信息能影响党派媒体的议程设置，使美国有线电视新闻网、《华盛顿邮报》和《纽约时报》等主流媒体更多地报道了有关希拉里·克林顿的阴谋论。此次选举之后，希拉里·克里顿曾公开表示自己是假新闻的"受害者"，柯林斯词典则将

[①] 王冠：《让世界听懂中国》，民主与建设出版社2021年版，第96页。

"假新闻"确定为 2017 年的年度关键词。2019 年新冠疫情流行期间，美国更是出现了大量关于病毒来源、口罩和疫苗有效性的虚假信息，假新闻以及有关大流行的阴谋论在社交媒体平台上广泛传播。这些言论不仅极大误导美国民众，低估疫情风险，同时不少民众还因轻信关于新冠病毒起源的有毒阴谋论加深了对亚裔的欺凌和仇恨。

3. 利用情感叙事，感染受众意识

利用带有鲜明情感色彩的叙事文本，引起大众情绪爆发从而促成某些极端反应，是当下战略叙事的另一大特点。这类叙事文本往往能引起受众强烈的情绪反应，在"情绪先行、理性滞后"的后真相时代，受众更容易受到此类信息的影响。与此同时，社交媒体内容的传播速度、情感强度以及回音室效应，使得某些情绪像"病毒"一样感染大众，加剧社会两极分化、诱发社会运动或制造问题。

在爆发已有两年之久的俄乌冲突的今天，情绪叙事成为用来感染受众意识、引发受众同情以及反战情绪的关键手段。在战争中，有关儿童和年轻女孩的照片、视频，经常被用来诱引受众的情绪反应，并常配有情绪性的标点符号和表情包。例如，一张受伤的儿童图片和一段乌克兰士兵上前线前与其妻子道别的视频，在"推特"平台上得到了大规模转发和评论，并且大量配文都写有"heartbreaking"（心碎）以及痛哭的表情符号。尽管事后证明这些图片视频都不是拍摄于当下，但仍有许多网民对乌克兰表示深切同情，并谴责俄罗斯，认为普京应该尽早停止战争。在现代的认知战中，无论是从政治层面还是战略层面，情感叙事的影响力都在逐渐提升。

（二）多元参与，形成复调传播

智能时代的信息传播呈现出一种复杂态势，对于许多个体用户来说，信息并不是通过一个媒介传播，而是以多种形式、多种传播渠道围绕在他们的周围，渗透到他们的政治生活和数字生活中。一方面，官方政府、智库机构、新闻媒体多管齐下，以自身话语参与议题建构，在国际舆论场上相互交织、互相放大；另一方面，社交媒体的兴起使得人类传播范式发生变革，自下而上、去中心化的传播模式为个体提供了广阔的发声途径，使个体自身也成为战争叙事主体的一部分，在与社交网络其他个体的互动中，形成观点的新一轮传播。

1. 官方、媒体、智库三者协同发力

认知战中，议题的生产与推送往往由多个主体协同参与，政府部门、互联网企业、智库和媒体之间形成复调传播闭环，以不同的渠道和形式对特定的价值观念进行洗脑式的反复申说[1]。2016年引发国际争议的"南海仲裁案"正是美西方政府、主流媒体以及智库合力对中国发起的一场舆论攻势。在此期间，美国奥巴马政府、英国时任首相卡梅伦、日本时任外务大臣岸田文雄等纷纷表态，胁迫中国接受仲裁；而美西方媒体《纽约时报》《泰晤士报》《悉尼先驱导报》等异口同声宣扬仲裁"合法和有效"。此外，在这场西方针对中国南海所开展的来势汹涌的舆论战中，美国智库扮演了关键角色。2015年，美国战略与国际问题研究中心独家发布了南海上空的

---

[1] 史文斌：《"图文信息战"正向"算法认知战"迭代》，《经济导刊》2022年第3期，第5页。

侦察卫星拍摄到的南海诸岛施工图，而就是这些卫星图成为了所谓"中国军事扩张"的重要证据，在其发布后，西方主流媒体纷纷转载，将中国逼向国际舆论场的墙角[1]。

无论是"南海仲裁案"，还是近几年掀起的"武汉病毒起源论""中国债务陷阱"等论调，都是美西方政府、智库、媒体协同发力，在交互相映中形成话语联动，完成一整套对中国的战略叙事建构，企图让中国进入美西方设置的"话语陷阱"。

2. 个体参与传播，创造"个人叙事"

除了传统发声主体外，在当代认知战中非常特殊的一点是个体用户也在以前所未有的方式参与叙事建构和信息传播。社交媒体技术的快速发展，使得个体既是信息内容的接收者，也是内容的主要生产者。作为互联网终端，个体不仅是各类叙事内容、战略信息到达的终点，也是相关内容、类似信息再传递的起点。在俄乌冲突中，乌克兰网民碎片式的"个人叙事"为乌克兰所塑造的"宏观叙事"增添了新维度。社交媒体提供了一种有关战争社会叙事的互动空间，这种互动在介于主流叙事和个人叙事之间的广阔社会领域中发生[2]，个体创造的叙事在其社交网络中发挥作用。

社交媒体平台上的标签工具则进一步增强了个体与个体之间的沟通互动，在这一方面最为显著的就是"推特"平台上的"Hashtag"功能。通过添加标签，不仅能让个体生产的叙事内容增加曝光量，同时便于个体迅速找到相关话题的内容讨论，起到"观点聚合"的作用，尤其是同质化声音的汇聚，形成"回音室效应"，使个体认知和观点在不断窄化的信息圈中得到加强。

---

[1] 王冠：《让世界听懂中国》，民主与建设出版社2021年版，第5—14页。
[2] 蔡润芳、刘雨娴：《从"推特革命"到"WarTok"——社交媒体如何重塑现代战争？》，《探索与争鸣》2022年第11期，第68—78、178页。

（三）技术驱动，增强认知塑造

如果说多元主体为战略叙事创造多条传播路径，实现多声部复调传播，那么与算法、大数据、人工智能等技术结合的社交媒体平台，则使得个性化呈现和大规模传播得以可能。技术加持下的社交媒体，成为现代认知战中强有力的传播工具。通过机器学习和算法技术，不仅能对个体实施精准化传播，还能通过自动创建的社交账户，在特定人群中开展大规模信息操纵、普及叙事，而且当下基于"深度伪造"技术生成的信息内容，能够操纵图像和声音，创建更先进、更令人信服的虚假信息，使公众几乎察觉不到任何造假的痕迹，增强其认知塑造功能。

1. 运用智能算法实现精准化传播

美国传播学者哈特曾将人类有史以来的传播媒介分为三类，分别是：第一类示现的媒介系统，第二类再现的媒介系统和第三类机器媒介系统。在前两类媒介系统中，信息接收者无须使用物质工具和机器便能获得信息，而在机器媒介中，接收一方必须使用机器才能获得信息。如今，人们为获取信息而广为使用的社交媒体平台，正是属于第三类，这意味着信息在抵达接收者之前，必然经过"平台"这个中介。而当前以算法技术作为底层逻辑的社交媒体平台，会根据个体用户留下的"数字痕迹"，如点赞、评论、分享、浏览等，对个体用户进行分析，综合他们的政治信仰、所属社会群体以及当前平台优先考虑的议程，对数据库中的信息内容进行优先排序，最终向用户实施精准化的个性传播[1]。

正如剑桥分析公司（CA）丑闻所示的那样，该公司在未经用户许可的情况下，利用数百万"脸书"用户的个人数据，通过机器学习了解用户偏好、性格特征，并针对其中立场摇摆的选民，通过带有某种偏向的视频、广告和博文对他们进行信息轰炸，对其进行个性化的政治宣传，直到他们选择剑桥分析公司想让他们选择的特朗普。例如，特朗普在竞选时提出的核心承诺是捍卫美国人的持枪权，剑桥分析公司针对不同用户推送不同的广告：对冒险型用户，通过"脸书"平台向他们推送以暴制暴型的广告，告诉他们枪能消除外部威胁、捍卫自由；对保护者型性格用户，他们收到的广告是"枪是保护他人不可或缺的工具"；对理性思考、运筹帷幄型性格用户，脸书推送的广告传递的则是"枪能保护家人和美好未来的信息"。此类定向推送的广告暗合受众心理，能在潜移默化中操纵受众的大脑[2]。

2. 利用社交机器人达成高强度传播

在实施精准化、个性化传播之余，开展高强度、高密度传播是当下技术赋能的另一大特点。在如今的社交媒体平台中，不仅有政府、媒体、智库、民间等传播主体，还有数以百万的社交机器人"居住"其中。2017年，美国南加州大学的一份报告显示，在"推特"中高达15%的活跃用户是社交机器人[3]。社交机器人通过传播

---

[1] Bakir, Vian, Andrew McStay, Fake News and the Economy of Emotions: Problems, Causes, Solutions, Digital journalism, 2018, 6 (02), pp. 154-175.

[2] 孙宝云、李艳、齐巍：《网络安全影响政治安全的微观分析——以"剑桥分析"事件为例》，《保密科学技术》2020年第4期，第27—34页。

[3] Varol, Onur, Emilio Ferrara, Clayton Davis, Filippo Menczer, and Alessandro Flammini, Online human-bot Interactions: Detection, Estimation, and Characterization, Proceedings of the International AAAI Conference on Web and Social Media, 2017, 11 (01), pp. 280-289.

大量虚假信息、营造舆论氛围，以前所未有的态势塑造大众认知。例如，有学者对《纽约时报》关于中国新疆的系列报道在社交媒体平台"推特"上的一级传播和二级传播情况进行了研究，在分析机器人传播频率、影响力以及转发关系的基础上，发现大量社交机器人在初级和次级传播中发挥了重要作用。其中，在初级传播中，社交机器人生产了高达22.5%的相关内容；次级传播中贡献了13.6%的信息内容。而且在次级传播中，它们更倾向于转发负面叙事，为在新疆议题上操纵舆论、塑造大众认知提供强有力支撑[①]。

随着智能技术和社交媒体平台的进一步发展，未来信息传播速度及传播规模将呈指数级增长，使公众淹没于海量具有引导和认知建构作用的信息之中，塑造、改变个人和群体的信仰及行为，从而使整个社会的文化、知识、规范和价值观都将受到影响。

3. 运用"深度伪造"技术传播虚假信息

随着如今人工智能技术的发展，越来越多成熟的技术被用于虚假信息的制作，其中"深度伪造"成为当前应用较频繁的技术之一。深度伪造是一种利用人工智能和深度学习算法来合成逼真的伪造内容的技术。它可以用于创建虚假的图像、视频、音频和文本，令人难辨真伪。有学者指出，由深度伪造制造的信息内容正在通过散布虚假宣传、干预选举等方式威胁国家安全，阻碍公民对政府当局的信任。

在此次俄乌冲突中，《俄罗斯总统普京在视频中宣布已实现和

---

① Han, Na, Hebo Huang, Jianjun Wang, Bin Shi, and Li Ren, Information Diffusion Model of Social Bots: An Analysis of the Spread of Coverage of China Issues by The New York Times on Twitter, Complexity, 2022, pp. 1–9, https://www.hindawi.com/journals/complexity/2022/4733305/. （上网时间：2023年6月24日）

平》《乌克兰总统泽连斯基说对俄罗斯投降》正是当下智能认知战中运用深度伪造生产虚假内容的典型案例。利用人工智能等技术模拟重要人物的声音、表情、动作等逐渐成为常见操作，通过此类虚假信息的制造，可以实现大规模的舆论攻击、心理攻击，动摇对方的军心和士气，从而达到在对方内部制造混乱的目的。根据2022年美国斯坦福大学网络观察室和社交平台分析公司Graphika联合发布的一篇报告指出，在美国针对阿富汗开展的叙事中，同样利用了人工智能技术造假人物头像、散播虚假信息。

可见，深度伪造已被广泛运用于虚假信息的制造中，使得当下的舆论生态愈加复杂多变。

三、美西方国家"认知战"升级之下的中国应对

俄乌冲突使美西方的认知作战活动在近几年达到高潮，而伴随国际动荡变革加剧、地缘政治形势日趋紧张，未来认知战并不会随着冲突结束而终止，在认知领域的斗争将会是一个永无止境的过程。因此，我国有必要对人工智能时代下的"认知战"制定应对策略，尤其是在中美关系持续降温的背景下。现实表明，美西方国家已多次在虚拟空间对中国发起攻势，利用其战略叙事手段、多元传播主体和人工智能技术，试图在国际舆论场上抹黑中国、操纵国际受众对中国的认知。对此，中国应从叙事、主体、技术和制度四个层面建立认知战响应体系。

（一）叙事层面：构建中国话语体系，增强叙事自主性

当前，面临美西方国家在构建国际话语与叙事体系中的先发优

势，中国急需加强自身话语和叙事体系的建构，打造融通中外的新概念、新范畴、新表述，讲述好中国故事，阐明好中国方案，展现出中国故事及中国方案背后所具有的思想智慧和精神力量。2023 年，正值"一带一路"倡议提出十周年，讲好"一带一路"建设的故事已成为增强中国国际话语权，传达中国天下观、义利观的重要方式之一。与此同时，诸如中国梦、人类命运共同体、新型国际关系、中国式现代化等概念，也在不断融入中国的对外话语体系中。未来，我们应从中国丰富的实践成果中总结出更多经验和理论，凝结成具有中国特色、蕴藏中国智慧的概念术语，通过创新表达方式，为国际舆论场注入新话语，并为国际受众提供新的认知框架和概念阐释体系来解读中国理念、中国故事，打破长久以来西方塑造的"民主—专制"二元对立框架，为世界了解中国提供新视角。

（二）主体层面：推动多元主体参与，加强社会协同能力

除了增强叙事方面的主导性，还需要推动国内多元主体开展合作交流，共同构建认知领域内的协同作战机制，合力应对当前人工智能时代下的认知作战。一方面，充分发挥智库顶层设计作用，集中智库力量对美西方国家政治领域、经济领域等方面存在的深层问题开展研究，为我国主流媒体提供议题内容，以此主动设置议程、揭批美西方社会中的顽瘴痼疾；另一方面，加强政府、媒体、智库以及企业之间的沟通合作，提升重大问题对外发声能力。在面临重大国际议题时，通过协同出力、共同发声，利用官方话语、媒体话语、学术话语和民间话语的组合传播，奋力抢占国际舆论话语权，提升我国话语的国际影响力。与此同时，充分调动大众网民参与叙事。在社交媒体平台广泛普及的时代，大众网民不仅是各类信息、

叙事内容的接收者、影响者，同时也是个人叙事、信息内容的活力生产者，因此要走网上群众路线，极力发挥个体在认知作战中的作用，起到"四两拨千斤"的作用。

（三）技术层面：加快智能技术研发，增强认知作战优势

当前，智能技术的应用成为认知战发挥巨大"威力"的核心驱动力，人工智能、大数据、深度伪造等新兴技术必将甚至已经成为现代战争制胜的关键优势。对此，我国需正视智能技术已经带来的战争形式和大国博弈范式变革的客观现实[①]，从加强智能技术研发与建立相应监测和防御系统两方面入手，增强在未来认知领域的作战优势，提升认知领域的进攻和防御能力。

在技术研发层面，我国应把发展人工智能等相关新兴技术作为提升国家竞争力、维护国家安全的重大战略，加紧出台规划和政策，围绕核心技术、顶尖人才、标准规范等强化部署。在监管防御层面，我国应警惕当前智能技术在认知战中的广泛应用，对相关认知活动的开展和技术识别建立起一套监测和安全警报系统。2021年，约翰·霍普金斯大学和伦敦帝国理工学院联合在《北约评论》发表的《对抗认知战：意识与抵抗》一文中提到，为了应对认知战，北约应建立一套认知战监测和警报系统。通过利用机器学习和模式识别算法，从社交媒体平台、搜索引擎、门户网站等处收集信息，快速识别和分类各类新兴活动，实时监控可疑的认知战苗头，追踪其发展趋势，并向北约提供及时警报，帮助其在可疑认知活动出现时迅速制定反应措施。我国也可利用相关算法技术，通过大量模拟训练来

[①] 方兴东：《全球社会信息传播变革趋势研判——从智能传播时代的算法认知战谈起》，《人民论坛》2022年第2期，第96—99页。

对社交网络中的各类信息进行监测识别，从而对可能具有破坏意义的认知活动采取适当反应和相关的反制措施，提高我国的话语博弈能力。

（四）制度层面：加强国际对话交流，共建全球性治理框架

随着国际社交媒体平台的广泛普及和发展，认知领域的作战范围已经超越了一个国家的边界，其影响正在向全球蔓延。对此，一个国家要想有效地打击认知战，不仅要加强国内相关战略部署和技术部署，还要考虑多边合作努力，通过经验共享和交流对话，明确界定认知战及开展认知作战的相应规范和标准，并合法化针对认知战的相应行动。

当前《联合国宪章》中关于战争的内容，如第二条第四款禁止"对任何国家的领土完整或政治独立进行威胁或使用武力"和第五十一条允许"在对联合国会员国发动武装袭击时进行自卫"，主要是以动态战争的形式而制定的，诸如"使用武力"和"武装袭击"已经不适用于当下认知战这样的非动态战争。因此，必须制定出一套新的制度和规范来防范认知战。在这一方面，北约2020年发布的一份报告《认知战：对真理和思想的攻击》中提到，类似"施密特框架"，即从"严重性""即时性""直接性""侵略性""可衡量性""推定合法性""责任性"[1]七个方面来区分一般意义上的网络活动和认知战争。"施密特框架"或许可以用来制定认知战争行为的法律定义和衡量标准。

鉴于技术加持下的认知战具有颠覆性力量和操作的隐匿性，各

---

[1] Foltz, Andrew C. Stuxnet, Schmitt Analysis, and the Cyber Use of Force Debate, Air War College Maxwell Air Force Base United States, （2012-02-15），https://apps.dtic.mil/sti/pdfs/AD1018135.pdf.（上网时间：2023年6月24日）

国应坚持多边主义，秉持开放包容的原则，开展国际对话与合作，致力于共同未来认知领域作战的防范规范和治理框架，携手构建网络空间命运共同体。

信息迷雾视域下社交机器人对战时宣传的控制及影响*

张梦晗　陈　泽**

摘　要：网络渗透、舆论引导和认知干预已经成为新型战时宣传的重要目标，以社交机器人为代表的"算法武器"正推动着当代舆论战范式的转型。本文基于 LDA 主题建模分析，探讨俄乌冲突中双方"机器部队"的主题介入、战术部署与舆论交锋。并结合时间序列关系和滞后分析，进一步探究在战时宣传从"地缘政治时代"走向"技术政治时代"的背景下，由社交机器人驱动的信息迷雾将对战时宣传产生何种影响。研究发现，在俄乌冲突的线上舆论战场中，挺乌机器人在"军队规模"上处于绝对优势地位。在其散布信息迷雾的四大主题中，挺乌机器人在三个主题上成功、快速地引导了公众的后续讨论。而挺俄机器人尽管在局部战场取得了相对优势，并体现出了极强的"战术素养"和"战略规划"能力，但仍然难以避免在美西方的舆论壕堑体系与技术矩阵的围剿下损失殆尽的局面。能否搭建由计算宣传工具、计算检测技术与计算反制技术共同组成

---

* 本文系国家社会科学基金青年项目"社交机器人对国际传播中虚假意见气候的影响研究"（21CXW028）的阶段性研究成果。

本文发表于《新闻与传播研究》2023 年第 6 期。

** 张梦晗，苏州大学传媒学院副教授；陈泽，苏州大学传媒学院博士生。

的技术权力矩阵，成为国家实现其政治战略的重要影响因素。

关键词： 社交机器人　信息迷雾　战时宣传　俄乌冲突　主题建模

一、研究背景

从历史视角来看，人类战争史可被视作一部关于信息与欺骗的历史。"谁能够操纵信息的迷雾，谁就能够拥有煽动民众、制造共识、瘫痪对方指挥，或是摧毁敌方反抗意愿的力量。"[1] 如德国军事理论家克劳塞维茨所言，相较于物质器械，具有欺骗性的信息迷雾一直以来都是优先级更高的战争载体。它能够更加直接地作用于战争的根本目的，即"迫使对手服从自己的意志"[2]。尽管操纵信息迷雾以取得优势是人类战争的核心主题，但信息迷雾的影响形式、扩散范围与最终效果，均随着技术演进而不断发生变化。从19世纪以电报、无线电技术为基础的"情报对抗"[3]，到伊拉克战争、越南战争中以电视为基础的"知情权对抗"[4]，再到俄乌冲突中以计算宣传技术为核心的"舆论对抗"[5]，不同时代的信息迷雾表现出显著的差异。

在社交机器人的加持下，俄乌双方"计算宣传部队"的持续

---

[1] Hutchinson, W., "Information Warfare and Deception," *Informing Science*, Vol. 9, 2006, pp. 213–223.

[2] Von Clausewitz, C, On War, Altenmünster: Jazzybee Verlag, 1950, p. 24.

[3] Hughes, R. G., & Shaffer, R., "Cyber War and Lessons from History in the Digital Age," *Intelligence and National Security*, Vol. 35, No. 2, 2020, pp. 300–305.

[4] Maniaty, T., "From Vietnam to Iraq: Negative Trends in Television War Reporting," *Pacific Journalism Review*, Vol. 14, No. 2, 2008, pp. 89–101.

[5] Rid, T., "Cyber War Will Not Take Place," *Journal of Strategic Studies*, Vol. 35, No. 1, 2012, pp. 5–32.

对垒集中展现了现代舆论战范式的转型趋势与特征。如 Chen 等人所言，俄乌冲突中网络空间的舆论争夺强度和规模都在世界战争史上翻开了崭新的一页，成为社会认知战争与网络—物理—社会系统相互作用的一次集中演练[1]。俄乌冲突作为互联网诞生以来第一场真正意义上的网络时代战争[2]，向我们展示了智能技术驱动下"全新混合战场"的面貌。物理空间中的军事对抗延伸到网络空间中的信息对抗，传统的战时宣传系统在网络信息攻势之下发生了多个层面的变革。由算法驱动的"信息迷雾"成为两军对垒中的战略布局重点。以社交机器人为代表的"算法信息迷雾"将如何"重塑战争"，又怎样通过目的明确、煽动性强的信息对公众进行诱导，以一种前所未有的形式展开舆论动员，成为本研究的关注重点。

二、文献回顾与问题的提出

（一）信息迷雾与战时政治认同

信息迷雾理论的诞生与学界对"宣传信息嵌入认知框架"的关注密不可分[3]。通过对目前信息迷雾理论的梳理可以发现，信息迷雾

---

[1] Chen, B., Wang, X., Zhang, W., Chen, T., Sun, C., Wang, Z., & Wang, F. Y., "Public Opinion Dynamics in Cyberspace on Russia – Ukraine War: A Case Analysis With Chinese Weibo," *IEEE Transactions on Computational Social System*, Vol. 9, No. 3, 2022, pp. 948–958.

[2] 方兴东、钟祥铭：《算法认知战：俄乌冲突下舆论战的新范式》，《传媒观察》2022 年第 4 期。

[3] Hjorth, F., & Adler – Nissen, R., "Ideological Asymmetry in the Reach of Pro – Russian Digital Disinformation to United States Audiences," *Journal of Communication*, Vol. 69, No. 2, 2019, pp. 168 – 192; Freelon, D., Bossetta, M., Wells, C., Lukito, J., Xia, Y., & Adams, K., "Black Trolls Matter: Racial and Ideological Asymmetries in Social Media Disinformation," *Social Science Computer Review*, Vol. 40, No. 3, 2022, pp. 560–578.

理论研究与互联网、深度伪造等热点进一步结合[1]。新的信息技术使人们更容易创建和传播虚假的或具有误导性的信息[2]，在线信息环境成为"任何人都可以编辑的免费在线百科全书"。而一些个人和组织也开始在某些目的的驱使下，频繁操纵这本"百科全书"中的条目信息，并对公众的政治认同产生深刻影响[3]。

尽管不同研究者对信息迷雾的界定存在差异，但归纳起来，信息迷雾有三大特质。（1）误导性：信息迷雾的营造不是为了"传播真实的信息"，而是要引导公众按照迷雾营造者所预设的路径错误，或存在偏差地思考[4][5]。（2）目的性：信息迷雾是基于某种目的被营造出的，其最终目的在于扰乱信息生态系统，并在此基础上控制公众认知，使受到影响的公众成为信息迷雾的扩散者，进而帮助迷雾营造者达成特定目的[6][7]。（3）规模性：信息迷雾的生成依赖于大量具有误导性、目的性信息的堆叠。在无法形成规模的情况下，信息迷雾只能够发挥局部作用，而难以产生"对整个社会

---

[1] Fallis, D, "The Varieties of Disinformation," in Floridi, L, eds., *The Pilosophy of Information Quality*, Copenhagen: Springer Cham, pp. 135 – 161.

[2] Hancock, J. T., "Digital Deception: When, Where and How People Lie Online", In A. N. Joinson, K. Y. A. McKenna, T. Postmes, & U. – D. Reips, eds., *Oxford Handbook of Internet Psychology*, Oxford: Oxford University Press., pp. 289 – 301.

[3] Fallis, D., "Toward an Epistemology of Wikipedia," *Journal of the American Society for Information Science and Technology*, Vol. 59, No. 10, 2008, pp. 1662 – 1674.

[4] Fallis, D., "What is Disinformation?", *Library Trends*, Vol. 63, No. 3, 2015, pp. 401 – 426.

[5] Karlova, N. A., & Lee, J. H., "Notes From the Underground City of Disinformation: A Conceptual Investigation," *Proceedings of the American Society for Information Science and Technology*, Vol. 48, No. 1, 2011, pp. 1 – 9.

[6] Grmuša, T., "Journalism, Fake News and Disinformation: A Handbook for Journalism Education and Training," *Mostariensia: časopis za društvene i humanističke znanosti*, Vol. 24, No. 1, 2020, pp. 157 – 159.

[7] Bennett, W. L., &Livingston, S., "The Disinformation Order: Disruptive Communication and the Decline of Democratic Institutions," *European Journal of Communication*, Vol. 33, No. 2, 2018, pp. 122 – 139.

网络的影响"①②。因此，本文认为，信息迷雾是指被精心策划的，为达到特定目的而进行的大规模信息干预活动。

早期的研究者在讨论"谁营造了信息迷雾"这一问题时，将目光主要聚焦在政治选举、商业营销、信息疫情等话题中营造信息迷雾的个人、组织或社群③。然而，在国家间宣传对抗日益激烈的背景下④，信息迷雾不再仅是个人或组织出于特定目的而使用的"工具"，而是在国家意志的加持下被"武器化"了⑤。鉴于武器化的信息迷雾对公众政治认同的强大影响⑥，北约、欧盟等均制定了一系列基本战略文件，对信息迷雾的形成机制、影响路径与反制措施进行了分析，以确保其在宣传对抗中始终保持优势地位⑦。尽管这些战略文件对深度伪造、假新闻等技术驱动的信息内容表现出了强烈关注，但社交机器人的出现拓展了信息迷雾的营造主体，深刻改变了信息迷雾的作用范围与影响强度⑧。如何立足于当下的技术环境重新检视信息迷雾，

---

① Pierri, F., Piccardi, C., & Ceri, S., "A Multi-layer Approach to Disinformation Detection in US and Italian News Spreading on Twitter," *EPJ Data Science*, Vol. 9, No. 1, 2020, p. 35.

② Pierri, F., Artoni, A., & Ceri, S., "Investigating Italian Disinformation Spreading on Twitter in the Context of 2019 European Elections," *PloS One*, Vol. 15, No. 1, 2020, e0227821.

③ Shu, K., Bhattacharjee, A., Alatawi, F., Nazer, T. H., Ding, K., Karami, M., & Liu H. "Combating Disinformation in a Social Media Age," *Wiley Interdisciplinary Reviews*: *Data Mining and Knowledge Discovery*, Vol. 10, No. 6, 2020, e1385.

④ Riddervold, M., &Newsome, A., "Introduction: Cooperation, Conflict, and Interaction in the Global Commons," *International Relations*, Vol. 35, No. 3, 2021, pp. 365 – 383.

⑤ Nkonde, M., Rodriguez, M. Y., Cortana, L., Mukogosi, J. K., King, S., Serrato, R., … & Malik, M. M., "Disinformation Creep: ADOS and the Strategic Weaponization of Breaking News," *The Harvard Kennedy School Misinformation Review*, Vol. 1, No. 7, 2021, p. 52.

⑥ Baumann, M., "'Propaganda Fights' and 'Disinformation Campaigns': the Discourse on Information Warfare in Russia-West Relations," *Contemporary Politics*, Vol. 26, No. 3, 2020, pp. 288 – 307.

⑦ Filatova, O., & Bolgov, R., "Strategic Communication in the Context of Modern Information Confrontation: EU and NATO vs Russia and ISIS", *Confreence paper. In Proceedings of the 13th International Conference on Cyber Warfare and Security ICCWS*, pp. 208 – 219.

⑧ Hajli, N., Saeed, U., Tajvidi, M., & Shirazi, F., "Social Bots and the Spread of Disinformation in Social Media: The Challenges of Artificial Intelligence," *British Journal of Management*, Vol. 33, No. 2, 2022, pp. 1238 – 1253.

成为新的研究重点。

（二）现代战争中的舆论战

随着技术、政治与宣传三者互动的日益频繁①，马西莫·杜兰特指出，以网络空间为争斗场所的舆论战改变了传统的舆论战模式，并将对现实战局产生不可估量的影响②。这是因为互联网的媒介特性使得疆域边界被重新界定，基于物理空间的权力生产关系正在逐步被网络空间的信息流和权力流所取代，且权力生产系统也在技术加持下变得更加隐蔽③。信息流的控制者能够跨越一切地理边界展开宣传。大量持续生产的、带有政治偏向性的信息，将本来可供公众选择判断的材料"迷雾化"，导致舆论的形成过程由"信息的自由市场—多元化的认知结果"转变为"堆叠的同质化信息—主导观念的重复化生产"。塞缪尔·伍利和道格拉斯·吉尔博进一步说明了计算工具在现代舆论战中的重要作用：作为舆论战的力量倍增器，以社交机器人为代表的计算工具能够在全球范围内影响政治进程，并在线制造共识④。而政治主体利用算法和自动化形式的技术代理操纵全球公众的政治认同，也成为定义"战争正义性"的关键举措与取得

---

① Dunn Cavelty, M., & Wenger, A., "Cyber Security Meets Security Politics: Complex Technology, Fragmented Politics, and Networked Science," *Contemporary Security Policy*, Vol. 41, No. 1, 2020, pp. 5 – 32.

② Durante, M., "Violence, Just Cyber War and Information," *Philosophy & Technology*, Vol. 28, No. 3, 2015, pp. 369 – 385.

③ Verona, L., Oliveira, J., da Cunha Hisse, J. V., & Machado Campos, M. L., "Metrics for Network Power Based on Castells' Network Theory of Power: a Case Study on Brazilian Elections", *Journal of Internet Services and Applications*, Vol. 9, No. 1, 2018, pp. 1 – 16.

④ Woolley, S., & Guilbeault, D., "Computational Propaganda in the United States of America: Manufacturing Consensus Online," In Woolley & P. Howard, eds., *Computational Propaganda Worldwide*, Oxford: Computational Propaganda Project, pp. 1 – 29.

战争胜利的重要影响因素[1][2]。

在此背景下，如何借助计算宣传取得舆论战优势已成为各国政府关注的重点。牛津大学在2019年发布的一篇研究报告显示，已有超过50个国家开始在国际社交媒体平台上借助各类技术手段开展"宣传攻势"[3]。乌克兰国立航空大学和乌克兰国家安全局共同提交的咨询报告指出，"当今时代（战争）的特点是信息空间的持续对抗"。而为了"保护乌克兰的信息空间和国家安全……不仅可以发动公民作为信息战的力量"，更要在现代技术的帮助下，以一切手段消除可能的外部信息威胁[4]。

舆论战的技术化转向将从根本上重塑各国网络空间安全格局[5]，并对处于技术弱势地位国家的国家安全乃至国际社会安全造成严重威胁[6]。然而，国内学界对计算宣传驱动的舆论战的实证研究相对较少，基于一手实证材料而展开的关于算法操纵和战时宣传的研究并不多见。

---

[1] Woolley, S. C., & Howard, P. N., "Political Communication, Computational Propaganda, and Autonomous Agents: Introduction," *International Journal of Communication*, Vol. 10, 2016, pp. 4882–4890.

[2] Scriver, S., "War Propaganda," *The International Encyclopedia of the Social & Behavioral Sciences*, Vol. 25, No. 2, 2015, pp. 395–400.

[3] Shen X, Wu J, Deng Q., "Development Trends of Cyberspace Weapon Systems in USArmy," *J Equip Acad*, Vol. 26, No. 6, 2015, pp. 70–73.

[4] Sopilko, I., Svintsytskyi, A., Krasovska, Y., Padalka, A., & Lyseiuk, A., "Information Wars as a Threat to the Information Security of Ukraine," *Conflict Resolution Quarterly*, Vol. 39, No. 3, 2022, pp. 333–347.

[5] Chen, L., Chen, J., & Xia, C., "Social Network Behavior and Public Opinion Manipulation," *Journal of Information Security and Applications*, Vol. 64, 2022, 103060.

[6] Shen X, Wu J, Deng Q., "Development Trends of Cyberspace Weapon Systems in USArmy," *J Equip Acad*, Vol. 26, No. 6, 2015, pp. 70–73.

（三）作为战时宣传新武器的社交机器人

社交机器人作为不易察觉的"意见环境塑造者"，能够通过放大和压制特定的信息流[1]，并串联深度伪造、假新闻生产等技术手段制造信息迷雾[2][3]，从而开展网络渗透、舆论引导、"在线策反"与认知干预的行动[4]。由算法控制的自动化机器人能够在精密程序的驱动下模仿人类用户的行为特征，并且更加具有欺骗性[5]。它们在信息战由局部的技术对抗转向世界范围内的"全民动员之战"的背景下[6]，社交机器人所营造出的信息迷雾将全球范围内的在线公众发展成了克劳塞维茨所说的"民众武装"。民众武装能够使敌人"处处皆面临抵抗，但是又处处都捉摸不到抵抗的源头"[7]。面对这种强大、分散又无形的力量，有效应对也十分困难。在社交机器人推动的信息迷雾之下，疆域、文化传统与历史背景不再是交战方的边界线，全球范围内的公众都可能成为"被预设的舆论环境"的组成部分。基

---

[1] Woolley, S. C., "Digital Propaganda: The Power of Influencers," *Journal of Democracy*, Vol. 33, No. 3, 2022, pp. 115-129.

[2] Chen, C. Y., Shae, Z. Y., Chang, C. J., Lin, K. Y., Tan, S. M., & Chang, S. L., "A Trusting News Ecosystem Against Fake News from Humanity and Technology Perspective," *Confreence paper*. The 19th International Conference on Computational Science and Its Applications (ICCSA), pp. 132-137.

[3] Hakak, S., Khan, W. Z., Bhattacharya, S., Reddy, G. T., & Choo, K. K. R., "Propagation of Fake News on Social Media: Challenges and Opportunities," *Confreence paper*. International Conference on Computational Data and Social Networks, pp. 345-353.

[4] Chen, L., Chen, J., & Xia, C., "Social Network Behavior and Public Opinion Manipulation," *Journal of Information Security and Applications*, Vol. 64, 2022, 103060.

[5] Alothali, E., Zaki, N., Mohamed, E. A., & Alashwal, H., "Detecting Social Bots on Twitter: A Literature Review," *Confreence paper*. The 2018 International Conference on Innovations in Information Technology (IIT), pp. 175-180.

[6] Magalhaes, S. T. D., Santos, H., Santos, L. D. D., & Jahankhani, H., "Cyberwar - Russia the Usual Suspect," *International Journal of Electronic Security and Digital Forensics*, Vol. 3, 2010, pp. 151-163.

[7] Von Clausewitz, C., *On War*, Altenmünster: Jazzybee Verlag, 1950, p. 673.

于此，本文提出以下四个研究问题：

（1）"挺乌派"与"挺俄派"社交机器人的介入情况与地理信息分布为何？

（2）"挺乌派"与"挺俄派"的社交机器人分别介入了哪些议题的讨论？

（3）社交机器人能否通过信息迷雾，驱动公众对俄乌冲突的讨论？如果能，具体方式为何？

（4）从主题介入、时间序列关系来看，社交机器人对战时宣传的影响有哪些？

三、数据与方法

（一）数据检索

"推特"中的标签往往被用户用于检索或标记自身推文主题。话题在标签的引导下能够形成一个相对独立的交往空间。围绕特定话题展开的讨论能够形成一个相对独立的对话空间[1]。本文使用自主设计的 Python 脚本，对相关推文进行检索。由于本文关注重点为俄乌冲突中双方在网络舆论战场的对抗，因此主要选取立场较为明确的标签进行推文检索。其中，乌克兰阵营的标签检索方式为：AS =（#SlavaUkraine OR #StandWithUkraine OR #StopPutin OR #StopRussia # OR #StandWithZelensky）（or both）；俄罗斯阵营的标签检索方式为：AS =（#StandWithPutin OR #Ukraine WarCrimes # OR #Supportrussia

---

[1] Bruns A, Burgess J., "The Use of Twitter Hashtags in the Formation of Ad Hoc Publics," *Confreence paper. The 6th European Consortium for Political Research（ECPR）General Conference*, pp. 1 – 9.

OR #SlavaRussia OR #StandWithRussia #NaziUkraine OR）（or both）。在检索时间范围上，本文以2022年2月24日俄罗斯总统普京宣布俄军将在顿巴斯地区开展特别行动为起点，以2023年3月1日为终点，收集了俄乌冲突爆发后373天内的推文。由于时间跨度长，相关推文的总量巨大，本文截取每日推文发送量的10%进行分析。其中，乌克兰阵营的推文共计461396条，由94633个账号发布；俄罗斯阵营的推文共计22789条，由6429个账号发布。

（二）社交机器人检测

本文使用Botometer作为识别社交机器人的工具。Botometer能够通过对用户档案数据、社交网络结构、时间活动等的计算，提取并分析用户的行为特征[1]，并在此基础上生成机器人评估分数。通过这一分数表明某一"推特"账号是社交机器人的可能性。分数越接近1，则账号为机器人的可能性越大[2]。尽管有研究者认为，分数超过0.5的账号其行为就已符合机器人的诸多行为特征[3]，但本文采用更加稳健的评定标准，将区分人类用户与社交机器人的分数阈值设置为0.8[4]。若分数大于或等于0.8，则判定该账号为社交机器人。

---

[1] Bessi, A., & Ferrara, E., "Social Bots Distort the 2016 US Presidential Election Online Discussion," *First Monday*, Vol. 21, No. 11, 2016, pp. 115–129.

[2] Rauchfleisch, A., & Kaiser, J., "The False Positive Problem of Automatic Bot Detection in Social Science Research," *PloS One*, Vol. 15, No. 10, 2020, e0241045.

[3] Luceri, L., Deb, A., Giordano, S., & Ferrara, E., "Evolution of Bot and Human Behavior During Elections," *First Monday*, Vol. 24, No. 9, 2019, pp. 1–30.

[4] Suárez-Serrato, P., Roberts, M. E., Davis, C., & Menczer, F., "On the Influence of Social Bots in Online Protests," *Confreence paper. International Conference on Social Informatics*, pp. 269–278.

(三) 潜在狄利克雷分布主题建模

潜在狄利克雷分布作为一种主题建模的方法,是自然语言处理技术的一个分支。潜在狄利克雷分布主题建模是一种用于对语料库进行建模的无监督生成概率方法。该方法将文档视作潜在主题的随机混合,基于"词袋"处理从去词序的角度考察词分布情况[1],并由此提取和呈现基于词分布的主题特征。潜在狄利克雷分布作为主题建模领域发展最为成熟[2]、性能最佳的主题分析方法之一[3],本质是以词分布和词概率为基础,使计算机能够理解、处理和分析包含人类语言的文本,并对大量级、无序化的文本进行语义挖掘,从而发现其中包含的主题[4]。

(四) 时间序列关系分析

时间序列关系所关注的是两组变量在时间维度上的相互作用[5]。本文通过建立自向量回归(VAR)模型进行时间序列关系分析,探究社交机器人的介入是否驱动了公众的相关讨论。为避免虚假回归,在检验前,使用 ADF 检验对数据进行平稳性检验,并通过 EG 检验来确定同组变量之间是否存在协整关系。由于社交媒体中信息传播

---

[1] 韩亚楠、刘建伟、罗雄麟:《概率主题模型综述》,《计算机学报》2021 年第 6 期。

[2] Jelodar, Hamed, et al. "Latent Dirichlet allocation (LDA) and Topic Modeling: Models, Applications, a Survey," *Multimedia Tools and Applications*, Vol. 78, 2019, pp. 15169–15211.

[3] 陈嘉钰、李艳:《基于 LDA 主题模型的社交媒体倦怠研究——以微信为例》,《情报科学》2019 年第 12 期。

[4] Blei, David M., Andrew Y. Ng, and Michael I. Jordan., "Latent dirichlet allocation," *Confreence paper. Proceedings of the 14th International Conference on Neural Information Processing Systems: Natural and Synthetic.* pp. 601–608.

[5] Granger, C. W. "Strategies for Modelling Nonlinear Time–Series Relationships," *Economic Record*, Vol. 69, No. 3, 1993, pp. 233–238.

和更迭的快速性①，在滞后时间单位选择上，以 10 分钟为单位展开时间序列分析，这有助于构建更细粒度的时间序列，并为寻找变量间的因果机制提供更有力的解释②。在进行预处理后，使用 AIC、SC、HQ 三种信息标准进行综合对比，以确定社交机器人的介入对人类相关讨论产生影响所需的时间。

四、透视信息迷雾：俄乌机器人在战时宣传交锋中的主题析出

本文使用潜在狄利克雷分布主题建模方法对俄乌冲突中双方支持者的推文内容进行主题建模，模型技术逻辑为：（1）从参数为 β 的狄利克雷分布中选择主题 t（$t \in 1, \cdots, T$ 的多项式分布 φ_t。（2）从带有参数 α 的狄利克雷分布中为文档 d（$d \in 1, \cdots, M$）选择一项多项式分布 θ_d。（3）对文档 d 中的词 W_n，首先从文档 d 中选择一个主题 Z_n，再从 φ_{zn} 中选择一个词 W_n。在前三个过程中，文档中的词是作为被观测变量存在的，而其他词则被视作潜在变量（θ 和 φ）和超参数（α 和 β）③。测算方式如下：

$$p(D \mid \alpha, \beta) = \prod_{d=1}^{M} \int p(\theta_d \mid \alpha)(\prod_{n=1}^{N_d} \sum_{Z_{dn}} p(Z_{dn} \mid \theta_d) p(W_{dn} \mid Z_{dn}, \beta)) d\theta_d$$

其中，D 表示语料库中的测试集，M 为文档篇数，N_d 代表每篇文档 d 中的词数（$d \in 1, \cdots, M$），T 代表主题数。而困惑度

---

① Prier, J., "Commanding the Trend: Social Media as Information Warfare," in Christopher Whyte, *Information Warfare in the Age of Cyber Conflict*, Oxford: Routledge., pp. 88 – 113.

② Van Atteveldt, W., & Peng, T. Q., "When Communication Meets Computation: Opportunities, Challenges, and Pitfalls in Computational Communication Science," *Communication Methods and Measures*, Vol. 12, No. 2, 2018, pp. 81 – 92.

③ Jelodar, Hamed, et al. "Latent Dirichlet Allocation (LDA) and Topic Modeling: Models, Applications, a Survey," *Multimedia Tools and Applications*, Vol. 78, 2019, pp. 15169 – 15211.

（Perplexity）则是 LDA 主题建模的一项内部评估指标，它用于衡量 LDA 模型对新文本的预测效果。困惑度的值越低，说明模型预测效果越好。在计算中，W_d 表示文档 d 中的词，$p(W_d)$ 为文章中词 W_d 产生的概率。困惑度计算公式为：

$$Perplexity = exp\left\{-\frac{\sum_{d=1}^{M}\log p(w_d)}{\sum_{d=1}^{M}N_d}\right\}$$

一致性（Coherence）是 LDA 模型的另一个评估指标，用于衡量 LDA 模型推断出的主题是否具有连贯性和可解释性。本文使用自然语言处理中使用最为广泛的 Gensim 库[1]，并基于 Gensim 库默认的相似度得分计算方式，即余弦相似度（Cosine）得出相似度值。一致性得分越高，说明模型推断出的主题具有更好的连贯性和可解释性。图 1 和图 2 分别为挺乌语料库、挺俄语料库在 LDA 主题建模时的困惑度及一致性。

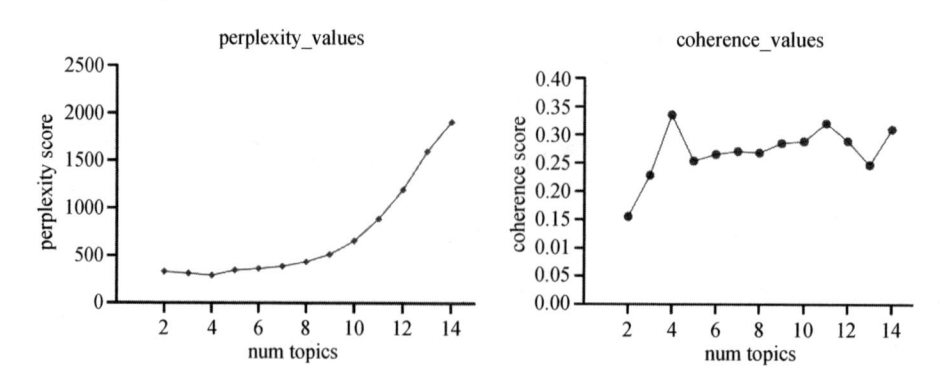

图 1　挺乌语料库 LDA 主题建模的困惑度及一致性曲线

---

[1] Sitikhu, P., Pahi, K., Thapa, P., & Shakya, S., "A Comparison of Semantic Similarity Methods for Maximum Human Interpretability," *The 2019 Artificial Intelligence for Transforming Business and Society (AITB)*, pp. 1–4.

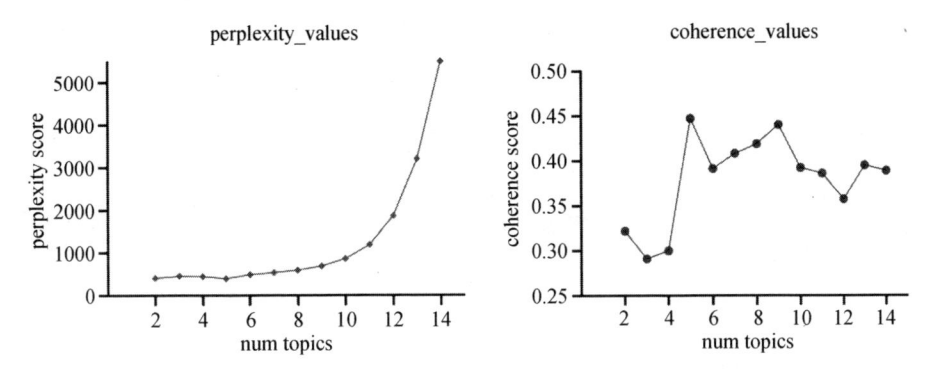

图2 挺俄语料库 LDA 主题建模的困惑度及一致性曲线

通过对困惑度及一致性的对比可以发现，当挺乌语料库的主题分类数量为 5，挺俄语料库的主题分类数量为 4 时，其困惑度最低，分别为 401.28 和 289.98，而一致性最高，分别为 0.4472 和 0.3356。这表明，在此状态下的模型具有最佳预测效果和可解释性。在延续上述设定的前提下，本文分别对语料库内挺乌语料库和挺俄语料库的主题词与词权重进行提取，以探究双方在战时信息迷雾营造的交锋中存在的潜在主题。表 1 和表 2 分别为两者在不同主题团块下的主题词分布情况（词权重排名前 10）。

表1 挺乌语料库的 LDA 主题词分布

U–Topic 1	U–Topic 2	U–Topic 3	U–Topic 4	U–Topic 5
people（0.021）	Ukraine（0.021）	kill（0.009）	Ukraine（0.041）	Russian（0.052）
Ukraine（0.015）	Russia（0.016）	morning（0.007）	Russia（0.025）	Ukrainian（0.033）
humanitarian（0.014）	invader（0.015）	Bucha（0.005）	sanction（0.025）	military（0.019）
life（0.012）	terrorist（0.01）	Bahmut（0.005）	democratic（0.019）	tank（0.017）
kill（0.011）	defender（0.008）	camp（0.004）	Europe（0.018）	weapon（0.01）
child（0.01）	friend（0.007）	missile（0.004）	gas（0.01）	equipment（0.1）
family（0.009）	ally（0.007）	strike（0.004）	SWIFT（0.009）	help（0.009）
woman（0.007）	NATO（0.007）	woman（0.004）	fuel（0.008）	aid（0.007）
hope（0.006）	criminal（0.007）	hospital（0.003）	G7（0.005）	China（0.006）
love（0.005）	hero（0.006）	genocide（0.003）	products（0.005）	airforce（0.004）

表2 挺俄语料库的 LDA 主题词分布

R‑Topic 1	R‑Topic 2	R‑Topic 3	R‑Topic 4
Ukraine (0.019)	Russia (0.023)	Russian (0.024)	Russia (0.036)
Russia (0.015)	Ukraine (0.018)	Ukraine (0.013)	Ukraine (0.02)
Russian (0.012)	civilian (0.011)	Ukrainian (0.012)	country (0.018)
nazi (0.012)	NATO (0.009)	newsmedia (0.01)	Donbass (0.014)
crime (0.01)	evil (0.008)	people (0.009)	NATO (0.013)
putin (0.01)	army (0.007)	western (0.006)	war (0.01)
Azov (0.009)	attack (0.007)	russia (0.006)	support (0.009)
prisoner (0.008)	crime (0.006)	truth (0.005)	russian (0.009)
war (0.007)	murder (0.004)	missile (0.004)	Zelensky (0.007)
humanity (0.005)	fight (0.004)	report (0.004)	peace (0.006)

结合主题词和具体的推文内容分析，发现 U‑Topic 1 和 U‑Topic 3 的讨论主题具有相似性，主要讨论俄乌冲突中俄军的"人权侵犯"问题。U‑Topic 2 与 U‑Topic 1 和 U‑Topic 3 的距离较为接近，主要关注俄乌冲突中多方主体的正负面属性。U‑Topic 4 与 U‑Topic 5 则分别强调对俄经济制裁及对乌军事援助的重要性。

在挺俄语料库中，R‑Topic 1 关注乌军在冲突过程中的"法西斯行径"及其对本国民众的伤害。R‑Topic 2 与 R‑Topic 1 的讨论方向类似，关注在俄乌冲突中乌军犯下的"战争罪行"。R‑Topic 3 与 R‑Topic 4 则分别关注俄乌冲突中西方媒体的"行动方针"，以及谁应当为俄乌冲突的爆发负责。为进一步探究各主题的详细情况，以及社交机器人如何在不同主题中营造信息迷雾和影响公众讨论，本文对俄乌双方社交机器人的具体"战术特征"进行分析，并结合时间序列关系来讨论不同"战术特征"下社交机器人对各主题的影响。

五、挺乌机器人的主题介入与舆论控制

在俄乌冲突的在线讨论中，挺乌机器人呈现出了高强度的介入姿态。挺乌机器人账号的数量为 16820 个（17.77%），共发送了 104011 条推文（22.54%）。其中，能够通过技术手段追溯其地理信息位置的社交机器人账号共 14410 个，占总比的 85.67%。挺乌阵营的机器人部署排名前五的国家为：美国（7542 个）、日本（2257 个）、乌克兰（786 个）、德国（554 个）、英国（514 个）。完整地理位置分布如图 3 所示。

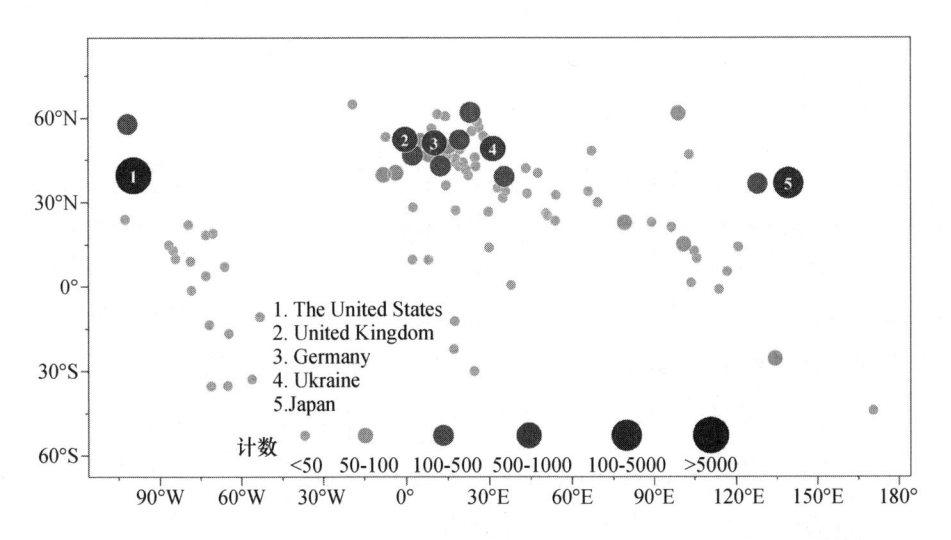

图 3　挺乌机器人的地理信息图

挺乌机器人在不同主题中的介入数量分别为 4025 个（U‐topic 1）、3407 个（U‐topic 2）、2794 个（U‐topic 3）、2487 个（U‐topic 4）、3042 个（U‐topic 5）。从时间序列关系来看，挺乌机器人在 U‐topic 2、U‐topic 4、U‐topic 5 中的介入，均引起了公众对相

关话题的后续讨论。滞后分析结果显示，在以10分钟为时间切片的前提下，社交机器人对公众相关话题讨论产生影响的滞后阶数介于3阶至12阶之间。这表明，承担着战时宣传任务的社交机器人，能够快速营造信息迷雾，并在推文发送后的30—120分钟内对公众的讨论产生相应的影响。检验结果如表3所示。

表3　挺乌机器人驱动公众相关讨论的时间序列影响

主题	ADF 单位根检验	EG 协整检验			时间序列关系	
		残差单位根	检验值	协整关系	p 值	滞后期
U – topic 1	一阶差分后平稳	-2.208031	0.0282	存在	>0.05	
U – topic 2	一阶差分后平稳	-3.197432	0.0022	存在	0.0012	Lag 12
U – topic 3	一阶差分后平稳	-5.295199	0.0003	存在	>0.05	
U – topic 4	一阶差分后平稳	-3.269155	0.0102	存在	0.0031	Lag 7
U – topic 5	一阶差分后平稳	-3.876026	0.0075	存在	0.0065	Lag 3

（一）人权议题攻击的流水线化：结合深度伪造干扰公众认知

在 LDA 主题建模中，不同主题之间的距离代表主题之间的关联性和覆盖性。若两个主题中词语的重叠度越大、共现程度越高，则其距离就越近。而 U – topic 1 和 U – topic 3 在 LDA 建模中基本处于重合状态，表明两者具有明显的关联性。此外，如上文所述，两者的讨论主题亦存在较高相似性。因此，本文将 U – topic 1 与 U – topic 3 视作复合主题进行讨论。与其他主题中挺乌机器人的行为特征相比，参与到人权危机主题中的社交机器人，在深度伪造、假新闻等虚假信息形式的运用上更加突出。社交机器人对深度伪造等技术的大量运用，可能与议题本身的特殊性有关。在其余主题中，社交机器人能够通过对现实局势的偏向性描述完成对公众的干扰。然而在人权危机主题下，社交机器人的论述难以基于现实素材生成，使得借助深度伪造等虚假信息形式煽动公众情绪成为社交机器人的主要手段。

就人权危机主题而言，社交机器人主要通过两类话题营造信息迷雾来引导舆论环境、干预公众认知。第一类是抨击俄军对乌克兰平民的暴行。例如，社交机器人发送的"俄军在布查地区狙杀平民"的相关推文。为佐证其观点，社交机器人还会在推文末尾附上"狙击现场"的视频。一些社交机器人还会强调这些视频的来之不易："普京为了掩盖其反人权的暴行，命令俄军击杀记录乌克兰平民惨状、揭示俄军暴行的西方记者"（@RostovNoticias 9）。尽管布查事件的真相至今仍不清晰，但这条被挺乌机器人反复转载的视频，已被其他用户证实是由 Arma 3 制作而成的。而"西方记者被俄军枪杀"的视频也被《波士顿环球报》证实为"被制作出来的"假新闻[1]。

此外，社交机器人以俄军将数十万俄占区平民转移到俄罗斯境内为切口，将俄军描述为"诱拐者"和"人贩子"。"克里姆林宫意图对这些儿童进行洗脑，由此消除新生代乌克兰人对其民族的认同，将所有乌克兰人变成俄罗斯帝国的忠实臣民。"（@kazbek）但隶属于欧洲对外行动服务局的虚假信息审查网发现，这条被广泛传播的"押送视频"有很大可能性是由电脑程序制作的[2]。视频中的儿童形象来自"油管"平台中一条名为"孩子们前往夏令营"的长视频，而视频中的俄军装甲车和阴暗的空间背景则是通过技术手段合成的。在这一主题中，社交机器人在塑造俄罗斯反人权形象的同时，呼吁国际社会对俄罗斯进行共同反制。反制的目的不仅在于停止克里姆

---

[1] "Avoiding Misinformation on Russia's Invasion of Ukrain," *The Boston Globe*, Feb. 24, 2022, https://www.bostonglobe.com/2022/02/24/business/turn-cable-news-avoiding-misinformation-russias-invasion-ukraine.

[2] "The Kidnapping of Ukrainian Children by Russia is an Absurd Hoax," *EU vs Disinfo*, Mar. 7, 2023, https://euvsdisinfo.eu/report/the-kidnapping-of-ukrainian-children-by-ruassia-is-an-absurd-hoax.

林宫正在进行的大规模人权侵犯行动，还在于将数万名被"囚禁"在俄罗斯的乌克兰儿童解救出来。

（二）大卫与歌利亚：涉事主体的属性判定与"亲缘关系"的淡化

在 U-topic 2 中，社交机器人将乌克兰与俄罗斯在国家层面的冲突对抗，简化为"大卫与歌利亚"式的对抗。作为勇气与正义化身的大卫（乌克兰）看似弱小，却背负着"民主"世界的希望。在这场持续的战斗中，乌克兰不断获得"伙伴"（北约）的支持，为乌克兰提供武器装备支持的"西方民主联盟"是泽连斯基最坚定的盟友。作为"侵略者"的俄罗斯则扮演了强大、邪恶的歌利亚，其在冲突区域及占领区域内的表现如同"恐怖分子"，并对乌克兰人民犯下了不可饶恕的罪行（@ mfa_russia）。而反抗邪恶俄罗斯的乌克兰人则是国家的保卫者和乌克兰的英雄。在正义与邪恶的界定过程中，社交机器人试图掩盖俄乌冲突的导火索，刻意规避乌克兰撕毁《明斯克协议》，试图加入北约等一系列"对俄挑衅"行动。同时，它们将西方国家从双方的冲突中摘出，对北约集团的地缘政治战略和对俄罗斯的空间压缩计划避而不谈。社交机器人通过"强调/弱化"的信息筛选和公布机制，一方面保持乌克兰和北约正义属性，另一方面将俄乌冲突的起因归咎于普京在野心驱使下的"出兵入侵"。

在对俄乌冲突中主要参与角色的属性进行判定，强调俄乌间的矛盾与仇恨的同时，社交机器人也在试图营造信息迷雾来淡化俄乌双方的"亲缘关系"。俄罗斯与乌克兰之间有着长期的历史渊源，从基辅罗斯时期、莫斯科公国时期，到苏联时期，再到苏联解体之后，乌克兰与俄罗斯之间关系一直处于"你中有我，我中有你"的状态。

两者间既有过冲突和对抗,也有着同源(东斯拉夫人)、同教(以东正教为主)、同文(俄语)的"亲缘关系"。即使在俄乌冲突的过程中,双方民众对于两者之间冲突也存在着非常复杂的心态[①]。然而,社交机器人将俄罗斯与乌克兰之间长期存在的"亲缘关系",被转化为脸谱化的二元对立模式,两者之间的矛盾如同信仰上帝的大卫与不信宗教的非利士人那样无可调和。在此基础上,社交机器人按照这种二元模式,将其他国家或组织置入双方的阵营之中,从而将俄乌之间的冲突转为"民主联盟 vs 共产主义国家"的对抗。

(三)经济制裁:机器信息迷雾的实时生成与舆情前置应对机制

在 U-topic 4 中,社交机器人通过提前部署与实时部署,与美西方制裁措施配合紧密。其中,社交机器人及时部署的特性,在信息迷雾形成初期体现得尤为明显。例如,在俄乌冲突正式爆发的当日(2月24日),"将俄罗斯从环球同业银行金融电讯协会(SWIFT)系统中踢出"的论调就已经在社交机器人的推文之中。社交机器人认为,将俄罗斯从 SWIFT 系统中踢出意义重大。因为俄罗斯的"战争资金"主要来自石油、天然气等能源收入,而这些能源的买卖需要借助 SWIFT 系统才能够完成。然而,西方国家对禁止俄罗斯使用 SWIFT 系统的声明则发布于2月26日。从这一层面来看,社交机器人的战时部署模式已经超出了以往的"滞后部署"[②],而是

[①] "My Country, Right or Wrong: Russian Public Opinion on Ukraine," *Carnegie Endowment for International Peace*, Sep. 7, 2022, https://carnegieendowment.org/2022/09/07/my-country-right-or-wrong-russian-public-opinion-on-uk-raine-pub-87803.

[②] Jones, M. O., "The Gulf Information War Propaganda, Fake News, and Fake Trends: The Weaponization of Twitter Bots in the Gulf Crisis," *International Journal of Communication*, Vol. 13, 2019, pp. 1389–1416.

能够超前部署，在制裁措施正式落地前奠定了舆论基调。而在俄罗斯被踢出 SWIFT 系统之后，社交机器人的舆论引导方向也开始逐渐转变，将施压和攻击的对象转向了俄罗斯的"伙伴"。它们认为，克里姆林宫正在试图使用新的银行系统来规避制裁。在此背景下，任何同意与俄罗斯在 SWIFT 系统外交易的国家，都是在变相支持俄罗斯对乌克兰的"种族灭绝活动"。

在 U-topic 4 中，挺乌机器人也体现了对舆情风险的前置化应对，即在可能威胁到舆论战走势的舆情风险出现前进行相关部署。在社交机器人看来，目前针对俄罗斯的主要作物和出口产品的制裁已经严重打击了俄罗斯的经济，这是乌克兰和西方国家的"胜利标志"。但另一层面，社交机器人也敏锐感知西方制裁措施是一柄"双刃剑"，制裁带来的全球粮食短缺和物价上涨也引发了许多民众对西方制裁的不满情绪。在此背景下，社交机器人的舆情前置应对措施主要包括偷换主体和提出解决措施两个方面。

首先，社交机器人将俄罗斯由西方经济制裁的"受害者"，转变为用全球粮食价格上涨与粮食危机威胁全世界的"威胁者"。认为俄罗斯意图通过"粮食威胁"迫使西方国家解除对俄罗斯的经济制裁与封锁，而这导致许多落后国家民众因粮食短缺而死亡。尽管乌克兰也在试图出口粮食来缓解这一问题，但俄罗斯对黑海的封锁不仅使得乌克兰民众的生活难以维系，也进一步加深了世界粮食危机。在解决措施方面，社交机器人提出，"解决粮食危机的唯一方法是阻止俄罗斯的入侵行为，而不是停止对俄罗斯的制裁。一旦因为粮食或能源短缺的问题停止对俄制裁，则意味着民主国家向俄罗斯低头"（@BackAndAlive）。经济制裁是扼制俄罗斯的一项根本性方案，"苏联正是在民主国家团结一致的经济制裁下被摧毁的，而现在一个摧毁苏联继子的机会又摆在我们眼前"（@JamesCleverly）。在此背景下，所有西方民主国家应该抓住机会，在乌克兰牵制了俄罗斯绝大部分精力之际给予俄罗斯致命一击。

（四）军事援助：个体叙事与舆论攻击溅射的"双管齐下"

在 U–topic 5 中，挺乌机器人主要强调俄罗斯与乌克兰在武器装备上的差异。在对援助乌克兰武器的美国、英国、日本、德国等国发送"感谢信"的同时，希望北约能够加大武器装备的援助力度，并帮助乌克兰大规模训练民兵组织。除简单直白的呼吁性话语外，这一主题中的挺乌机器人也体现出了明显的类人化特质，从个体叙事的视角出发，博取西方民众的同情。例如挺乌机器人@TopBananaMall 的推文："我的孩子建造了一架乌克兰超级混合水陆坦克轰炸机 2000，这是乌克兰没有的东西，他觉得我们需要这个。我更难过的是现在连孩子都懂得了这个道理。"

六、挺俄机器人的主题介入与舆论控制

就数量而言，挺乌机器人与挺俄机器人众寡悬殊。在挺俄语料库的四个主题中，共存在挺俄机器人 1285 个，占用户总量的 19.99%。它们共发送推文 5399 条，占推文总量的 23.69%。挺俄机器人在四个主题中的介入数量分别为 232 个（R–topic 1）、248 个（R–topic 2）、201 个（R–topic 3）、452 个（R–topic 4）。能够通过技术手段追溯其地理位置信息的社交机器人账号共 1098 个，占总量的 85.45%。挺俄阵营的机器人部署排名前五的国家为：俄罗斯（224 个）、白俄罗斯（119 个）、哈萨克斯坦（103 个）、亚美尼亚（103 个）、叙利亚（102 个）。完整地理位置分布如图 4 所示。

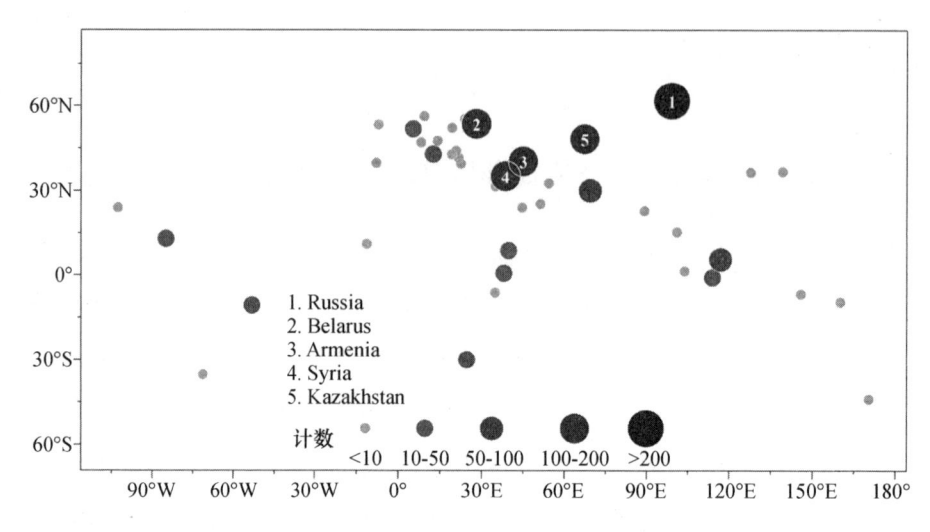

图 4　挺俄机器人的地理信息图

时间序列关系检验结果显示，挺俄机器人的战时宣传效果有限。仅在 R–topic 1 中，挺俄机器人的介入带动了公众的相关讨论，影响产生的滞后时间为 60 分钟。时间序列关系检验情况如表 4 所示。

表 4　挺俄机器人驱动公众相关讨论的时间序列影响

主题	ADF 单位根检验	EG 协整检验 残差单位根	检验值	协整关系	时间序列关系 p 值	滞后期
R–topic 1	一阶差分后平稳	−4.843432	0.0043	存在	0.0036	Lag 6
R–topic 2	一阶差分后平稳	−0.389677	0.0003	存在	>0.05	
R–topic 3	一阶差分后平稳	−3.318424	0.0016	存在	>0.05	
R–topic 4	一阶差分后平稳	−3.197432	0.0022	存在	>0.05	

为进一步探究挺俄机器人在不同主题中的"战术布局"与行动特征，以及为何挺俄阵营的"机器部队"在舆论引导上"发挥不佳"，本文对挺俄机器人在四个主题中的介入情况进行了分析。

（一）双向反差下的形象重塑：人权主题反击战的三个方向

从战略方针上来看，R－topic 1 中挺俄机器人的主要战略目的，是在人权问题的舆论战场上，对 U－topic 1 和 U－topic 3 中的挺乌机器人进行针对性反制。在人权争夺的战场中，尽管挺俄机器人在数量对比上处于明显劣势（约为 24∶1），但其并未采取单纯的防守姿态，即并未完全被挺乌机器人引导的"俄军是否是邪恶"这一主题所牵制。相反，处于人数劣势的挺俄机器人主动发起了舆论攻势，试图突破对手营造的信息迷雾，在"乌军的反人权行为"这一新的话题上与挺乌机器人展开舆论交锋。挺俄机器人试图通过向西方公众展现"真实的乌克兰军队形象"，来改变西方公众对乌克兰军队的固有认知。挺俄机器人在人权主题中的反击战主要包括三个方向。

首先，挺俄机器人试图跳过表面的属性判定，依托新闻事实这一"战略资源"对俄军与乌军在俄乌冲突中的具体行动进行对比，形成双方在舆论场中的"正义／邪恶"属性和现实中"邪恶／正义"的行动之间的双向反差。例如，"邪恶的普京正在让他的军队修建医院，以便于救治和保护乌克兰民众，而正义的泽连斯基则命令他的军队藏在平民之中，进入医院破坏"（@saroar14）。在保留挺乌机器人塑造出的双方属性的同时，从事实层面比较两者的行为，从而揭穿挺乌机器人言论的虚伪性，并形成戏剧化反差。

其次，是借助宗教话题对乌克兰民众进行分化，并挑动世界范围内东正教信徒对乌克兰的反对情绪。"东正教神父名单"是挺俄机器人最常列举的典型案例之一。挺俄机器人宣称，乌克兰军队拥有一份包含了这些神父详细信息的名单，并认为乌克兰境内的东正教神父"出于某些宗教因素，已经成为普京的合作者"。因此，乌克兰军队目前正在以东正教的神父作为攻击目标，"在过去的几个月里，已有数名东正教信徒和神父被杀害"(@ILRUSSO12),而俄罗斯军队正在保护相关人员免受纳粹迫害。

最后,是将亚速营与乌克兰军队紧密捆绑,将亚速营使用化学武器、行纳粹礼、虐待战俘和侮辱其他教派的行径上升到所有乌克兰军队的行为,从而强调乌克兰军队是纳粹的当代翻版。在这一主题中,缺少新闻媒体"支援"的挺俄机器人并不像挺乌机器人那样,以转载西方媒体新闻报道的方式为推文内容背书。而是直接转载亚速营成员在"推特"或"优兔"中"记录荣耀"的视频,来证明其推文内容的真实性,并将之与被挺乌机器人推文转载,且已被证实为虚假视频的"俄军反人权视频"相比较。

(二)"正义"阵地的争夺:平民之声与反北约联盟

在 R-topic 2 中,挺俄机器人从普通民众的视角出发,通过列举乌克兰军队对平民的伤害,对挺乌机器人描述的"正义乌克兰"进行反驳。在这一过程中,挺俄机器人并不将目光局限在俄乌冲突的过程之中,还会联系此前乌克兰军队的一系列行为,如"乌克兰纳粹部队在顿巴斯地区的大屠杀"(@Reivajyp7)。即使处于"正在进行时"的俄乌冲突中,俄军无论是在交战区还是占领区,都在尽可能地保护乌克兰民众的权益与安全。但"泽连斯基的军队则将自己的人民当作盾牌",真正伤害乌克兰民众的不是俄罗斯军队,而是挑起冲突并践踏本国民众生命的泽连斯基政府(@BetteRyan1970)。

对于泽连斯基政府高举自由民主大旗,试图与北约结成同盟的行为,挺俄机器人也进行了针对性回应。它们首先对被挺乌机器人描述为"正义联盟"的北约提出了质疑。挺俄机器人认为,北约摧毁了阿富汗、伊拉克、叙利亚、南斯拉夫等许多发展中国家,"历史已经证明,北约里有的只是西方阴谋家、充满野心的政客和军火贩子"(@danielngfi)。俄罗斯与乌克兰作为有着深厚历史渊源的国家,两国关系之所以走向崩溃,正是因为带有地缘政治目的的北约在背后的挑动。因此,俄罗斯决定出兵的原因并非要占领乌克兰领土或伤害乌克兰人民。俄罗斯的真正目的在于停止邪恶的北约,并推翻以乌克兰人民的生命向西方换取政治利益的泽连斯基政府。如果乌克兰政府意图加入这个摧毁了无数国家的邪恶西方组织,并听从北约的指令进一步影响发展中国家,"那么此前被北约欺辱的国家也应当同俄罗斯联合起来,反抗这个西方军事联盟的无耻压迫"(@AriviyalPuram)。

(三) 从舆论壕堑体系中突围:对作为舆论增幅器的西方媒体的反制

新闻媒体是西方中心主义价值认知和霸权主义话语策略的主要载体,媒体网络也早已成为美西方对其"联盟名单"外的国家发动舆论攻势,造成其系统性孤立风险的重要武器。而在俄乌冲突中,由新闻媒体和社交媒体共同编织的"多维迷雾"带来了信息纠缠的复杂局面,"削弱了克里姆林宫的宣传,并将世界团结到乌克兰一边"[1]。西方新闻媒体、社交媒体、社交机器人等共同组成了立体化的舆论壕堑体系。在这套围剿俄罗斯舆论战主力的壕堑体系中,新闻媒体既是信息汇聚口,持续收集着"代表民主与自由的声音",又是信息输出口,凭借其权威性和显示度向世界范围内的"战时宣传军团"提供"武器",并保障"弹药库"的充足。

---

[1] 方兴东、钟祥铭:《算法认知战:俄乌冲突下舆论战的新范式》,《传媒观察》2022年第4期。

相较于挺乌阵营的立体化舆论壕堑体系，以及大批量的挺乌机器人部署，挺俄机器人无论从推文发送数量还是部署数量来看，均处于明显的劣势，且面临着被多方散布的"信息迷雾"系统性封锁的风险。即使面临着被封锁与围剿的困境，R – topic 3 中的机器人仍试图通过建立事实澄清机制，打破舆论战空间中的信息单向性，从而从西方舆论壕堑体系中突围。

在具体战术上，挺俄机器人主要从信息场景设置和填补信息空缺两个方面开展"突围"活动。在信息场景设置上，挺俄机器人通常会发布一些不包含明确主体，但非常能够引人注目的信息，如"地上部队一直在屠杀平民，他们还布置了很多地雷，这些地雷只需要一名儿童的体重就可以触发"（@ JH47493158），并在推文下方附上新闻报道或视频链接。只有在打开链接的信息内容后，才能发现做出反人权行为的主体为乌克兰军队。考虑到挺俄推文与账号被在"推特"中面临的"技术封堵"[1]，这种"信息迷彩"的战术能够在一定程度上避免它们在短时间内被封禁。同时，挺俄机器人还会积极向公众披露那些被西方媒体刻意隐藏的内容，并在推文末尾附加俄罗斯媒体、中国媒体或其他相对中立国家的新闻报道。

综上所述，尽管在"天时地利人和"方面均面临着诸多不利因素，但 R – topic 3 中的挺俄机器人仍试图采取一些微观层面的战术操作。在打击西方媒体在舆论场中的真实性和权威性，填补信息空缺的同时，打断西方舆论壕堑体系中的信息能量流，阻碍新闻媒体与社交机器人间的同频共振。

---

[1] 段惠子、沈逸：《俄乌冲突中的国家认知塑造与战略博弈——数字时代的"有组织政治战"》，《传媒观察》2022 年第 6 期。

（四）顿巴斯之痛：挺俄机器人对俄乌冲突起因的溯源

从主题匹配来看，R – topic 4 中挺俄机器人主要同 U – topic 2 中的挺乌机器人展开交锋。与 U – topic 2 中挺乌机器人相似之处在于，挺俄机器人也试图对俄乌冲突爆发的起因进行重新界定，将乌克兰自 2014 年以来在顿巴斯地区的"种族灭绝活动"作为普京出兵的动因。挺俄机器人认为，在过去的八年间，顿巴斯地区的乌克兰民众一直在被乌克兰的民间纳粹组织和军队杀害，他们被杀害的原因仅仅因为他们在血统上不是乌克兰人。除了顿巴斯地区的民众外，泽连斯基政府还开始将罗马尼亚和匈牙利少数民族列入他们的"清洗名单"（@ HunterABC6）。乌克兰政府的表现，与二战时期对犹太人施行种族灭绝政策的纳粹德国政府如出一辙。俄罗斯采取的军事行动并不是针对乌克兰民众。恰恰相反，普京希望通过军事行动拯救顿巴斯的民众，并帮助乌克兰民众打倒贯彻纳粹主义的泽连斯基政府。

在 R – topic 4 中，挺俄机器人还试图切断挺乌机器人对北约和美国的"战术掩护"。它们强调西方国家在俄乌冲突中扮演的并不是挺乌机器人所说的"正义援助者"，而是挑起俄乌冲突，强行将乌克兰民众推上战争棋盘的幕后黑手。泽连斯基政府所代表的并不是乌克兰人民的利益，而是"民主联盟"的利益。"乌克兰人民被泽连斯基绑在战车上，成为他与西方交换利益的筹码"。（@ NewBajpai）而俄罗斯一直以来都对和谈保持积极态度，但西方国家则一直在引导双方冲突的升级。因为"俄乌之间的和平无法为他们带来利益，而战争可以。"（@ choudhry_dn）

七、因何不同：社交机器人对战时宣传的影响

与新冠疫情、政治选举等话题中社交机器人的影响周期相比，作为战时宣传新武器的社交机器人，能够更加快速地对公众讨论产生影响。在俄乌冲突的在线讨论中，双方机器人影响产生的间隔由理查德·库兹马等人所说的"跨周影响"[1]，以及此前研究得出的"十日周期"[2]，缩短到了30—120分钟。这表明，社交机器人在干扰舆论环境、影响公众讨论方面的能力处于不断提升的状态。如卢卡·卢塞里等人所言，对于社交机器人的研究都是在基于现有的技术背景下展开的，任何与社交机器人相关的技术的发展，都将带来社交机器人的"进化"[3]。因此，在技术环境持续发展的背景下，以30分钟为单位的影响周期可能并非社交机器人的"终点"。作为一种战时宣传的新武器，其在未来是否会具有更加强大的影响力值得进一步关注。此外，俄乌两大阵营之间"计算交锋"也向我们展示了网络时代战时宣传的范式转变，以及"新型宣传武装"的战略特征和影响。

---

[1] Kuzma, R., Cruickshank, I. J., & Carley, K. M., "Influencing the Influencers: Evaluating Person – to – Person Influence on Social Networks Using Granger Causality," *Confreence paper. The International Conference on Complex Networks and Their Applications*, 2022, pp. 89 – 99.

[2] Zening Duan, Jianing Li, Josephine Lukito, Kai – Cheng Yang, Fan Chen, Dhavan V Shah, Sijia Yang., "Algorithmic Agents in the Hybrid Media System: Social Bots, Selective Amplification, and Partisan News about COVID – 19," *Human Communication Research*, Vol. 48, No. 3, 2022, pp. 516 – 542.

[3] Luceri, L., Deb, A., Giordano, S., & Ferrara, E., "Evolution of Bot and Human Behavior During Elections," *First Monday*, Vol. 24, No. 9, 2019.

（一）"魔弹"抑或"废弹"？ 技术串联与介入强度条件下的影响

在俄乌冲突的在线讨论中，社交机器人所营造的信息迷雾显现了强大的影响力。其在 U – topic 2、U – topic 4、U – topic 5 中的信息迷雾散布，均对公众讨论起到了不同程度的驱动作用。比约恩·罗斯等人认为，社交机器人之所以能够对信息生态系统进行整体干预与影响，主要是因为当某一话题下社交机器人的占比达到"危险比例"（10%）时，其大量、持续的推文发送将对话题下的信息流形成冲击，导致信息环境产生不可逆的改变，并能够使得"九成以上的舆论环境产生变化"[1]。

然而，尽管作为战时宣传新武器的社交机器人对公众讨论形成了强大影响，但本文发现，社交机器人在相关讨论中的占比与其影响力之间不存在直接关系。换言之，并不是社交机器人的介入强度越高，其在战时宣传中的效果就越好。而较低的介入强度也并不意味着其对公众讨论的影响难以产生。

这一现象在俄乌机器人争夺"人权阵地"的对抗过程中尤为明显。挺乌机器人在人权危机主题中的占比为22.96%，高于 U – topic 2（17.19%）、U – topic 4（16.05%）和 U – topic 5（16.56%），也远超比约恩·罗斯等人提出的"危险比例"。但时间序列关系检验结果显示，挺乌机器人以深度伪造为武器进行迷雾散布，但未能在舆论战场中产生相应的正向影响。挺俄机器人在人权主题中的介入数量（232个）、占比（17.83%）都远低于挺乌机器人。但"人权阵地"

---

[1] Ross, B., Pilz, L., Cabrera, B., Brachten, F., Neubaum, G., & Stieglitz, S., "Are Social Bots a Real Threat? An Agent – based Model of the Spiral of Silence to Analyse the Impact of Manipulative Actors in Social Networks," *European Journal of Information Systems*, Vol. 28, No. 4, 2019, pp. 394 – 412.

却是挺俄机器人唯一取得胜势的局部战场。尽管已有多项研究表明当社交机器人与深度伪造、假新闻生产等计算宣传技术相结合时，其在扰乱信息环境方面能够取得更好的效果。然而，没有任何事实依据作为支撑的技术化宣传手段对公众的影响可能是有限的。换言之，部分技术驱动的虚假信息更多的是作用于信息环境层面，难以直接对公众讨论产生影响。在此背景下，挺俄机器人在人权反击战中的三个反击方向，不仅揭示了挺乌机器人论调的虚伪性，而且以亚速营为突破口证明了其推文内容的真实性。

这一现象可能也与俄罗斯的"盘外战术配合"有关，尤其是随着俄罗斯官方及一些自媒体账号多次以实证为基础的及时回应，公众对假新闻的"辨别与免疫"能力也会有所提升[①]。因此，虚假信息内容的大量发送非但没有取得良好的效果，反而导致了同类信息发送者的"信誉破产"。即使挺乌机器人的高强度介入提升了关于俄罗斯"反人权"信息的数量，但这些信息在很大程度上并未被公众纳入其参与讨论的"信息库"中。

（二）俄罗斯"机器部队"的溃败：技术权力矩阵加持下的战时宣传影响

在战时宣传走向"技术政治时代"的背景下，俄罗斯作为"宣传技术的常用国"[②]，也试图按照其惯用的应对思路，即通过部署社交机器人的方式来对抗西方信息迷雾。然而，美西方通过技术封堵，使得俄方阵营中的社交机器人数量仅存 1285 个，远低于 2016 年美

---

① 任孟山、李呈野：《俄乌冲突与战时宣传范式迭代——从"影像新闻"到"事实核查舆论战"》，《对外传播》2022 年第 6 期。
② Jaitner, M., & Geers, K., "Russian Information Warfare: Lessons from Ukraine," in Geers, K, eds., *Cyber War in Perspective: Russian Aggression Against Ukraine*, Estonia: NATO CCDCOE, 2015, pp. 87–94.

国大选[①]、克里米亚并入俄罗斯[②]等事件的在线讨论中俄罗斯社交机器人的介入数量。美国国防技术信息中心（DTIC）的一篇报告指出，直至2018年，美国对于俄罗斯的机器人、深度伪造等宣传技术的反制一直未能取得成效[③]。

然而，在俄乌冲突中，美西方的技术封堵已经能够对俄罗斯账号进行全面管制。从整体来看，挺乌机器人与挺俄机器人的"机器武装对比"达到了接近13∶1的悬殊比例。在此背景下，处于人数劣势的挺俄机器人体现出了灵活、巧妙且具有针对性的战略战术。例如，在人权主题中跳出挺乌机器人塑造的信息战场，对乌克兰军队形象发起反击；在西方技术与政策的双重封堵下，通过反制西方媒体来切断舆论的能量循流，进而从西方舆论壕堑体系中突围；通过隐去涉事主体的"信息迷彩"来规避技术检测与封禁；等等。然而，无论从其"军队数量"还是信息迷雾散布的"战果"来看，在俄乌冲突的战时宣传战中，俄罗斯此前惯用的"机器部队"可谓一败涂地。

这表明，在技术权力成为各国战时宣传竞争核心的背景下，仅通过单一技术手段（社交机器人）的使用已经难以在技术权力的争夺中占据主导位置，即使挺俄机器人有着极强的"战术素养"和"战术规划"能力，但仍然难以避免被围剿殆尽的局面。搭建由计算宣传工具、计算检测技术与计算反制技术共同组成的技术权力矩阵，成为实现政治战略的重要因素。

[①] Howard, P. N., Woolley, S., & Calo, R., "Algorithms, Bots, and Political Communication in the US 2016 Election: The Challenge of Automated Political Communication for Election Law and Administration," *Journal of Information Technology & Politics*, Vol. 15, No. 2, 2018, pp. 81 – 93.

[②] Driscoll, J., & Steinert – Threlkeld, Z. C., "Social Media and Russian Territorial Irredentism: Some Facts and a Conjecture," *Post – Soviet Affairs*, Vol. 36, No. 2, 2020, pp. 101 – 121.

[③] "Russia's Social Media War in Ukraine," *Defense Technical Information Center*, May 13, 2018, https：//apps.dtic.mil/sti/citations/AD1137006.

（三）"可对抗实体"消失：永远在线的"民众武装"

在以往的战时宣传与反宣传过程中，无论是两国新闻媒体之间的舆论对抗，还是信息基础设施间的较量，冲突双方均能够将对其产生威胁的实体进行定位，并在此基础上制定反制策略。然而，在俄乌冲突的战时宣传博弈中，俄罗斯需要对抗的对象由以往的新闻媒体、网络意见领袖与信息基础设施，转变为被信息迷雾笼罩的整个舆论场。无论是俄罗斯对"推特"等西方国家主导的社交媒体平台的封锁，还是使用分布式拒绝服务攻击（DDoS）干扰乌克兰的信息基础设施，都无法有效阻止挺乌机器人对国际舆论场的干预。而在"可对抗实体"消失导致传统的战时宣传反制措施失效，美西方的技术与政策封堵塑造出非对称性的信息博弈框架[①]的背景下，分散在各类议题中的社交机器人仍能够持续保持在线"民众武装"的战斗意志。

通常情况下，公众在网络中的信息接触充满了偶然性、不确定性[②]，与之相伴的是流动、多元观点的形成。信息之间的彼此印证、推翻或拓展，使得公众对于某一事件的认知、观点与态度处于不断调整与变化的状态。然而，在俄乌冲突的在线讨论中，挺乌机器人的推文占比达到了 22.54%。通过与美西方对俄罗斯账号的技术封堵相配合，挺乌机器人持续的推文发送将公众对多元信息接触的偶然性，转换为对特定信息接收的必然性。

从挺俄机器人在四大主题中的具体行动规划可以看出，无论是

[①] 段惠子、沈逸：《俄乌冲突中的国家认知塑造与战略博弈——数字时代的"有组织政治战"》，《传媒观察》2022 年第 6 期。

[②] Barber, B. R., "The Uncertainty of Digital Politics," *Harvard International Review*, Vol. 23, No. 1, 2001, p. 42.

攻击西方媒体的偏倚性、试图提供非西方媒体的"另类声音",还是积极追溯战争源头、展现乌军的"纳粹行径",其根本目的都在于打破由西方控制的单向性的信息环境。但就本文的研究结果来看,俄罗斯"机器部队"的战略任务并未达成。此外,随着现实战局的推进,在线舆论战的争夺强度也将进一步升级。西方必将保持对俄"机器部队"的检测、封锁与反制。这意味着挺乌机器人可以随时进行"增兵",并在西方媒体与意见领袖的支援下快速补充"宣传弹药"。而挺俄机器人的战损率和"增兵成本"则不断提升。在此背景下,挺乌机器人单一化的信息环境,在很大程度上消除了公众政治倾向变化的可能性,使得其能够持续保持在线"民众武装"的战斗意志。

在第一场真正意义上的网络时代战争中,俄乌之间的"机器部队"对抗作为未来战争的预演,向我们展示了其在信息战中的战略价值。信息迷雾的散布与迷雾中的干预机制能够产生传统战争武器无法实现的效果。网络渗透、舆论引导和认知干预机制已经成为战争范式转型下的重要发展目标。而以社交机器人为代表的"信息战武器"的规模、范围与精度都在不断提高,并重塑了战时宣传的对抗方式。在这一趋势下,应重视从不同理论视角研究新型战时宣传、常态化舆论战中的算法介入。同时,计算技术驱动的战时宣传范式转型所带来的一系列问题亦值得我们进一步探究。例如,随着人工智能、机器学习等领域"技术爆发期"的到来,处于飞速迭代状态的计算武器将呈现出怎样的特征与规律?不同国家在这条新赛道上的计算武器代差是否会重塑国际舆论力量格局?我们如何以俄乌冲突中双方的"计算交锋"为鉴,搭建起战术、战略层面的双重防范体系?这些问题都有待我们进一步关注。

从"推特革命"到"WarTok"：社交媒体如何重塑现代战争？*

蔡润芳　刘雨娴**

摘　要：数字传播技术的发展与迭代促进着现代战争范式的转变与革新，信息传播行动不再是军事战场的附属品，而成为影响战争格局的重要力量。从"推特革命"到"WarTok"，社交媒体在战争领域、战争群体、战争技术三种基本变量上重塑现代战争与社会冲突。社交媒体范式革新使认知战争进入全时全域状态，战争行动从物理领域扩大到社会领域。具有数字主体性的数字人是社交媒体开源战争的主要参与者，并具有去中心化组织特征。社交媒体既是计算宣传的主战场、战争新闻的生产与消费平台，也是网络化军事活动的技术支撑。当社交媒体平台重构了国际社会新型战略利益边界，平台作为信息治理主体与具有国籍属性的全球化公司之间的角色矛盾凸显，为维护国家数字主权和战略利益边界敲响警钟。

关键词：社交媒体　舆论战　认知战　计算宣传　俄乌战争

---

* 本文发表于《探索与争鸣》2022 年第 11 期。
** 蔡润芳，上海师范大学影视传媒学院讲师；刘雨娴，上海师范大学影视传媒学院硕士研究生。

一、引言

  2022年4月28日，美国《时代》杂志刊登了对乌克兰总统泽连斯基的专访《泽连斯基的世界》。泽连斯基说"人们在Instagram和社交媒体上围观这场战争。当他们厌倦它时，他们就会迅速离去……"①。泽连斯基致力于让世界以乌克兰的视角来体验这场战争，以获取外部世界对乌克兰的支持。为确保全球对乌克兰的持续关注，泽连斯基和他的团队自开战以来持续利用社交媒体进行舆论宣传。乌克兰数字化转型部长米哈伊洛·费多罗夫称此次俄乌冲突为"第一次世界网络大战"②。方兴东教授认为俄乌冲突是互联网诞生以来第一场真正意义上的网络时代战争，标志着人类战争的形态与方式发生了根本性变化，而其中的关键在于数字传播与舆论战范式的转变③。

  在这场数字传播与战争范式转变过程中，社交媒体被高度武器化④，发挥了重要作用。《纽约》杂志称此次俄乌冲突为"第一次TikTok战争"⑤，并合成词语"WarTok"，强调以TikTok为代表的短视频社交媒体在此次数字战争中发挥的突出作用。施展则称此次战争为"第一次元宇宙战争"，认为此次战争呈现线上线下高度融合、

---

① Shuster, S., "Inside Zelensky's World," Apr. 28, 2022, https://time.com/6171277/volodymyr-zelensky-interview-ukraine-war/, accessed Jun. 1, 2022.
② Zakrzewski, C., "4,000 Letters and Four Hours of Sleep: Ukrainian Leader Wages Digital War," March 30 2022, https://www.washingtonpost.com/technology/2022/03/30/mykhailo-fedorov-ukraine-digital-front/, accessed Jun. 17, 2022.
③ 方兴东、钟祥铭：《算法认知战：俄乌冲突下舆论战的新范式》，《传媒观察》2022年第4期。
④ 史安斌：《"图文信息战"正向"算法认知战"迭代》，《环球时报》2022年3月8日。
⑤ Mobilio, M., "Tiktok's Amazing Russian-Ukraine War Videos," Feb. 28 2022, https://nymag.com/intelligencer/2022/02/tiktok-ukraine-war-video.html, accessed Jun. 17, 2022.

高度分布式的元宇宙特征①。实际上，社交媒体对数字战争范式转型的影响并非首次凸显。从 2009 年伊朗"绿色革命"、2011 年中东变局、2014 年哈以冲突、2014 年乌东冲突、2013 年"伊斯兰国""圣战"运动，到 2022 年俄乌冲突，社交媒体在战争宣传、战争招募、战争动员，甚至战斗过程中都发挥了作用。2022 年的"WarTok"可以说是自 2009 年"推特革命"以来社交媒体战争的最新迭代升级版，代表着智能算法与短视频媒介对现代数字战争的深度媒介化作用。

本文以从"推特革命"到"WarTok"等一系列社交媒体战争为研究对象，以社交媒体如何重塑现代战争与冲突为研究核心，从社交媒体影响战争与冲突的三种基本变量入手，讨论了社交媒体在战争领域、战争群体、战争技术方面的范式革新，分析了社交媒体作为计算宣传的战场、公民新闻的平台和网络化军事活动的工具等多方面所发挥的功能与作用，最后提出社交媒体平台的战争角色冲突和亟需解决的规制难题。

二、社交"新"媒体与数字战争新范式

传播和战争二者作为人类生存条件的基本特征，是相互交织的关系。一方面，战争是人类文明以来对人类社会产生巨大影响的媒介事件②；另一方面，战争历史也是人类视野快速改变的历史③，是新的社会交流形式演变的重要因素。从古代的诗歌、雕塑、绘画、戏剧、告示、小册子、新闻信件，到现代大众媒体时代的报纸、电

---

① 施展：《第一场元宇宙战争》，"施展世界"公众号，2022 年 3 月 19 日。
② Clack, Timothy, and Robert Johnson, eds. "The World Information War: Western Resilience, Campaigning, and Cognitive Effects," Routledge, 2021, p. 8.
③ Virilio, Paul. "War and Cinema: The Logistics of Perception," Verso, 1989, p. 7.

报、电影、广播、电视、卫星，再到信息时代的数字网络媒体平台，每一种新媒体的诞生与发展都改变了战争的信息生产和传播方式（参见表1）。媒介对战争事实的呈现，对战争信息活动的支撑，对战争的媒介化方式，都改变着社会对战争的认知框架和处理方式。

表1 历史上的"新"媒体与战争

战争	战时"新"媒体	特征	战争信息生产方式
英国内战/美国独立战争/法国大革命（1642—1799）	告示、小册子和新闻信件	战时信息主要由参战官兵作为"官方目击者"发布与撰写	非专业战争新闻生产
克里米亚战争（1853—1856）	电报、近代摄影	人类首次运用电报报道战况，大众报刊与战地记者在战争报道中的公共角色得到确立	专业战地记者新闻生产
普法战争（1870—1871）	电报	历史上首个一开始就受到公众舆论影响的战争。电报在战时新闻中发挥着核心作用，充分链接战争的"前线"和"后方"	
第一次世界大战（1914—1918）	电影报道（新闻片）	被称为世界第一场"总体战"（Total War）。以新闻片形式出现的定期电影报道，使图像力量变得不可估量	
西班牙内战（1936—1939）	胶片摄影	标志着专业摄影记者的出现	
第二次世界大战（1931—1945）	广播	无线电广播被运用在心理战和宣传战，最具代表性的是罗斯福通过广播进行"炉边谈话"	
越南战争（1961—1975）	电视	历史上第一次"电视战"。非实时传输，时效性差。电视记者在战地拍摄，再送至美国剪辑	
海湾战争（1991）	电视卫星转播	首次卫星转播，时效性强。造就了有线电视新闻网CNN全球电视新闻地位	
伊拉克战争（2003—2011）	电视现场直播	开启电视现场直播，大批专业媒体战地报道，开启全球"媒体战"。使半岛电视台成为"阿拉伯世界的CNN"	

续表

战争	战时"新"媒体	特征	战争信息生产方式
叙利亚战争（2011年至今）	社交媒体	被称为第一次"社交媒体战争"（the First Social Media War）	全球数字人信息生产与传播
俄乌冲突（2022年至今）	短视频社交媒体	被称为 WarTok（TikTok战争），以及"第一次世界网络大战"（World Cyberwar I）	

进入21世纪，Web2.0互联网技术范式下社交媒体的技术迭代与应用革新是推动数字战争范式演进的关键因素。随着数字技术迭代与媒体生态的革新，社交"新"媒体对数字战争范式的技术推动表现为三个阶段：用户驱动的舆论战阶段、计算驱动的认知战阶段和智能驱动的超限战阶段（参见图1）。三个阶段并不是取代关系而是叠加的递进过程。

数字媒体生态　　　　　　　　　　　　数字战争范式

图文社交媒体　4G兴起
- 伊朗"绿色革命"（2009—2010）
- 中东变局（2010） ——被称为"推特革命"
- 埃及革命（2011）

用户驱动舆论战：自下而上、低烈度、"颜色革命"

大数据元年 2013　4G成熟
- ISAF和塔利班舆论战（2011）——被称为"第一次推特战"
- 叙利亚战争（2011—）——被称为第一次"社交媒体战"
- "伊斯兰国""圣战"运动（2013—）——构建"数字哈里发"发动"新恐怖战"

计算驱动认知战：多级联动、中烈度、中化、宗教、意识形态冲突、暴力革命、内战、地区冲突

算法视觉媒体　短视频元年 2017　5G兴起　元宇宙元年 2021
- 乌克兰欧洲民主革命（2013.11—）
- 哈以冲突（2014）——军事战场和认知战场形成"反向不对称效应"
- 乌东冲突（2014）——被认为是数字时代冷战虚假信息战略的缩影
- 俄乌冲突（2012）——被称为WarTok（TikTok战争），以及"第一次世界网络大战"（World Cyberwar I）

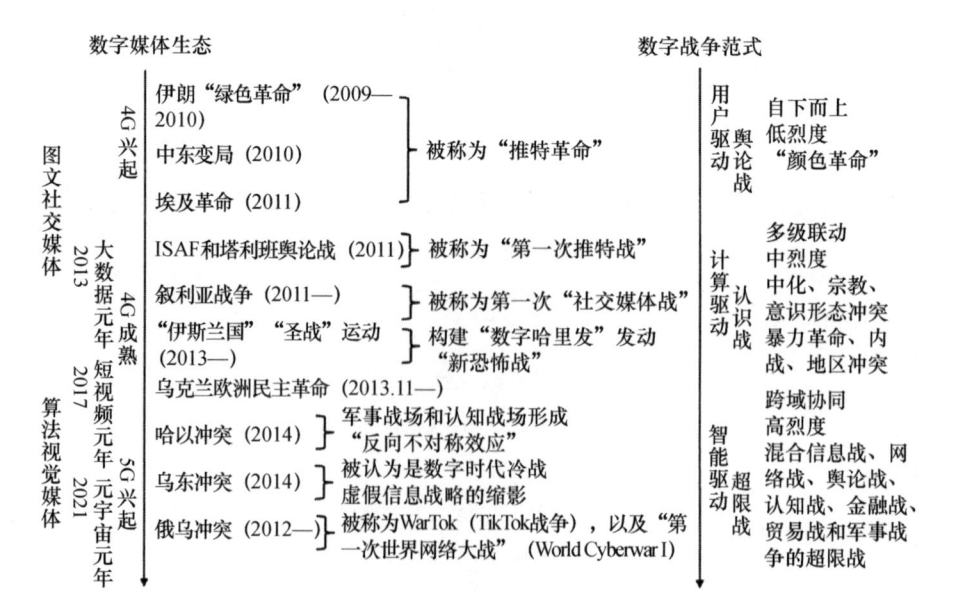

智能驱动超限战：跨域协同、高烈度、混合信息战、网络战、舆论战、认知战、金融战、贸易战和军事争的超限战

图1　社交"新"媒体与数字战争范式

第一阶段以低烈度的"颜色革命"为特征。21世纪10年代初，智能手机和4G网络刚刚兴起，以"推特"和"脸书"为代表的图文社交媒体为自下而上的用户驱动的舆论战提供了渠道和平台。在被称为"推特革命"的伊朗"绿色革命"、中东变局、埃及革命，以及乌克兰欧洲民主革命中，社交媒体都发挥了重要作用。菲利普·霍华德指出社交媒体是导致"颜色革命"成功与否和政权脆弱的关键因素之一[①]。在社交媒体放大效应下，"颜色革命"极容易升级为暴力冲突和军事战争。例如，中东变局（"茉莉花"革命）席卷整个阿拉伯世界，引发了利比亚战争、也门起义、叙利亚内战等一系列战争与冲突。乌克兰欧洲民主革命则拉开了2014年克里米亚危机及顿巴斯战争的序幕。

第二阶段是以多级联动、中烈度为特征的计算驱动的网络认知战范式。在数据技术和社交应用的进一步发展下，虽然传播权力已经从等级机构转移到公民个体和网络，但由官方机构所推动的计算宣传使看似自下而上的用户内容成为个人和官方高度合作下的产物[②]。在此阶段，驻阿富汗"国际安全援助部队"和塔利班的舆论战被有的学者称为"第一次推特战"[③]；叙利亚安全部门使用被称为"eggs"的社交机器人对反对势力进行舆论干预[④]；俄罗斯至少自2013年以来一直通过互联网研究机构（IRA）在社交媒体平台攻击政敌[⑤]；"伊斯兰国"构建"数字哈里发"来吸引全球"信众"。在叙

---

① Howard, Philip N., and Muzammil M. Hussain. "Democracy's Fourth Wave?: Digital Media and the Arab Spring", Oxford University Press, 2013.

② Klausen, Jytte. "Tweeting the Jihad: Social Media Networks of Western Foreign Fighters in Syria and Iraq", Studies in Conflict & Terrorism, Vol. 38, No. 1, 2015.

③ 甘莅豪：《人类第一场微博战：ISAF和塔利班战争宣传之多模态对比分析》，《浙江传媒学院学报》2013年第3期。

④ 蔡润芳：《人机社交传播与自动传播技术的社会建构——基于欧美学界对Socialbots的研究讨论》，《当代传播》2017年第6期。

⑤ SPYSCAPE, "Inside Russia's Notorious 'Internet Research Agency' Troll Farm," Jun. 17, 2022, https://spyscape.com/article/inside-the-troll-factory-russias-internet-research-agency.

利亚战争、"伊斯兰国""圣战"运动、乌东冲突中,有关文化、宗教、意识形态等认知冲突在社交媒体算法引导和有针对的心理操控下被放大和激化,不断升级为暴力革命、内战、新恐怖战和地区冲突。

第三阶段是以跨域协同、高烈度为特征的智能驱动超限战范式。在 5G 高速移动网络、大数据智能传播技术和以 TikTok 为代表的算法视觉社交媒体支撑下,数字虚拟战场与实体军事战场能够实现跨域协同和高频联动。以 2022 年俄乌冲突为例,利用数字技术和社交媒体平台,乌克兰"数字化转型部门"(Ukraine's Digital Ministry)在俄乌冲突一开始立马转型为能够协同网络战、情报战、舆论战的强大战争机器。不仅通过社交媒体招募了 30 万 IT 军队加入乌克兰"电报"官方频道进行针对俄罗斯的 DDoS 攻击、曝光亲俄用户社交媒体账号等行动,还使乌克兰的战前政务 App(Diia 等)变身为军用程序,推动在线战争募捐和情报搜集。在这场数字媒介化战争中,网络战、信息战、认知战深度融合,与俄乌地面军事战场紧密相关、高度联动[①],形成了过去认知战和区域战争所不能达到的全球影响力。

由此,以社交媒体为代表的数字通讯技术重塑着现代战争范式,混合信息战、网络战、认知战、金融战、贸易战、新恐怖战等超越一切界线和限度的超限战成为数字战争新常态和地区冲突的新形式。

三、社交媒体影响战争的三个基本变量

在数字媒介化战争中,Web 2.0 社交媒体成为社会信息网络生态

[①] 方兴东、钟祥铭:《算法认知战:俄乌冲突下舆论战的新范式》,《传媒观察》2022 年第 4 期。

的交互中枢，从三方面扰乱战争旧秩序，影响着战争的三个基本变量：战争领域、战争群体、战争手段。

（一）战争领域：认知斗争进入更广阔的社会域

媒介是人体的延伸，也是战争领域的延伸。数字信息技术的发展使战争领域由陆、海、空、天等物理域拓展至信息域、网络域和认知域。Web 2.0 数字媒介进一步扩大和延展了认知战的范围和深度，认知斗争进入到更广阔的社会域。社会域指"人们交流互动、交换信息、相互影响、达成共识的群体活动空间，涉及文化、信仰、价值观"[①]。早在2000年初，美国网络中心行动和英国网络化作战能力理论就增加考量了社会因素对网络中心作战系统的影响，在物理域、信息域、认知域之外，把社会域纳入网络中心行动体系中[②]。社交媒体对战争领域的拓展主要体现在两个方面：

一方面，在时空向度，社交媒体使认知战进入全时全域状态。媒介的战争史是一部战争信息维度的时空史。英国战地记者大卫·帕特里卡拉科斯认为，社交媒体在时间和空间上扰乱了战争的旧秩序。在时间方面，社交媒体所影响的信息维度可以从积极战斗之前很久开始，在战场行动结束很久后继续；在空间方面，利用社交媒体能够接触到军事战场以外的人，与更广泛的国际受众交谈[③]。社交媒体使认知战的辐射范围从原先的冲突领域扩大到冲突领域之外的全球范围。例如，在2022年俄乌冲突中，乌克兰的信息宣传主要涉

---

① 梵高月：《美军网络中心战理论与实践》，《外国军事学术》2007年第10期。
② Alberts, David S. "Network Centric Warfare: Current Status and Way Ahead," Journal of Defence Science, Vol. 8, No. 3, 2003.
③ Patrikarakos, David. "War in 140 Characters: How Social Media is Reshaping Conflict in the Twenty-first Century," Hachette UK, 2017.

及三个战场①：乌克兰本国民众、全球阅听人和俄罗斯民众。大众媒介时代，信息宣传是很难直接输送到全球受众和敌方领土，但社交媒体则给予了乌克兰这一可能。

另一方面，在叙事向度，社交媒体提供了一种有关战争社会叙事的互动空间，这种互动在介于主流叙事和个人叙事之间的广阔社会领域中发生。战争的叙事权、话语权斗争不仅发生在媒体对个体的认知思维领域的作用下，也发生在有关群体文化、价值互动的社会领域。因为虽然人类的认知活动是一种个体活动，是在个体的思维中进行，但群体的共享感知是一种社会认知活动②。社交媒体不仅扩大了公众参与的政治能力，提供了个体叙事的发声途径，也提供了社会叙事的互动空间，使得共享感知能够在社会群体互动和交往中达成。在主流媒体所控制的自上而下的主流认知领域之外，社交媒体给予了公民社会自下而上的互动交流空间，有关战争的认知斗争进入更广阔的社会领域，不仅发生在与战争有关的新闻报道中，也发生在和战争信息相关的社交媒体"朋友圈"里。

（二）战争群体：数字人所构成的去中心化多元群体

托马斯·霍布斯在《利维坦》中指出造成群体冲突与斗争的主要原因是竞争、猜疑和荣誉③。社会矛盾、群体纷争、族群撕裂与文化冲突往往是造成战争的重要原因，而媒介又在社会群体的形成、交往、凝聚、扩张、撕裂、分化的过程中起到了关键作用。如果说口语和文字的发明使人类从野蛮部落进入文明社会，大众媒介则创

---

① Yarchi, Moran. "The Image War as a Significant Fighting Arena – Evidence from the Ukrainian Battle over Perceptions During the 2022 Russian Invasion," Studies in Conflict & Terrorism, 2022.
② 李京、董奎义：《网络中心战中社会域的作用》，《国防科技》2009年第6期，第27—30页。
③ [英]霍布斯：《利维坦》，中国政法大学出版社2003年版，第94页。

造了一种新的历史群体"大众"[1]，以社交媒体为代表的数字媒介则创造了一种新型"数字人"，深刻地影响着 21 世纪的战争群体规模和组织方式。

其一，社交媒体使全球阅听人向全球数字人转变，每一个数字人都能成为数字战争的潜在参与者。数字人指通过数字世界的实践和技术建构起来的拥有数字主体性的人类，其中个体的行为方式受到数字群体社会的影响而改变[2]。数字人深谙数字技术的使用方法与网络媒体的力量，既能直接影响实体战场，又（从数千英里外）在叙事层面影响战争，利用最新的调查工具，在战争中比情报机构更快、更有效地辨别真相[3]。此次俄乌冲突中，乌克兰政府组建了由全球数字人组成的志愿者"IT 军队"帮助入侵俄罗斯。泽连斯基在接受《连线》杂志访问中说道"这些黑客不是受过专业训练的网络大师，而是来自全世界客厅和卧室中的青少年和年轻人，他们通过搜索 Google 和 wikiHow 文章，在几天内学会了基本的黑客技术"[4]。当数字虚拟领域成为现代战争与冲突的主战场时，具备数字素养和数字能力的数字人随时可以化身数字游击战士参与到数字战争中。

其二，社交媒体战争中的参战群体具有群体身份多元化、群体边界模糊化和群体组织去中心化特征。在群体身份上，社交媒体战争的群体身份具有多元性，既有由政府和军队主导的专业网络战、信息战作战部门，也有具备数字技术素养的非专业普通公民。

---

[1] Clack, Timothy, and Robert Johnson, eds. "The World Information War: Western Resilience, Campaigning, and Cognitive Effects," Routledge, 2021. p. 24

[2] López, Daniel Toscano. "The Society of the Digital Swarm: Microblogging and Construction of Subjectivity in Homo Digitalis," Handbook of Research on Industrial Advancement in Scientific Knowledge, IGI Global, 2019. pp. 95 – 110.

[3] Patrikarakos, David. "War in 140 Characters: How Social Media is Reshaping Conflict in the Twenty – first Century", Hachette UK, 2017.

[4] Cain, G., "Volodymyr Zelensky on War, Technology, and the Future of Ukraine," Jun. 2 2022, https://www.google.com/amp/s/www.wired.com/story/volodymyr – zelensky – q – and – a – ukraine – war – technology/amp.

甚至在网络舆论战争中，还有非人参战主体，有如社交机器人、半人半机器的赛博格等 AI 主体。在群体边界上，由数字人所参与的社交媒体战争群体边界是模糊的，哪些人属于参战群体是难以界定和受控的。只要具备数字技术素养，人人都可以成为数字战争的一部分。正如方兴东指出 2022 年俄乌冲突的对抗已经不再是两个国家之间的较量，全球多个国家地区、黑客组织、民间力量等都参与其中①。在群体组织上，社交媒体战争呈现去中心化运动特征，权力从等级中心转向去中心化的多级网络发展。一方面，Web2.0 社交网络打破了大众传媒时代由政府、军方或专业媒体对战时信息的传播垄断权；另一方面，社交媒体技术可供性不仅直接影响了信息战场和舆论战场，也作用于物理战场。自中东变局后的叙利亚战争、2014 年乌东冲突等众多战争与冲突案例中，人们通过社交媒体创建去中心化网络众筹资金、调配物资、组织动员等，都表明了去中心化是社交媒体战争的重要特征。

（三）战争手段：信息传播行动成为数字外交战场的关键力量

哈佛大学政治学家约瑟夫·奈认为，在 21 世纪，冲突将不再是谁的军队赢，而是谁的故事赢②。斯蒂芬·辛巴拉也指出现代战争很少是为了歼灭而战的全面战争，通常是"以其他方式进行的外交"③。现代战争与传统战争的一个关键性区别是：强制性沟通

---

① 方兴东、钟祥铭：《算法认知战：俄乌冲突下舆论战的新范式》，《传媒观察》2022 年第 4 期。
② Nye Jr, Joseph S., "Soft Power: The Means to Success in World Politics," Public Affairs, 2004.
③ Cimbala, Stephen J., "Coercive Military Strategy," Texas A&M University Press, 1998.

在多大程度上是通过物理战场上的军事胜利来实现政治目标的①。强制是由威胁或使用武力支持的说服，军事力量是强制性外交的筹码，被用于政治目的，以推进国家的公共议程②。传统战争中，信息传播行动很大程度上是军事战场的附属品③。但在21世纪的战争与冲突中，信息传播行动越来越成为赢得数字外交战场结果的关键。

社交媒体作为具有革命性的数字信息传播媒介，对现代战争方式与手段产生了革命性影响。美国现代战争研究专家彼得·辛格认为社交媒体带来了一种新的战争方式。他在2018年著作《如同交战：社交媒体的武器化》中指出任何人都不能再把战争中的各种信息与实际战场或地缘政治、外交分开，它们已经搅合在了一起④。在社交媒体所构筑的数字外交场域中，认知战场的重要程度不亚于军事战场，军事行动可以成为一种信息行动形式，用以寻求政治结果，而不是具体的军事结果。战争叙事维度有时候比它的物理维度更重要⑤。社交媒体本身既是战斗空间，也是征服现实世界的武器。

从中东变局到俄乌冲突，在社交媒体的技术支撑下，作为非军事手段的信息传播行动在发动与影响战争的能力从未像现在这样强大。以2022年俄乌冲突为例，方兴东认为：俄乌冲突是两场"典型不对称战争"所构成的"混合战"，传播第一次从战争的辅助角色

---

① Patrikarakos, David, "War in 140 Characters: How Social Media is Reshaping Conflict in the Twenty-first Century," Hachette UK, 2017.
② Cimbala, Stephen J., "Coercive Military Strategy," Texas A&M University Press, 1998.
③ Dit Avocat, Alexandra Borgeaud, "Cognitive Warfare: The Battlefield of Tomorrow?," New Technologies, Future Conflicts, and Arms Control, 2021.
④ Singer, Peter Warren, and Emerson T. Brooking, "LikeWar: The Weaponization of Social Media," Eamon Dolan Books, 2018.
⑤ Patrikarakos, David, "War in 140 Characters: How Social Media is Reshaping Conflict in the Twenty-first Century," Hachette UK, 2017.

变为战争的主角①。军事实力弱势的乌克兰利用社交媒体舆论武器力压俄罗斯的战争舆论输出，推动了该国在国际舆论战中的成功，协同美西方站在"正义"的舆论道德制高点对俄罗斯展开一系列非军事制裁，形成了军事战场与认知战场上的反向不对称效应。反向不对称效应指在军事实力不均衡的战争中，军事能力较弱的对手能够使用媒体作为认知战场的武器，通过筹集国际社会支持（或国际干预）来达到平衡冲突的效果②。军事战场上的胜利并不代表胜利，舆论上的失利可能会中和掉军事胜利的成果。

由此，社交媒体带来了新的战争方式，信息传播行动不再是军事战场的附属品，而成为了数字外交战场的关键力量。

四、社交媒体的战争角色及其功能

大众媒介时代，媒体在战争中主要扮演着两种角色，"一种是作为民众获取战争资讯的管道，另一种则是被战争决策者用来作为宣传战与心理战的工具"③。Web 2.0 社交媒体时代，社交媒体不仅是记录、再现、诠释战争的载体，也是作为武器参与军事物理战场与心理战场的工具与手段。泰斯·洛厄里总结了乌克兰如何利用 TikTok 应对俄乌战争④（参见表 2）。社交媒体不仅是军事专家追踪

---

① 方兴东、钟祥铭：《算法认知战：俄乌冲突下舆论战的新范式》，《传媒观察》2022 年第 4 期。
② Yarchi, Moran, "The Image War as a Significant Fighting Arena – Evidence from the Ukrainian Battle over Perceptions during the 2022 Russian Invasion," Studies in Conflict & Terrorism, 2022, pp. 1 – 13.
③ 胡光夏：《媒体与战争："媒介化""公关化""视觉化"战争新闻的生产与再现》，五南图书公司 2007 年版，第 6 页。
④ Lowery, T., "WarTok: How Ukraine Is Using TikTok to Fight Putin's Invasion," Mar. 11, 2022, https: //www.globalcitizen.org/en/content/wartok – how – ukraine – using – tiktok – putin – invasion/.

军事行动，策划防御策略的工具，也是政客、意见领袖、民众等多元主体进行舆论宣传和主导战争叙事的阵地。

表2 TikTok的战争功能与作用

使用主体	功能与目的
军事专家	• 追踪对方军事行动 • 策划防御策略
政客	• 提高民众士气 • 团结西方国家
意见领袖	• 解释战争、预测战争 • 涵化民众反击俄方
民众	• 分享战争当下个人现状 • 收集俄方暴力证据

归纳分析，社交媒体的战争角色及其功能主要可总结为三大方面：计算宣传平台、战时公民新闻载体和网络化军事活动的技术支撑。

（一）政府或官方组织主导的计算宣传战场

从2022年俄乌冲突可以窥见，社交媒体已经成为政治和战争宣传的主战场。社交媒体的基础设施化使政府、军队等官方组织机构意识到争夺社交媒体舆论阵地的重要性。早在2007年，美国科学院国家研究委员会就发布了"陆军网络科学、技术和实验中心政策"报告，把社交网络列入陆军在网络基础设施领域的优先投资领域，紧接着，在2011年，美国国防高级研究计划局发布了"社交媒体战略传播（战略传播中的社交媒体）计划"[1]，旨在提高美国军队对公众舆论进行专业指导的能力。

近年来，通过社交媒体平台、自动化传播代理和大数据技术合集有组织地操纵公共舆论[2]进行计算宣传成为各国政府和各级组织操纵舆论的新方式。根据牛津互联网研究所的数据，2019年已经有70个国家使用社交媒体来操纵本国舆论，有超过56个国家在"脸书"上开展了网络军事行动[3]。计算宣传主要用于国内舆情管理和对外舆论宣传，通常被用来左右国家选举、煽动公众抗议、开展国际攻击[4]。负责操纵在线舆论和实施计算宣传的政府或政党行为者被称为"网络部队"[5]，通过利用社交媒体塑造公众舆论、制定政治议程和传播思想。

表3 计算宣传的策略与手段

信息和效价策略	传播策略	技术手段
• 传播亲政府或亲党的宣传 • 攻击反对派或发动诽谤运动 • 分散或转移对重要议题的讨论或批评 • 驱动分裂和两极分化 • 通过人身攻击或骚扰来压制参与	• 制造虚假信息或操纵媒体 • 大规模输出内容或账户 • 数据驱动策略 • 在线挑衅、攻击或骚扰 • 在线放大内容和媒体	• 社交机器人 • 僵尸网络 • 网络水军 • 操纵真人或事件 • 人工与智能混合体 • 黑掉或窃取账户 • 深度造假

---

[1] SN Darpa-Baa, "Social Media in Strategic Communication (SMISC)," 2011.

[2] 罗昕:《计算宣传：人工智能时代的公共舆论新形态》，《人民论坛·学术前沿》2020年第15期。

[3] Bradshaw, Samantha, and Philip N. Howard, "The Global Disinformation Order: 2019 Global Inventory of Organised Social Media Manipulation," 2019.

[4] 罗昕、张梦:《西方计算宣传的运作机制与全球治理》，《新闻记者》2019年第10期。

[5] Bradshaw, Samantha, and Philip N. Howard, "The Global Organization of Social Media Disinformation Campaigns," Journal of International Affairs, Vol. 71, No. 1, 2018.

根据牛津互联网研究所的报告分析，网络部队主要使用五种信息和效价策略和五种传播策略[①]来进行计算宣传（参见表3）。效价策略在于通过与目标网络公民的互动影响共识议题；传播策略在于通过传播技术手段来操纵舆论。其中，智能算法、社交机器人、僵尸网络、网络水军、赛博格、黑客等技术手段[②]被利用到驱动信息攻击和议程控制的过程中。不仅如此，随着社交媒体和数字技术的深化发展，人脸识别、深度学习等智能技术也被运用到政治领域以操纵公众舆论[③]。例如，2022年俄乌冲突中一条有关"泽连斯基宣布投降"的深度造假视频从3月16日开始在社交媒体上引起了广泛传播，意图起到混淆视听和降低乌克兰政府公信力的作用。

（二）战时公民新闻生产与传播媒介

与2003年伊拉克战争中靠电视台现场直播技术所带来的全球媒体战相比，2022年俄乌冲突新闻报道中，专业媒体的作用微乎其微。一是由于随着战争的不断深入，大量专业机构的新闻记者被撤回到安全地带；二是在于社交媒体为公民新闻提供了信息内容生产和传播的技术支持和途径。网民既是战争信息宣传的对象，也是战争故事的书写者。社交媒体平台创造了新的舆论场所，允许人们在传统的国家交流等级之外进行交流，普通公民在社交媒体上分享的

[①] Bradshaw, Samantha, and Philip N. Howard, "The Global Disinformation Order: 2019 Global Inventory of Organised Social Media Manipulation," 2019.

[②] Chen, Long, Jianguo Chen, and Chunhe Xia, "Social Network Behavior and Public Opinion Manipulation," Journal of Information Security and Applications, Vol. 64, 2022.

[③] Udas, R., Facebook bans Deepfakes: What Makes Deepfakes Dangerous? Express Computer, Jan. 9, 2020, https://www.proquest.com/trade-journals/facebook-bans-deepfakes-what-makes-dangerous/docview/2334691782/se-2? accountid=13819.

个人故事，成为世界观看战争一线的新窗口。

一方面，社交媒体上的公民新闻挑战着国家和主流媒体对政治话语的垄断，颠覆了由国家和大众传媒单方面以宣传为主导的主流叙事，有关战争的媒介框架也会受到用户对社会"现实"感知[1]的影响，社交媒体中的碎片式个人叙事成为战争信息博弈中的新变数[2]。希拉里·克林顿的前创新高级顾问亚历克·罗斯认为：Web 2.0社交媒体赋予了人们制作内容和形成跨国网络的能力，打破自20世纪以来民族国家对武力和信息流两个领域近乎垄断的支配性控制[3]。这催生了一种政治逆转：从大众传播时代集中化的交流模式回归更早时代的"混乱网络效应"[4]模式。社交媒体既能够形成向心力量放大个体声音以动员社会，也能够形成离心力量粉碎团结，分裂社会。

另一方面，"众包信息模式"成为数字舆论战的新范式。公民"数字人"的信息生产力能够被政府和组织收编，形成强大的网络游击力量。例如，2022年俄乌冲突中，面对在过去擅长网络战和计算宣传的俄罗斯，乌克兰数字化转型部门开发了一个"聊天机器人"项目，专门用于动员普通乌克兰公民提交俄罗斯军队调动的图像或视频[5]。这些图像不仅能够辅助军方第一时间掌握俄罗斯军队动态，也能够成为舆论战的重要证据支持。乌克兰数字化转型部长哈伊洛·费多罗夫指出"让乌克兰人上网"成为乌克兰数字化转

---

[1] Al Nahed, Sumaya, and Philip Hammond, "Framing War and Conflict: Introduction to the Special Issue," Media, War & Conflict, Vol. 11, No. 4, 2018.

[2] 方兴东、钟祥铭：《算法认知战：俄乌冲突下舆论战的新范式》，《传媒观察》2022年第4期。

[3] Patrikarakos, David, "War in 140 Characters: How Social Media is Reshaping Conflict in the Twenty–first Century", Hachette UK, 2017.

[4] Patrikarakos, David, "War in 140 Characters: How Social Media is Reshaping Conflict in the Twenty–first Century", Hachette UK, 2017.

[5] Simonite, T., & Volpicellt, G. M., "Ukraine's Digital Ministry Is a Formidable War Machine," Mar. 17, 2022, https://www.wired.com/story/ukraine-digital-ministry-war/.

型部门的明确战略目标①。让每一个乌克兰网民都成为潜在的社交媒体战士，有能力成为俄乌冲突的亲历叙事者，在第一时间将前线照片和视频证据上传到社交媒体，用以激发西方对乌克兰的支持。

（三）网络化军事活动的技术支撑

社交媒体不仅是资讯管道和宣传工具，也是网络化军事活动的辅助工具和技术支撑，不仅作用于认知战、舆论战等虚拟叙事战场，也作用于军事行动的物理战场。在过去的国际战争或地区冲突中，社交媒体被发现并作用于资金众筹、人员招募、情报收集、社运调度等各个方面，且具有"开源"和"多栖"特征。

首先，开源是社交媒体支撑下网络化军事活动的优势特征和力量来源。开源模式下的网络军事活动能够通过利用社交媒体的网络外部性特征撬动原本未被获取的外部资源。尤其是在军事力量悬殊的"不对称战争"情况下，社交媒体能够使原本弱势的一方接触到实际控制领域以外的社会资源。最典型的案例是"伊斯兰国"2013—2016 年利用"推特""脸书""电报"等社交媒体招募了来自大约 100 个国家的至少 3 万名外国战斗人员前往叙利亚和伊拉克②。早在 2010 年，"基地"组织创办的英文互联网杂志《Inspire》就公开提倡"开源圣战"，通过杂志输出公开战线"圣战"和个人"圣战"的理论，鼓动个人和小组在全世界各地进行自发行动③。但

---

① Justin Ling, "Ukraine's Digital Battle With Russia Isn't Going as Expected," Apr. 29, 2022, https: //www.wired.com/story/ukraine – russia – digital – battle/.

② Patrikarakos, David, "War in 140 Characters: How Social Media is Reshaping Conflict in the Twenty – first Century," Hachette UK, 2017.

③ Arndt, Michael C., "Leaderless Jihad: Terror Networks in the Twenty – first Century," Air & Space Power Journal", Vol. 25, No. 4, 2011.

社交媒体的推动力量远远大于网络杂志。在"伊斯兰国"由网络化个人组成的军队中，每个个体都是控制中心和传播节点，能够使"伊斯兰国"唤醒和控制"基地"组织无法触及的追随者。

其次，网络化军事活动还具有跨平台的"多栖"特征。不同类型社交媒体具有不同的媒介特性，承担了不同类型的军事功能。按照平台功能来划分，可以分为社交网络、即时通讯、地理位置平台、视觉媒体平台等（参见表4）。

表4 不同类型社交媒体的传播特征与战时功能

平台类型	社交媒体	媒介属性	手段	主要功能
社交网络	Twitter	图文媒介	网络水军、社交机器人、模因、漫画、海报、攻击广告	计算宣传、公民新闻、文宣、组织社会运动、众筹资金
	Facebook	社交性图文媒介		
即时通讯	Skype	视频语音通话媒介	即时通讯（IM）、IP语音（VoIP）	招募文宣、社会动员
	Viber			
	WhatsApp			
	Surespot	端到端加密通讯媒介	端到端加密视频通话、VoIP、文件共享	
	Telegram			
地理位置平台	Google Earth	位置媒介	地理定位、位置标注、位置数据库、交互地图	事实核查、社运组织调度、追踪对方军事行动
	Yandex			
	Liveuamap			
	TimeMap			
视频平台	YouTube	视觉传播媒介	视觉技术、深度造假	视觉宣传、公民新闻、文宣、追踪对方军事行动
照片/视频社交平台	Instagram			
短视频平台	TikTok			

1. 社交网络

"推特""脸书"等社交网络是计算宣传和公民新闻的主要平台。在"推特"和"脸书"中，传播者能接触到更广泛的国际受众。但"脸书"的社交属性更强一些，这使得"脸书"在资金众筹等需要创建网络组织和更多的人际互动的事项上更胜一筹。例如，在2014年俄乌冲突中乌克兰民间主要通过"脸书"创建各类网络组织来众筹资金和社会动员。按照乌克兰一个众筹领导小组负责人Anna Sandalova 的说法，"Facebook 提供了一个完整的社区解决方案和政府根本无法覆盖的范围，每个小组都承担着不同的准政府职能"[1]。社交媒体为这些网络化军事活动提供了信息渠道和组织场所，传统的中央机构主导的集中机制向个人和个人主导的社会网络扩散。

2. 即时通讯

WhatsApp、Viber 等视频语音通话媒介为军事招募提供了便利工具。"推特""脸书"上的文宣内容往往是单向的，还不足以起到人员招募和社会动员效果，而即时通讯则提供了双向互动和参与的工具。尤其是 Telegram 和 Surespot 等端到端的加密通讯媒介，为"伊斯兰国"等组织的秘密招募行动提供了便利。

3. 地理位置平台

Google Earth、Liveuamap 等开源地图工具为事实核查、社运组织、军事行动追踪等有关活动提供了强大的技术辅助功能。2022年俄乌冲突中，网友通过开源网络交互地图应用程序 TimeMaps 实时在

---

[1] Patrikarakos, David, "War in 140 Characters: How Social Media is Reshaping Conflict in the Twenty-first Century," Hachette UK, 2017.

线更新和核查乌克兰平民受到攻击和伤害的信息数据和证明材料[①]。在饱受争议的"布查惨案"中，网友亦通过运用卫星地图定位技术分析"平民"尸体出现和移动的时间来进行事实核查。

4. 视觉媒体平台

"优兔""照片墙""抖音"等视觉媒体平台的发展提高了战争与政治的可视性。基于图文信息中介的叙事斗争转向了基于视觉和情感的"感知之战"。在"伊斯兰国"斩首行动、先知穆罕默德的漫画、弗格森的抗议活动以及2015年土耳其海滩溺水的年轻叙利亚难民事件中，图像都被视为重新定义政治和社会辩论的决定性因素[②]。在4G、5G通信技术的支撑下，社交媒体由初代"推特""脸书"等"图文信息交互中介"发展为融合算法、短视频、直播等"智能全媒体信息交互中介"，视觉图像的力量超越了纯文本在创造情感方面的能力[③]。尤其是以TikTok为代表的短视频社交媒体的崛起，使战争中的个体和日常变得具有可见性。在2022年俄乌冲突中，乌克兰士兵Andriy Kurilenko通过"抖音"上传自己巡逻的视频引起了全球数百万观众的观看。短视频社交媒体进一步强化了视觉表达与情感传播在政治话语和战争叙事中的作用。

综上所述，社交媒体对现代战争的重塑是全面而深入的，不论是对认知战场，还是在实体战场，社交媒体都在战争与冲突中发挥了重要功能与作用。一方面，拥有技术和权力的政府和组织机构能

[①] Homeland Security Today, "Hospitals Bombed and Apartments Destroyed: Mapping Incidents of Civilian Harm in Ukraine", Mar. 17 2022, https://www.bellingcat.com/news/2022/03/17/hospitals-bombed-and-apartments-destroyed-mapping-incidents-of-civilian-harm-in-ukraine/.

[②] Robinson, Nick, and Marcus Schulzke, "Visualizing War? Towards a visual analysis of videogames and social media", Perspectives on Politics, Vol. 14, No. 4, 2016.

[③] Cetina, Karin Knorr, "Complex Global Microstructures: The New Terrorist Societies", Theory, Culture & Society, Vol. 22, No. 5, 2005.

够利用社交媒体进行更精准、更科学的战争宣传；另一方面，被社交媒体赋予传播权利的战争公民新闻也使舆论战场充满变数。社交媒体的"开源"特性使每个网民都有机会成为社交媒体战士，参与到网络化军事活动中去。同时，在混合媒体生态系统的多平台协调行动中，不同类型社交媒体能够承担不同类型的军事功能。

五、余论：社交媒体平台的角色冲突与规制难题亟待解决

当社交媒体在重塑现代战争方式中扮演了越来越重要的角色时，社交媒体平台作为数字基础设施，和跨国科技公司之间的角色冲突也越发凸显和复杂。即使不考虑"战时"这一特殊状态，平台作为公共基础设施所具有的公共属性和作为商业科技公司所具有的商业属性之间本身就存在难以调和的矛盾[1]。近年来，从欧盟、美国到中国，都出台了相关法律法规来约束平台行为，具有公共属性的社交媒体平台被要求承担以维护公共利益为目的的治理责任。然而，2022年俄乌冲突暴露出更多问题，社交媒体平台作为传播媒介、数字战场、信息治理主体、数字基础设施、全球化公司、具有国籍属性的公司等多元角色使之陷入更多的角色冲突之中。

社交媒体的战争角色核心冲突体现在：社交媒体平台重塑了国际社会的新型战略利益边界，但这一战略利益边界由跨国科技公司"守门"。国家战略利益边界可分为硬边界和软边界。硬边界具有独享性和排他性，软边界具有多样性、共享性和重叠性[2]。社交媒体重

---

[1] 蔡润芳：《"围墙花园"之困：论平台媒介的"二重性"及其范式演进》，《新闻大学》2021年第7期。

[2] 曾华锋、石海明：《制脑权：全球媒体时代的战争法则与国家安全战略》，解放军出版社2014年第1版，第6页。

塑了认知空间安全边界，其所主导的新型战略利益"软边界"具有全球化、跨地域性、跨文化性特征。在战时状态下，一个国家想在认知空间进行竞争，就必须充分掌握信息传播渠道、传播群体和传播方式。但现实情况是，目前能够影响全球大部分国家和地区的社交媒体认知空间都由"元""推特"等美国公司或西方资本主导和控制。虽然"元"平台等科技巨头是具有跨国属性的全球化公司，但在国际利益冲突之中，科技公司具有国籍属性的本质没有改变。当社交媒体这一新型认知空间由跨国科技公司"守门"的情况下，国家战略利益边界则受制于跨国资本和具有国籍属性的科技公司。

此次俄乌冲突中，"元""推特"等平台科技公司都对俄罗斯采取了强硬立场。作为欧美主导的跨国资本，平台公司并没有选择在技术上保持中立，而是以"信息内容治理主体"的角色加入到这场俄罗斯和美西方主导的认知战中。以"元"平台为例，"脸书"是冲突地区社交媒体信息流的中心，俄罗斯约有7000万用户，乌克兰约有2400万用户，约占各自国家总人口的一半。俄乌冲突开始后，"元"平台应欧盟官员的要求，限制了来自RT、Sputnik等俄罗斯国有媒体的内容，禁止来自俄罗斯国家媒体的广告，并取消这些账户的货币化，严重制约了俄罗斯当局使用"脸书"作为信息载体的能力。以打击虚假信息为名，"元"平台针对俄罗斯媒体的处理措施遵循其自2016年以来作为"网络信息内容治理主体"的平台承诺和政策。但不可忽视的是，取消亲俄言论的做法意味着科技公司在控制战争相关信息流方面具有很大的干涉力。对战争相关信息流的压制远远超出了"信息治理"的范畴。

这不仅给国际社会提出了有关战争紧急状态下平台规制的新难题，也为民族国家维护自身战略利益边界敲响了警钟。首先，在国际政治和军事冲突中，社交媒体平台所做出的信息治理行为是否应当受到一定的国际公约规制是亟需讨论的问题。平台在国际政治和军事冲突中所呈现出来的偏向性和立场性是否和其背后所代表的利益和权力相关，应该如何约束和规制这种利益操纵以维护国际社会的和平秩序是国际社会所面临的平台规制的新难题。其次，"什么是健康审查"这一命题应当得到国际社会学界和业界的充分讨论。目前"脸书""推特"等公司采取的审查措施全部来自于过去对虚假信息的治理政策和依据，并没有针对"战时"这一特殊环境的紧急预案。学界应当对社交媒体战时信息内容治理给予更多关注与研究。最后，对于主权国家而言，如何应对和维护由社交媒体所重塑的国家新型战略利益边界，维护本国的"数字主权"，增强数字基础设施的国际输出和本土控制能力也是亟需应对的新问题。

社交媒体"算法认知战"与公共外交的新特点[*]

蔡翠红[**]

摘　要：随着社交媒体平台的蓬勃发展和算法越来越广泛的应用，"算法认知战"在公共外交中得到广泛应用，"数字化公共外交"逐步向"智慧型公共外交"转变。算法对公共外交发挥作用的流程大致分为分组分析、定制信息、塑造认知三个步骤。算法技术加持下的公共外交具有显著的新特点，即精准性、受体的认知固化倾向性、隐匿性以及能力的技术依赖性。面对"算法认知战"带来的公共外交挑战，应从国内舆论场、国际公共外交能力和算法治理等多角度加以应对。

关键词：社交媒体　"算法认知战"　公共外交

随着算法在公共和私营部门得到越来越广泛的应用，算法系统已逐渐被视作决策过程的一部分，对个人、组织和整个社会具有潜在的重大影响。尤其在社交媒体平台和搜索引擎中，通过算法引导、

---

[*] 本文系国家社会科学基金重大项目"基于大数据的国家安全态势感知原理及冲突数据库建设"（项目编号：19ZDA131）的阶段性研究成果。

本文发表于《人民论坛》2022年第7期。

[**] 蔡翠红，复旦大学美国研究中心教授、博导。复旦大学国际关系与公共事务学院博士研究生王天禅对本文亦有贡献。

优先排序和过滤信息使得公民的信息自由权、言论自由权、社会舆论多元化甚至政治话语都受到不可预估的影响。此外，通过算法产生的非理性动员能力还对国内政治议程产生巨大影响，这在"剑桥分析"事件中已得到验证。在国际政治领域，以算法为基础的技术不仅使社交媒体平台成为当代公共外交的重要工具，而且使其成为国际行为体之间进行"算法认知战"的平台乃至参与者。对相关平台的流量统计后可以发现，"脸书"在2021年第四季度的全球月活跃用户达到了29.1亿人，与其等量齐观的还有"照片墙"和"优兔"。坐拥如此庞大的跨国受众群体，使得社交媒体平台成为当代公共外交难以回避的重要场域，而算法技术在社交媒体平台及全球舆论场中发挥出的强大影响力，赋予公共外交在算法时代的新特点，同时对算法治理提出了新的挑战。

一、算法经由认知塑造影响公共外交的过程

社交媒体平台的诞生提供给全球民众前所未有的广阔表达渠道，但网络社会的不平等性有利于政治精英与社会精英实现话语垄断和社会动员，同时，因算法技术而造成的"信息茧房"与"回音室效应"促使人们的认知逐渐极化和单一化。在此背景下，基于算法的人工智能、深度学习和机器学习等技术成为各种政治力量用以进行认知塑造和社会动员的强大工具。需要认清的是，这种认知的塑造和影响行为实质是算法通过不同的人机交互模式对人们所获取的信息进行筛选乃至加工，进而塑造和影响目标受众认知的行为。归结起来，算法通过认知塑造过程对公共外交发挥作用的流程大致分为三个步骤，即"分组分析—定制信息—塑造认知"。

首先，基于用户数据的个体化行为分析。依托于用户产生的海

量数据，算法可对用户进行行为分析并据此对用户进行分类。通常来说，用户的数据分为输入和输出两类，输入数据指用户在网络空间中活动产生的、可被用于分析的数据；输出数据指根据用户在网络空间活动分析所得出的信息数据。总体上，输入和输出的数据都可体现用户的生活环境和行为偏好。举例来说，输入数据主要包括网页浏览偏好、翻阅社交媒体信息的速度以及与个人行为模式相关性较高的活动数据，例如，餐馆就餐信息、出行方式和金融交易信息，甚至就业状况等。输出数据主要包括如购物和旅行偏好，以及关于用户的健康状况、经济状况和社会关系等信息。因此，针对用户的行为分析可定位出个体在社会中所处的阶层、政治和文化偏好、关注议题等，并据此形成不同的用户分类。简言之，基于算法的机器学习技术在行为分析中的作用有两个，即分组和相关性。分组即算法根据个人输入的数据对个人进行分组，当个体显示出相似的数据特点时则被归为同一组，在这种情况下，每个个体都是不同群体的一部分，因为每个数据点都将用户与其他具有相似特征的个人聚集在一起；相关性则是首先对大数据进行算法训练，找出输入数据和分析结果之间的统计学关联，然后把个人的相关数据与算法分析将导致某些结果的输入数据进行匹配，得出的即是个体与某种特定结果之间的可能关联性。也就是说，看似无意义的输入数据，借助算法的机器学习技术，可以推导出具有经济、社会意义等的输出信息，从而可以用于预测个体行为。

其次，定制化的信息推送导致"信息茧房"和"回音室效应"。在算法对用户数据进行分组和相关性分析之后，社交媒体平台和搜索引擎将针对特定用户进行精准信息推送和展示。在此过程中，算法改变了信息内容的生产方式，带来了基于用户画像的"过滤气泡"等问题，因而更易导致"信息茧房"效应的产生。在概念上，"信息茧房""回音室"指的都是互联网用户，在自己偏好的基础上选择将要浏览的信息，长此以往则把自身束缚在像蚕茧一般的"茧房"之中，并且这一现象也会发生在相应的政治、科学和文化领域，使人们很难获得不同甚至相反的观点。换言之，这是用户通过手机进行社交关系的私密交往形成的"圈子文化"在个体间所形成的特殊现象，是个体在获取信息、交流观点时被新媒体技术驱动下的巨量信息"圈子"所包围，形成趋同心理和群体压力下的信息窄化现象。随着人工智能技术的进步，基于算法的社交机器人甚至可以为用户定制所需内容，制造或者加固用户的"信息茧房"。尤其是在社交媒体平台广泛应用的背景下，社交机器人在全球政治传播中也发挥着越来越重要的作用，例如，在"推特""脸书"等社交媒体平台上，社交机器人以各种方式产生和传播信息流，与用户互动，利用精心策划的叙事来传播虚假信息，影响用户感知的信息环境，在重大国际事件和国家民主政治中营造虚假舆论氛围和舆论生态。因此，包括国家行为体、国际社会和私营部门在内的各种政治、经济力量都试图利用算法的这一功能打造有利于自身的舆论环境，或借此打造不利于竞争对手的负面舆论环境。

最后，形成特定认知后反作用于现实政治。算法对现实政治的影响通过人们对政治、经济和社会等议题的立场和价值倾向而得到体现。例如，在美国2016年总统大选中，剑桥分析公司影响选民的重要途径就是定制化的信息推送。在分析海量数据而形成的数据画像基础上，剑桥分析公司得以根据不同人群的心理而实现个性化的定向推送，改变甚至操控目标人群的信息环境，即构筑针对目标对象的"信息茧房"，从而影响目标对象的认知和态度。[1] 在这个过程中，社交媒体平台等网络内容服务商的智能算法成为影响选民投票倾

---

[1] 肖冬梅：《"后真相"背后的算法权力及其公法规制路径》，《行政法学研究》2020年第4期，第6页。

向的支配性力量，进而影响了美国政治进程。随着算法和人工智能等技术的普遍应用，社交媒体平台等传播媒介已构建起一种新的传播结构和政治生态图景，由此带来特定认知对现实政治的显著影响，这一影响包含两个层面：一方面，民众的政治意识和权利意识得到加强，社交媒体赋权下的网络底层民众在政治意识上有所增强，但底层民众的主体身份构成复杂且易变，其政治参与往往裹挟诸多因素和利益诉求，并且随着"信息茧房"效应而极易导致政治极化；另一方面，大型科技公司在政治传播中的地位有较大提高，"优兔""脸书""推特"等超大型社交媒体平台成为整合了报刊、广播、电视等传统媒体的超级内容传播平台，拥有巨大的经济、社会和政治影响力，为底层和草根赋权的同时也成为国家竞争的工具。毫无疑问，社交媒体平台放大了来自公众和市民社会的声音，同时 Facebook 等平台在外交领域的重要性日渐凸显，如果良好的公共外交始于倾听，那么从业者必须关注这些平台（参见图1）。

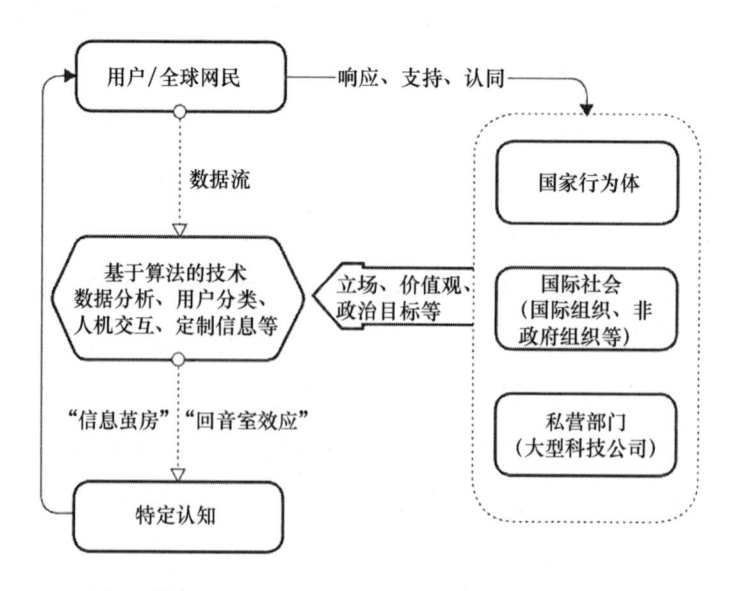

图1 算法经由认知塑造影响公共外交的大致作用路径

结合算法在认知塑造过程中发挥的独特作用，各方政治势力都试图将自身的立场、价值观和政治目标等通过算法精准投送给指定用户，以这样的方式达到大众媒体所无法企及的宣传和动员效果，塑造民众的认知，以争取在某一议题上获得更多的支持和认同。

二、算法技术加持下的公共外交具有显著的新特点

随着社交媒体平台的蓬勃发展和算法越来越广泛地被应用，"数字化公共外交"逐步向"智慧型公共外交"转变。一般来说，数字化公共外交指的是各国政府和私营部门、非政府组织等借助互联网和社交媒体平台，以数字技术为依托参与和开展的外交活动，其主要内容包括获取对象国网民对本国外交政策的反馈意见，宣传本国的观念、立场、政策和文化成就，以及传播和推广本国政府外交部门在社交媒体上发布的活动内容和对时政的观点等。[①] 随着算法等智能技术在全球政治经济生活中的参与度、渗透率的不断提高，依托于数据及其算法的"智慧型公共外交"成为新趋势。因为算法技术的作用方式及其影响用户认知的路径，使得在算法技术加持下的公共外交具有显著的新特点。

算法推荐机制下的精准公共外交。以算法、大数据等数字化技术推动的公共外交已经从"目标化"向"定制化"演进，施政者愈加注重公共外交目的的意图是否真正实现而不是简单关注"传播力"的效率。在算法加持下的未来，根据传播对象个人特征、

[①] 郭毅：《数字化公共外交：实践困境、理论缺陷与伦理风险》，《未来传播：浙江传媒学院学报》2021年第5期，第39—40页。

利益诉求和习惯偏好开展的"人格化传播"将成为精准开展公共外交的主要手段。① 21世纪以来，全球的政治传播实践经历了颠覆性的变革，新政治传播模式及其特征逐渐浮出水面，以"政治品牌"为代表的传播模式逐渐取代20世纪90年代的"政治营销"成为当前主流的政治传播模式。其中，依托算法和大数据技术，以及全球社交媒体平台的精准政治营销成为公共外交最重要的手段之一，其作用方式有两种：一是在大数据的基础上对受众的偏好、象征资源进行收集，并以受众的心理和行为为目标进行精准营销；二是通过社交媒体平台与公众实现直接沟通与互动，并维持日常的政治传播力度。② 以算法为基础的公共外交战略也采取类似品牌营销的策略，即通过抓取数据痕迹和聚类分析，精准圈定事件地域、事件人群及人群属性特征，定制化推送政治营销广告和实施精准公共外交。诚然，算法在信息的生产、分发及核查的过程中可能对用户造成非中立立场影响，从而导致片面、失实等信息观念的传播，即算法偏见。事实上，号称"技术中立""价值中立"的算法并非如此"客观"和"中立"，算法将制造、强化并放大诸如种族歧视、性别歧视、地域歧视和宗教歧视等社会偏见。值得注意的是，西方发达国家控制下的大型科技公司在算法设计上难以避免地带有价值观偏见，无形中推动国际舆论环境的亲西方趋势，对他国的公共外交事业造成挫伤的同时加大了西方国家公共外交的进攻性。

算法导致的"信息茧房"与公共外交受体的认知固化倾向性。与传统公共外交不同，当前算法加持下的公共外交摆脱了对大众传媒技术的依赖，但受限于社交媒体平台的算法制约，致使信息无法

---

① 史安斌、张耀钟：《数字化公共外交：理念、实践与策略的演进》，《青年记者》2020年第7期，第81页。

② 苏颖：《国外政治传播新转向：政治品牌的发生、运作与争议》，《国外政治科学》2020年第4期，第100—111页。

全面、均质地传达给目标受众。在算法的行为分析和精准投送之下，受众将更倾向于选择浏览符合自己偏好和政见的网络内容，导致"信息茧房"效应不断加强，从而无形之中强化用户的固有认知，随之减少对异质性信息的渴求。这对于当代公共外交的影响可以归结为两个方面：一方面，公众将极易获得关于某国的政治、军事、经济、外交和文化等信息，这些信息尽管有限但大多是无涉立场的；另一方面，公众所获得的信息将受算法支配，甚至被机器人左右，继而在无形中建立起特定的认知。例如，有学者对《纽约时报》关于中国新疆的系列报道在社交媒体"推特"上的一级传播和二级传播进行研究，在分析机器人的发布频率、影响力和转发关系的基础上发现，大量以算法为基础的社交机器人在初级和次级传播中有极高的参与度，并在初级和次级传播中扮演着不同的角色：在传播的第一步，社交机器人产生了高达22.5%的内容，扮演原始媒体报道的信息载体和传播者角色，并没有表现出明显的兴趣偏好；在传播的第二步，社交机器人贡献了13.6%的内容，但在二次转发中，社交机器人更倾向于转发负面故事，成为对特定问题的舆论操纵者。[1] 经过算法的加工，社交媒体平台乃至全球舆论场形成了关于中国新疆的特定认知，进而为美国等西方国家采取的一系列制裁措施提供了所谓的"民意基础"。

算法黑箱下的公共外交隐匿性。基于算法的技术使公共外交的开展潜匿于公民的日常网络生活中。以算法为基础的人工智能等技术不断提高个人的知识边界和经济社会生活福祉，同时带来了技术治理当中的伦理和法治挑战。尤其是由算法的专业性、抽象性和不可见性等特征带来的算法"黑箱"问题，具体来说：第一，以抽象

---

[1] Na Han, Hebo Huang, Jianjun Wang, Bin Shi, and Li Ren, "Information Diffusion Model of Social Bots: An Analysis of the Spread of Coverage of China Issues by the New York Times on Twitter," Complexity, Feb. 2022. p. 7.

和高度专业化的代码语言所编写的算法处于绝大多数公众的知识盲区，不易被察觉和破解；第二，出于维护国家利益和市场竞争的需要，政府和大型科技公司将特定问题上的算法设为保密信息；第三，算法运行中的政治操作已成为西方国家在技术治理过程中无可辩驳的事实，但其涉及的权力运作过程和公权力使用责任问题是公众无法察觉的。[①] 算法的这种隐匿特性使其在全球社交媒体平台上广泛应用却不易被人察觉，更难以通过治理手段对其进行规制。最显著的例子莫过于新冠疫情暴发时社交媒体平台上关于疫情的传播。算法和社交媒体加持下的一系列虚假信息和定制化内容被精准投送给用户，甚至一些极端化的内容借着社交媒体平台对意见和观点的放大效应而大行其道，引起在疫情溯源、抗疫政策等问题上对中国的污名化。这一系列操作尽管带有明显的种族主义和意识形态色彩，但西方民众在接受上述未经事实验证的信息时很少抵触或质疑，这与算法长期潜移默化营造的"信息茧房"紧密相关。

算法广泛应用下公共外交能力的技术依赖性。当前大型科技公司在外交圈中的活跃程度和参与度日渐提高，并已成为可与国家行为体比肩的重要行为体。与此同时，掌握算法及其相关技术能力的国家对其他国家不仅形成了技术优势，还造就了巨大的舆论优势。就技术角度而言，算法逻辑具有共性，但同时因为掌握算法的社交媒体平台及其背后的科技公司有自身的市场定位和目标，以及企业文化与价值观等，这使用户和内容供给特征以及具体算法策略具有平台的差异性。但需要注意的是，在智能时代的算法逻辑下，用户通过不同平台获得的信息可能有着天壤之别，这不仅与平台差异性有关，还与科技企业所在的国家和地区有关，因为这决定了企业所

[①] 李春生：《技术治理中的算法"黑箱"及其应对策略》，《中国社会科学报》2021年11月10日。

面临的政治、法律和市场环境。例如，美国等西方国家在"推特""脸书"等社交媒体平台上就拥有话语权上的优势。这些社交媒体平台表面上标榜"言论自由""提供多元化观点"，但无论是规则设置、用户群特征还是算法都更有利于西方主流精英，以至于在类似俄乌冲突的情况下，这些社交媒体可以通过算法将反西方的声音消除于无形，美西方这一基于算法的科技领域软实力已成为事实中的战争利器。事实上，早在2016年哈佛大学就提出"战争算法"的概念，并将"对包括社交媒体在内的海量数据进行分析并迅速做出战略选择"视为算法能力的一种。2017年，美国国防部宣布推出"马文计划"，即组建一支"算法战跨职能小组"来将算法真正部署到战争之中，并邀请诸多大型科技公司加入其中。算法发挥最大作用的领域在国际舆论场，而掌握绝大多数国际社交媒体平台及其背后科技企业的美西方国家则拥有绝对话语权，形成了国际舆论场上的话语失衡状态。

三、公共外交中"算法认知战"带来的挑战及应对之策

在大众传播时代，国际舆论的"信息战"模式是以有组织的体系化传播策略构建媒体传播矩阵，借助国际主流媒体机构的声量扩散高质量的图文报道和评论，力图以尽可能客观平衡的姿态在"意见市场"争夺相关议题的话语主导权；相比之下，数字媒体所具备的碎片化的传播情境、多模态的呈现方式以及由算法推送主导在"情感市场"上抢占先机的效果导向，使舆论战的焦点由"信息传播"和"观点传播"模式转向"认知建构"与"情感引导"的模

式。① 这一转变趋势意味着，当前全球舆论场上的话语权争夺已进入"算法认知战"时代，这对我国对外公共外交的开展，以及作为公共外交受体的国内舆论环境稳定都带来新的挑战。

一方面，算法时代的信息传播速率和针对性陡增，国内舆论场的不安态势正在加强。算法时代的社交媒体平台将流量视作利润来源，因此难以避免会通过算法迎合大众偏好，以获得赞同和传播从而获利。算法带来流量的同时也会造成"信息茧房"效应，由此形成政治极化、民粹主义等舆论态势。在某种程度上，这种态势会加剧社会精英与大众群体的撕裂，而国内议程的国际化传播则可能使这种撕裂效应继续放大，从而影响我国的公共外交事业。对于社会和经济的长期发展而言，这种国内舆论环境的撕裂态势将引起大的负面效应。同时，他国以公共外交之名，通过算法支持下的社交媒体平台进行进攻性的意识形态和价值观输出，极易引起国内舆论环境的动荡和撕裂，对我国政治和社会稳定造成不利影响。另一方面，国际算法治理方兴未艾，话语主导国利用算法进行舆论操控或恶意传播的行为较难扑灭。掌握算法技术的科技企业可能利用用户对于数据的迷信，披着算法中立的外衣来操纵舆论、控制受众。与此同时，各国在现实政治中的角逐也通过社交媒体、算法和流量于网络空间展开。就如俄乌冲突爆发之初展现的那样，在激烈的舆论交锋中，冲突各方似乎都无暇再思考冲突的根源，也难以保持解决冲突该有的理性。这与覆盖全球的美西方社交媒体公司，以及其在算法加持下的反俄宣传与亲西方政治动员紧密关联。甚至在社交机器人等算法定制化推送中，虚假信息也在全球网络空间中泛滥，深刻影响了相关国家民众对此次冲突的认知，进而对政府外交决策造成了无形压力。更为重要的是，当前国际治理进程中尚无有效机制和手

---

① 史安斌：《"图文信息战"正向"算法认知战"迭代》，《环球时报》2022 年 3 月 8 日。

段对这一领域进行规制，导致算法在国际社会中的中立性饱受侵蚀。算法既是当代公共外交中的不可控因素，又是打破算法治理困境的重要手段。

面对"算法认知战"带来的公共外交挑战，首先，应加强对于国内舆论场的引导和规制，通过算法规制来构建社交媒体平台的伦理与规则体系。从政治博弈来看，社交媒体建构的政治空间是多元政治主体的展示平台，那些极易受到鼓动和境外势力挑唆的极端民族主义、极端民粹主义、极左或极右等政治行动者在社交空间展开博弈，而对社交媒体平台多元政治行动者的算法规制，就在于对其中威胁政治稳定的信息传播行为进行治理以实现社交空间秩序的稳定。

其次，加强算法研究以及相关的公共外交应用，并提升国内公众在公共外交中的参与度，提升国内国际传播的循环联动。面对美西方利用"算法认知战"优势进行的强势进攻性公共外交，我国应研究对应的算法技术应用，并加强政府间跨部门的协调与联动，动员来自民间的参与主体，采取有效举措激励和"赋能"普通公民和基层组织参与到国际传播和公共外交的实践中来。

最后，积极参与国际算法治理，争取更多的国际话语权和规则制定参与权。应倡导"可接受公平"理念，寻求最低限度的、可接受的全球算法治理共识。2021年12月4日，清华大学副教授陈玲在2021人工智能合作与治理国际论坛上作主旨演讲时指出，算法的程序应当是透明、可追溯和可问责的：透明就是提供了验证的机会；可追溯就是要求在算法程序里切入一些检查点，这些检查点能够使过程可追溯；可问责就是使每个数据产生、计算以及应用的过程都有特定的责任主体，即可追责的责任主体。如此才能确保掌握算法优势的科技企业与相关国家政府在符合伦理道德与法治规范的前提下使用算法，避免算法用于有损人类社会和平发展的领域。

从俄乌冲突看网络空间武器化倾向及其影响*

郎 平**

摘　要：俄乌冲突揭示出网络空间武器化的危险倾向，表现为代码武器化、社交媒体武器化和互联网资源武器化，并对未来网络空间的国际秩序形成带来消极的影响。具体表现为：互联网底层信任基础面临挑战，网络空间军备竞赛加剧，国际安全规则制定进程来到重要节点；美国在网络空间占据绝对优势，大国博弈将更加激烈；非国家行为体的力量进一步凸显，大国竞争比拼融合国力。

关键词：俄乌冲突　网络空间武器化　网络安全

虽然俄乌冲突仍未结束，但是它对网络空间国际治理的深远影响已经初步显现。战争是政治的延续，而网络空间作为地缘政治博弈的工具，也成为冲突各方博弈的战场。作为发生在数字时代的新形态战争，网络战和信息战从暗处走向前台，特别是非国家行为体的参战，使俄乌冲突中网络空间的对抗态势更加复杂化。网络空间资源的武器化不仅会在某种程度上影响俄乌冲突的进程和走势，还将对未来网络空间国际秩序的形成产生深远影响。

---

* 本文发表于《中国信息安全》2022 年第 6 期。
** 郎平，中国社会科学院世界经济与政治研究所国家安全研究室主任、研究员。

一、俄乌冲突加剧网络空间的对抗态势

早在 1985 年，美国《时代周刊》的封面就用醒目的字体印着两个大写的单词"Cyber War"，即"网络战"。虽然已经过去了三十多年，这篇封面文章的大部分内容并不过时，它准确捕捉了网络战的两个侧面：一是网络战的动态效应，例如黑客攻击、打击关键基础设施等；二是信息战的心理效应，运用舆论及其他手段巧妙地影响公众。俄乌冲突中的网络战，同样体现在这两个层面：

第一，俄乌双方都遭受了持续、系统的网络攻击，其中既有黑客组织发起的行动，也有不能确定攻击来源的行动。从乌克兰方面看，乌克兰政府部门、银行系统和关键基础设施遭遇了持续、系统的网络攻击。冲突爆发前后，乌克兰外交部、国防部、内政部、能源部、教育部等，多个政府部门、多个军方网站、两家最大的银行和其他经济实体因遭到大规模网络攻击而关闭；乌克兰数百台重要的计算机内发现数据擦除恶意软件，涉及乌克兰的金融和政府承包商，导致相关组织的系统设备数据遭到删除。此后，分布式拒绝服务攻击致使乌克兰多个政府网站下线，一些银行网站关闭，银行无法提供服务。

从俄罗斯方面看，俄罗斯在冲突爆发后也遭到全球黑客组织的大规模网络攻击。全球最大黑客组织"匿名者"宣布对俄罗斯发起网络战争，重点攻击对象包括"今日俄罗斯"和塔斯社等多家新闻媒体，成功入侵俄罗斯中央银行并披露大量秘密文件。2022 年 3 月，绿盟威胁情报中心监测数据显示，"匿名者"与其他支持乌克兰的黑客组织攻击了超过 900 个俄罗斯工业控制系统，劫持了超过 400 台摄像头设备，并对俄罗斯多个敏感机构的工作环境和内容进

行直播。此外，俄罗斯多个联邦政府网站遭遇供应链攻击，致使克里姆林宫、国家杜马、国防部网站、铁路系统和今日俄罗斯电视台、红星电视台等多家俄罗斯网站都曾暂时瘫痪，俄罗斯不得不做好启用本国互联网系统的准备。

第二，新媒体时代的舆论战使有关俄乌冲突的国际话语权争夺异常激烈。舆论是国家主导叙事权力和取得话语权的重要方式。美国凭借对国际舆论的主导权，使俄罗斯在舆论战中处于十分不利的位置。在冲突爆发之前，美国便将其掌握的俄罗斯的战略部署、出兵日期公之于众。冲突爆发后，俄罗斯的军事行动被乌克兰网民实时直播并上传到全球社交媒体平台；谷歌、脸书、推特等美国互联网企业"积极地在俄罗斯和乌克兰相关的搜索结果中显示权威新闻内容"，禁止了包括"今日俄罗斯"及其他若干俄罗斯媒体通过广告获利，"优兔"禁止了"今日俄罗斯"和"俄罗斯卫星通讯社"面向欧洲发布信息的账号。微软下架了"今日俄罗斯"的应用程序，"推特"也删除了数十个与俄罗斯政府相关的账号，对俄罗斯官方媒体进行限制推荐，减少其传播能力。乌克兰副总统米哈伊洛·费多罗夫通过"推特"频频发声，得到了大量网民的同情与关注，而俄罗斯官方媒体几近丧失了在西方网络世界的话语权。

二、俄乌冲突凸显网络空间的武器化倾向

网络攻击和信息操纵是网络空间的常态化安全风险，由于网络空间的虚拟特性，这些网络行动在和平时期通常隐匿在暗处，很少公开进行。在俄乌冲突中，被互联网赋权的国家和非国家行为体纷纷利用网络资源、针对冲突方采取行动，使网络空间安全威胁不仅

表现为代码武器化和社交媒体武器化，而且使远离地缘政治冲突的互联网基础资源都成为制裁冲突方的工具。

第一，代码武器化。由于将代码当作武器的网络攻击的匿名性、归因难和低门槛特性，网络攻击已经成为网络空间的常态化安全风险，而网络攻击作为战争手段使用的历史至少已有 20 年之久。例如，美国和英国都曾公开谈论过他们在伊拉克和叙利亚打击"伊斯兰国"恐怖组织时采取了网络攻击的手段，其作用主要集中于情报收集、干扰舆论；在 2008 年格鲁吉亚战争时，网络攻击的使用不仅分散注意力和混淆视听，也为传统的动能武器攻击提供了有力辅助。由于网络攻击针对的是敌方计算机系统、网络或设备，通过破坏、揭露、修改使软件或服务失去功能，或者通过窃取方式获得计算机系统数据，其本身通常不会直接造成人员伤亡。国际社会就什么样的网络攻击行为属于战争行为并没有明确界定，因而国家在冲突中会倾向于在动能打击之前优先选择网络攻击打击敌方目标，在冲突中将其作为一种作战手段。迄今为止，网络攻击在战争中的效用大致可以归纳为：一是攻击敌方军事作战系统，增加敌方作战成本，效用相当于非致命性武器或精准制导武器；二是攻击其政府机构和关键基础设施，扰乱其社会秩序，削减其社会动员能力；三是窃取其重要部门或设施的重要数据，公开重要情报，打乱其既有战略部署。

第二，社交媒体武器化。合法性宣传是冲突双方必须争夺的阵地，它不仅关系到国内民心所向，也是通过公共外交赢得国际社会支持的重要手段。网络时代，互联网承载了更多社会化功能，可以传播观念，塑造认同，进而影响冲突的事态发展。与传统时代宣传渠道主要掌控在政府手中不同，新媒体时代，每个网络用户都可以生产和传播信息，特别是那些拥有不同国家海量用户的超大社交媒体平台，成为冲突双方展开认知舆论战的重要场域，其特点可以归纳为：一是舆论战的参与方不再主要局限于冲突各方，而是扩大到全球网民；二是战争进程被全民直播，互联网使公众信息与态势发展高度同步，战争具像化导致冲突方舆论压力增大；三是掌控社交媒体平台的互联网科技企业通过封闭账号、信息推送等操控手段，对舆论走势有强大的主导力。在此影响下，政府对战争期间舆论的引导能力进一步减弱，网络时代极化舆论对冲突走势的影响力大大增加，甚至可能左右或改变冲突各方的军事行动部署。在某种意义上，网络空间舆论战就是一场争夺关于战争合法性的话语权、战争进程解释权的网络战。

第三，互联网资源武器化。信息技术革命在很大程度上改变了原有的国家政治生态，赋权后的科技公司被称为"破坏性的创新者"，凭借其对关键数字资源的掌控能力，它们不仅成为网络空间重要的技术节点和信息流动节点，也分担了原属于国家的部分公权力，在国家政治、经济和军事领域获得了更重要的控制力和影响力。随着越来越多的西方科技企业在俄乌冲突中选边站队，它们所掌控的互联网资源也成为制裁俄罗斯的"武器"。在域名解析层，以美国为首的多家互联网服务运营商发起"断网"行动，停止向俄罗斯用户提供服务；在内容层，"推特""脸书"等互联网企业删除了与俄罗斯政府相关的账号，限制其信息发布；在应用层，苹果、谷歌等多家公司宣布停止向俄罗斯提供服务和产品，下架其应用。据《乌克兰真理报》援引乌克兰国防部旗下新闻网站"军人信息"消息，在谷歌地图中，可以看到俄罗斯各种洲际弹道导弹发射井、指挥所、秘密靶场等设施最高分辨率的图像。谷歌地图开放俄罗斯军事设施高分辨率卫星图的做法，无疑给俄罗斯带来了更大的安全风险。科技公司的权力一旦被充分实施，不仅威胁到该国在网络空间的安全，更威胁到该国现实空间的总体国家安全。

三、网络空间武器化影响未来网络空间国际秩序

俄乌冲突不会从根本上改变原有的网络空间国际格局，而是会推动已有的趋势加速演进。对于一场冲突而言，网络空间对抗的主要目的在于情报收集、干扰社会秩序、引导社会舆论以配合传统的军事行动，迄今为止并没有产生能够影响冲突进程的破坏性伤害。但是，俄乌冲突所揭示的网络空间安全风险以及网络空间整体武器化的倾向，导致网络空间安全困境持续加剧，对未来网络空间的国际秩序形成带来消极的影响。

第一，互联网底层信任基础面临挑战，网络空间碎片化趋势进一步加剧。随着网络空间与现实空间的深度融合，全球互联互通的网络在遭遇国际社会的种种主权边界时，这张在技术层面遵循着统一运行规则的"全球网络"就会呈现分裂的态势。例如，出于对国家安全和发展利益的考量，各国会立法制定本国的内容审查和管控办法以及数据存储和流动规则，这些规则事实上成为数据层在全球自由流动的藩篱，导致网络空间的分裂。在俄乌冲突中，掌握数字空间基础资源的众多企业纷纷选边站队，宣布暂停为俄罗斯用户提供网络服务，例如，俄罗斯相关的一些国家基础设施网站的数字证书陆续被西方国家的证书机构吊销，这就迫使俄罗斯政府宣布建立本国的根证书颁发机构以签发新的数字证书。可以推想，俄罗斯今后必定会在安全脆弱性较高的领域进一步减少对西方国家的依赖，建立起可替代的安全系统。基于安全的底线思维，其他各国也会全面审视相互依赖网络的安全风险，这将会对互联网有效运行所依赖的底层信任以及多利益相关方治理模式带来冲击。

第二，网络空间军备竞赛加剧，国际安全规则制定进程来到重

要节点。俄乌冲突中的网络对抗是常态化事件的延续，只是凭借制裁俄罗斯的所谓"正义性"从后台走到了前台，从暗处走到了明处，这也会促使那些原本没有明确感知到网络空间安全风险国家的不安全感加剧，从而成为这些国家追求网络空间军事化的重要推动力。当美国作为网络空间的超级大国采取了进攻性的网络安全战略时，强者想要更强，弱者也不甘示弱，网络空间军备竞赛已是大概率事件。早在2004年，联合国成立了第一个信息安全政府专家组，探讨信息技术的使用如何促进国际安全与和平，并在2015年取得重要突破，达成11项自愿、非约束性的负责任国家行为规范。2019年，联合国信息安全政府专家组开启双轨制，开放式工作组机制邀请了更多国家和非国家行为体参与，并在2021年分别达成了共识报告。然而，这些非强制性的规则显然无法真正约束处于安全困境中的国家行为体，也无法约束那些事实上在俄乌冲突中参战的非国家行为体，而网络空间溯源难题、军民设施难以区分等问题都使传统的国际安全框架难以适用。如果任由网络空间军备竞赛发展下去，国际安全与和平必将面临极大的挑战，因而国际社会亟需为现有国际安全规范的制定进程注入新的动力。

第三，美国在网络空间仍占据绝对优势，大国博弈将更加激烈。美国是互联网的缔造国，在网络空间这个以技术为基础的人造空间，技术优势赋予了美国强大的网络攻击能力和情报搜集能力，而俄乌冲突为美国网络空间权力的运用提供了一个很好的国际舞台。在硬实力方面，美国的数字技术能力，特别是人工智能、大数据、太空互联网等，在为美国掌控战场动态和向乌克兰提供情报方面发挥了重要的作用；以谷歌、苹果为代表的大量跨国企业以停服、断供和退市为武器对俄罗斯发起经济制裁，显示了美国经济实力不可低估的强制力量；美国凭借自身强大的网络军事能力为乌克兰加固网络防线提供了有力的军事支持。软实力是硬实力的延伸。美国基本上主导了西方网络世界的舆论场，美式民主和价值观再次成为团结西方阵营的旗帜，而西方阵营之外的百余个国家的声音几乎消失在国际舆论场。尽管近年来"东升西降"的国际力量格局依旧，但是在绝对实力方面，"西强东弱"的态势也依然没有发生变化，特别是在网络空间，美国凭借其强大的技术和产业力量，还将持续扩大其绝对的实力优势，大国博弈也将更加激烈。

第四，非国家行为体的力量进一步凸显，大国竞争比拼融合国力。每一次技术革命都会带来新产业的兴起及政治力量的变化，而互联网赋权后的科技企业掌控技术、数据、平台、市场等重要的关键基础设施和数字资源；非政府组织所掌控的网络武器以及互联网用户所具有的信息生产和传播权力，也让这些行为体能够前所未有地深度参与到战争进程中，大大增加了战争进程的复杂性和不确定性。如何更好地融合政府与非国家行为体的力量，事关大国竞争中国家投射力量的能力。美国长期以来奉行的是自由市场经济，政府与企业表面上看保持相对独立，但是从俄乌冲突可以看到，美国政府与企业在对俄制裁的问题上采取了一致立场，这其中既有立法的约束，也有价值观的相互认同。2022年3月，美国通过《2022年关键基础设施网络事件报告法》，进一步加强了政府与企业在应对网络安全危机时的协调机制，这对其他国家来说具有借鉴意义。特别是中美在网络空间展开战略竞争的当下，为更好地应对网络安全危机，尽快推动在国家内部构建网络空间安全共同体，是非常必要的。

四、结语

俄乌冲突表面上看是一场双边冲突，却通过互联网将遍布世界多地的黑客和网民都拉入了网络战和舆论场，成为网络世界的一场

"热战"，呈现出数字时代战争的新形态。一方面，网络空间的所有要素都成为新的武器，更多的行为体参与到战争中，代码和社交媒体成为武器，互联网基础资源成为制裁工具；另一方面，战争的合法性问题更加凸显，提升了战争门槛，传统战争中的隐蔽性和欺骗作战原则难以维系，信息舆论战对战争决策和进程的影响，有待深入观察。

现实世界的炮火总会有停止的一天，但是，虚拟网络空间的"交战"恐怕还会持续。尽管过去数十年国际社会围绕网络空间的和平与安全付出了很多努力，也取得了重要的成果，但是，很明显，仍然存在严重的治理赤字。如果国际社会不采取有效行动的话，网络世界的硝烟恐将愈演愈烈，并终有一天会将战火引入现实世界。

在世界进入新的动荡变革期的当下，如何应对网络空间安全威胁已经是摆在所有国家面前的严峻挑战，这也是对大国战略视野和外交智慧的一次重要考验。

数字时代的"有组织政治战"
——信息技术革命背景下的俄乌冲突系统解读*

段惠子 沈 逸**

摘 要："有组织政治战"是冷战"遏制战略"之父乔治·凯南在20世纪40年代提出的概念。2022年2月开始的俄乌冲突，可以看作人类历史上第一场数字时代的"有组织政治战"。信息技术革命对国家实力和战略行为的深刻影响，在俄乌冲突中得到了全面的体现。非对称的力量结构，作为广义背景存在的复合相互依存，聚焦"言语—行动"的全球舆论场域，是观察和理解这一数字化的"有组织政治战"的三个主要维度。整体看，信息技术革命的发生和深度发展，促使俄罗斯与乌克兰的冲突呈现诸多全新的特点；但从人类历史的长时段出发，会发现其本质仍然聚焦于使用一切手段去影响对手的战略意志，继而改变其战略行为；现实与数字两个交战场域交相呼应，但现实场域继续发挥决定性的作用；国家与国家之间，国家与非国家之间，非国家与非国家之间，展开了激烈的互动博弈，传统意义上的实力政治如今必须将"观念"和"认知"的要素纳入其中展开分析，但整体意义上国家能力的建设，成为决定

---

* 本文为国家社会科学基金重大专项课题（17ZDA106）阶段性成果之一。
本文发表于《传媒观察》2022年第6期。
** 段惠子，博士，上海开放大学舆情研究专员，复旦大学发展研究院在职博士后；沈逸，复旦大学国际关系与公共事务学院教授，博士生导师，复旦大学网络空间国际治理研究基地主任。

"有组织政治战"最终结果的核心要素。

关键词： 俄乌冲突　有组织政治战　认知塑造

导语：构建认识和理解俄乌冲突的系统框架

2022年2月开始至今的俄乌冲突，可以看作人类进入21世纪之后，第一场大规模的地缘政治冲突；从人类历史的长时段来看，这一地缘冲突具有显著的"返祖现象"，美国国务院官员指出，俄罗斯的行为试图将国际社会带回18—19世纪；但是从使用的手段、博弈的场域、影响冲突的核心要素等方面观察，如方兴东等学者已经敏锐地观察到，这是信息技术革命背景下的第一场真正意义上的数字化博弈，甚至可以说这意味着某种"范式的转变"。这种分析是具有前瞻性的，因为虽然表面上冲突的是俄罗斯与乌克兰，但越来越多的事实证明，实质性进行较量的双方，是俄罗斯与以美国为首的西方阵营，乌克兰更多是作为一个冲突的场域，一个被远程遥控（石谕之语）的代理人，一个被持续不断注入资源的"外壳"；换言之，俄乌冲突，本质上是一场以乌克兰为冲突介质，由同时拥有"有效相互确保毁灭"的双方，即美俄，展开的一场冲突和较量。

现有的研究，通过对俄乌冲突中出现的新手段、新工具、新方式的研究，已经得出了大量丰富的研究成果。从系统认识和理解的角度出发，可以有两种不同的解析框架：第一种框架，将冲突定义为发生在俄罗斯与乌克兰之间的直接军事冲突；第二种框架，将冲突定义为美俄在乌克兰这个具体的场域所展开的除美俄之间直接发生军事冲突之外的其他一切手段展开的冲突。从第二种解析框架出发，将有助于构建更加深层和全面的分析框架，更好地认识和理解俄乌冲突的深层规律与核心驱动机制。基于上述认识和理解，本文尝试运用20世纪40年代美国冷战"遏制战略"之父乔治·凯南提出的"有组织政治战"的概念，对俄乌冲突进行系统性的深度解析。从思想脉络的延续和在实践中的指导与运用来看，这一概念在美国的实践和发展，自冷战延续至今，并最终在网络时代成为美国新型国家安全战略的至关重要的组成部分；最终在俄罗斯与乌克兰的冲突中得到了较为全面的实践和体现。换言之，2022年发生的俄乌冲突，本质上是一场信息技术革命背景下，美国与俄罗斯之间展开的具有显著非对称特征的数字时代的"有组织政治战"。作为对立的双方——美国与俄罗斯，使用了除直接发生军事冲突之外的一切手段，以达成改变对方意志，继而影响其行为的目标。对俄罗斯来说，这个目标就是迫使美国停止其从冷战结束之后开始的北约持续东扩，挤压俄罗斯战略空间威胁到国家安全的行为；对美国来说，这个目标就是迫使俄罗斯认识到无法抵抗也不应该抵抗美国推动的北约东扩，进而改变俄罗斯对外战略，主动向美西方靠拢并主动改变其不符合美西方认定的政策。

　　从美国方面来看，这种"有组织政治战"的概念和相应的知识体系的建设与完善，至少可以追溯到20世纪40年代冷战爆发之前，设计了"遏制战略"核心框架的乔治·凯南最早提出了"有组织政治战"的概念，20世纪60年代，美国相关研究机构通过建构"公共外交"的框架，着力将"绕开对方政府直接对对方民众做传播"纳入传统意义上"外交"的知识体系，创造出了"公共外交"的概念，从而实现对有组织政治战在目标和范围上的聚焦，并确保能够将其纳入外交体系予以实践。20世纪90年代，以苏联解体宣告冷战结束之后，以美国遵循"西方赢得冷战"以及"冷战结束意味着历史终结"的认知，在新自由主义思潮的乐观认知驱动下，着力将"公共外交"带入信息化的新时代；21世纪前10年，美西方持续在意识形态上保持乐观认知，在2010年前后尝试将西方版本的自由与人权理念,与全球互联网内容治理的规范体系结合,推进所谓"互联网自由"战略;最终,在经历了 2016 年极具历史讽刺意义的总统选举挫败之后,以美国为代表的西方国家几乎在一夜之间开始重新启动了有关"政治战"分析框架下的国家安全研究。

当然,从非西方的视角去进行观察,很容易发现这些研究构建的分析框架建立在"防御性假设"的基础上:将西方世界默认为遭遇到了来自非西方世界的网络空间的攻击,其核心就是所谓"俄罗斯的虚假信息攻击""俄罗斯的黑客攻击""中国对西方信息行动和信息战";同时凭借构建并使用一套举行"平行世界"特性的技术术语,即所谓的"虚假信息"而非"谣言",形成了一套具有鲁杰所说的内嵌的自由主义特征的体系,在这套体系中,西方国家中的特定精英群体,基于捍卫民主和自由价值的需要,合理且合法地获得了对信息根据其国家利益诉求进行包括删除、封堵和引导在内的管控的权力,新自由主义构建的"无差别自由流动"的场景,被以西方国家利益和价值为皈依的"选择性流动"的场景所取代。

如果上述对相关认知演化与知识体系建构的梳理是准确的,那么当下正在发生的俄乌冲突就是一个极为特殊的经典案例,这是一场数字时代的"有组织政治战";冲突双方,尤其是远程介入其中的美国及其西方盟友,在自觉不自觉地运用所有手段,向人们展现极为罕见的"有组织政治战"的完整轮廓与核心框架。本文将对此进行深度分析,展开较为全面和系统的分析,在信息技术革命催生的数字世界中,推动国家安全的相关研究迈出扎实的一步。

一、"有组织政治战"的系统演进:冷战时期的构想与实践

"有组织政治战"的概念,以及相关的理论与实践的演进,有着

鲜明的时代背景,以冷战划界,大致可以分为三个鲜明的阶段:20世纪40年代中后期至80年代末90年代初,覆盖整个冷战时期,是相关理论与实践发展的第一个"黄金年代",更是其在信息技术革命出现之前开展实践的高峰期。"遏制战略"之父乔治·凯南1948年发表"有组织政治战的就职演说",[1] 提出了比较完善的政治战定义,即系统有组织地运用国家掌握的除战争以外一切手段去实现国家的目标,扩展国家的影响和权威,同时削弱对手的影响和权威的活动的总称。凯南认为,政治战是克劳塞维茨对战争定义的精髓在和平时期的延续和运用;并明确指出,从历史上看,英国在全球霸权的创生、成功和生存,就是因为英国理解并遵循了政治战的指导原则;同时,在20世纪40年代,凯南已经明确指出,政治战包括公开和隐秘两种具体的形式,而在实践中,应该由美国国务院作为牵头单位,组织协调其他政府部门,共同实现政治战的相关目标。

根据凯南的定义,以及美国在冷战前后的实践,美国政治战逐渐形成了四类主要的手段,分别是:政治—外交手段、信息手段、军事手段、经济手段。

政治—外交手段,指美国具有显著政治属性的援助行动,借助公开或者隐秘的外交渠道,对目标国特定群体施加影响,提供支持,以达到促进意识形态传播,或者抵消某种不利于美国及其盟友的思潮在特定群体中的传播的目标。这一手段运用的起点,是杜鲁门总

---

[1] "George F. Kennan, 'The Inauguration of Organized Political Warfare' [Redacted Version]", Apr. 30, 1948, History and Public Policy Program Digital Archive, Obtained and Contributed by A. Ross Johnson. Cited in His Book 'Radio Free Europe and Radio Liberty', Ch1 N 4. NARA Release Courtesy of Douglas Selvage. Redacted Final Draft of a Memorandum Dated May 4, 1948, and Published with Additional Redactions as Document 269, 'FRUS, Emergence of the Intelligence Establishment.' https://digitalarchive.wilsoncenter.org/document/114320.(除特殊说明,否则乔治·凯南有关"有组织政治战"的描述均出自这份文件)

统签署国家安全委员会第4/A指令，授权拨款2000万美元（1947年的美元，折算大致相当于2019年40亿美元），以"抵消苏联和苏联支持的活动对世界和平与安全构成的威胁"。具体的行动，就是在特定国家支持左倾但非共产主义的政治团体，以摊薄或者分散当地民众对共产主义思想的认同和支持。至1967年，美国中央情报局在全球花费大致1000万美元，用于支持"友好的外国团体"，最主要的资金渠道，是通过美国劳工组织及学生组织作为掩护身份的跨国活动分子网络来实施的。

信息手段，指通过信息传播、宣传以及心理战的方式，在特定目标国家和人群中实现政治战的目标。1950年美国政府资助麻省理工大学研发"有助于获取铁幕后真相"的相关技术，整个项目代号为"特洛伊"，主要研究方向是提升无线电广播和宣传气球的适用效果，也包括通过邮件、杂志、学生交流、旅游和电影等方式，向苏联控制下的中东欧地区实施信息渗透的各种有效方式的研究。在冷战时期的实践中，从1951年到1956年，美方向中东欧地区投送宣传气球35万个，携带传单、海报、书籍等材料超过3亿份。此外，在文化交流领域，中情局启动了被称为美国"文化部"的系统项目，投入数千万美元，在欧洲组织以"文化自由大会"为代表的各类组织，团结西欧各界人士，以"抵御共产主义思想的威胁"，同时吸引中东欧国家的"持不同政见者"，积极实施对苏东阵营的文化和思想渗透。在组织结构上，1953年6月组建了美国新闻署，并在其麾下组建了自由欧洲电台和解放电台等组织，定向对苏东国家实施包含心理战内容的无线电广播。

军事手段，指通过隐秘军事行动的方式，在美国认为存在苏联渗透，或者有与苏联勾结的组织的相关国家和地区，实施所谓"动能行动"。动能行动是一种委婉的措辞，用以描述"包含使用致命武力的军事行动"，但这种行动通常是未经公开宣战的隐秘行动，包括政治暗杀、颠覆或者是引发特定地区的武装叛乱。在具体实践中，这种军事手段的指涉对象，包括被认为与苏联存在合作关系的左翼政权和游击队，也包括被认为能够有效对抗亲苏政权的所谓自由战士。整个冷战时期，具有代表性的行动，包括美国在危地马拉策动推翻阿斯本政权、在智利颠覆阿连德政府、在伊朗推翻摩萨台政权、在安哥拉支持解放安哥拉阵线、在尼加拉瓜支持反桑蒂诺的游击队、在阿富汗支持反抗苏联的伊斯兰自由战士等。

经济手段，指的是使用经济杠杆，为实现政治战的目标服务。换言之，就是使用经济报偿或者经济惩罚的方式，来实现政治战的目标。美方的研究显示，冷战时期最著名的案例，首选马歇尔计划，就是通过提供欧洲战后重建的基金，推进欧洲经济社会发展，抵御共产主义思潮在西欧扩张的最重要的土壤，即经济上的贫困。除了欧洲之外，古巴革命发生之后，美国强化对拉美地区亲美政府的经济援助，确保其国内的相对稳定，避免因为经济动荡而导致的共产主义思潮扩散。另外，通过对古巴、1979年之后的伊朗等国家实施经济制裁，惩罚其倒向社会主义阵营。同时，美国通过国家安全指令（NSDD）第54号和第66号，系统地实施对苏东国家的政治—经济战。主要包括：在东欧促进经济自由化的发展，以削弱苏联基于计划经济的意识形态对东欧的影响和控制；对苏实施经济战等。

需要指出的是，乔治·凯南有关"有组织政治战"的系统论述，基于可以理解的原因，即在国际社会上建构并维护一个符合道义标准，具有道德吸引力的美国国家形象的需求，长期以来是作为内部保密文件的形式存在的。在这份文件最终满足解密条件被披露之前，美西方学者更加倾向于使用的概念是"公共外交"，这个概念依托对信息的新闻传播学科背景下的研究，用类似"跨文化背景下的有效沟通""通过影响公众态度直接、间接影响特定国家的外交政策"，"推进非国家行为体的跨境互动"等经过社会科学包装的术语体系，一方面降低了相关问题所具有的真实的政治敏感性，另一方面通过架构知识体系将某种标准化的认知和理念深度地植入其中，并谋求实现更加广泛的有效传播。[1] 用公共外交的话语描述美国冷战时期的对外战略，就是与全球公众进行有效沟通（绕开这些公众本身所在国家的政府），实现对非美国公众的有效说服，继而影响其对美国的认知，影响其行为。[2]

二、信息技术革命背景下的国家战略博弈：非对称的混合型较量

冷战结束之后，在战略规划、理论研究以及政策制定和执行中均具有强烈实用主义倾向的美国，对政治战的认识和理解经历了以下波折调整的阶段。

整个20世纪90年代至2001年"9·11"恐怖袭击发生之前，美国沉醉于"历史终结"的乐观情绪中。虽然在一些内部研究报告中对互联网的"政治意义"以及"实现心理战用途"有了初步的认识和理解，但总体上倾向于将西方意识形态在全球的渗透以及被广泛接受，看作是某种顺理成章的自发过程，主要依托跨国的非政府组织网络开展相关活动。"9·11"恐怖袭击之后，开始意识到有必要重新拿起冷战时期的"公共外交"概念，通过电子化的方式，在

---

[1] Cull, Nicholas（April 18, 2006），"'Public Diplomacy' Before Gullion: The Evolution of a Phrase," *USC Public Diplomacy*. University of Southern California. Retrieved Sep. 26, 2014.

[2] Definitions of Public Diplomacy, https://web.archive.org/web/20100617004930/http://fletcher.tufts.edu/murrow/pd/definitions.html.（上网时间：2022年4月25日）

全球范围进行意识形态和文化的传播与渗透，继而希望能够实现对思想观念和行为模式的有效改变。

需要指出的是，如众多美国战略研究者的研究共识所指出的，进入21世纪之后，一直到2016年之前，美国的决策层，总体上被一种极为乐观的认知所支配。基于这种乐观认识，奥巴马政府时期，时任美国国务卿希拉里·克林顿乐观地推出了"互联网自由战略"，明确表示将把当时还是新兴事物的社交媒体，转化为美国对外战略的工具：在工具层面上，20世纪90年代中期，美国国防部已经认识到通过互联网实施进攻性运用，用于实施心理行动所可能具有的战略价值；到了希拉里·克林顿时期，美国政治精英或者基于某种可以成为本能的冲动，遵循福柯等学者描述的规训和监控的轨迹，尝试将互联网，尤其是当时刚刚流行起来的社交媒体平台，纳入美国对外战略的总体框架，以构建并巩固某种事实上具有明确方向性和指向性的全球网络空间秩序，确保在信息技术革命催生的全球网络空间形成以美西方为中心，其他国家和地区为外围的"网络空间的中心—依附"结构。①

到了2016年美国总统选举结束之后，美国相关智库开始了对"政治战"的系统反思，兰德公司在2017年至2018年发布《现代政治战》《美国式政治战》等研究成果，开始全面系统地继承并完善乔治·凯南的"有组织政治战"的核心逻辑与思想体系，尝试为美国政治战能力的提升和改进提供有效的输入。整体地看，相关研究是建立在对美国战略实践的深度反思和批判上的系统矫正，根据其相关报告，美国必须有效地使用非常规作战行动、远征外交以及秘密政治行动三类不同的手段，在重新完善的组织架构和

---

① 沈逸：《应对进攻型互联网自由战略的挑战——析中美在全球信息空间的竞争与合作》，《世界经济与政治》2012年第2期，第69—79页。

指挥系统的控制下，系统性地完善和提升美国的政治战能力。① 这些研究中的重要发现，比如明确指出：非国家行为者可以进行前所未有的政治战争；政治战争使用了国家权力的所有要素；政治战在很大程度上依赖于未归属的力量和手段；信息领域是一个日益重要的战场，对成功的看法可能是决定性的；信息战通过放大、混淆和有效说服等各种方式发挥作用；及时提供令人信服的证据是消除虚假信息的最佳解毒剂；政治战争会产生意想不到的后果；经济杠杆越来越成为强者的首选工具；政治战争扩展而不是取代传统冲突，并且可以较低的成本取得效果……从俄乌冲突来看，美国政府的行动也在相当程度上验证了这些研究成果对于政治战的深刻洞见。

与美国之外的研究者对美国的观察不同，美西方研究者在冷战后对政治战的研究遵循了一种与常识性认知相反的场景性的假设：在冷战后的世界，美国及其欧洲盟友面临来自俄罗斯、伊朗等为代表的非西方行为体的威胁、冲击和挑战；在美国及其欧洲盟友看来，冷战后国际安全议题演化的一个鲜明特征是：俄罗斯等国是美国在冷战后世界面临的主要威胁，日趋熟稔于使用被西方称为"混合战争"，其构建的分析场景基本上是"小红帽—狼外婆"式的，美国和西方世界所谓的自由、民主阵营，是过着幸福美好生活的"小红帽"，而俄罗斯则是试图用各种手段，包括常规行动、非常规行动以及网络攻击等手段，威胁和挑战"小红帽幸福美好生活"的"邪恶

---

① Robinson, Linda, Todd C. Helmus, Raphael S. Cohen, Alireza Nader, Andrew Radin, Madeline Magnuson, and Katya Migacheva, Modern Political Warfare: Current Practices and Possible Responses. Santa Monica, CA: RAND Corporation, 2018, https: //www. rand. org/pubs/research_reports/RR1772. html; Also available in print form. Cleveland, Charles T., Ryan C. Crocker, Daniel Egel, Andrew Liepman, and David Maxwell, An American Way of Political Warfare: A Proposal. Santa Monica, CA: RAND Corporation, 2018, https: //www. rand. org/pubs/perspectives/PE304. html. （后续相关内容如无特殊说明，兰德公司的政治战研究成果均来自这两份报告）

狼外婆"[1]。同样的，在看待和理解中国行动的问题上，美国亦表现出了这种强烈的先入为主色彩的认知框架，比如明确将中国提升和改进对外传播能力的相关行动定义为指向美国的"信息行动"。斯坦福大学胡佛研究所系统性地运用这种框架重新定义了"讲好中国故事"[2]，当然如果对历史熟悉的话，这种分析背后的逻辑其实是杰维斯在"国际关系的知觉与错误知觉"中指出的经典的错误，即简单的历史类比：美国在20世纪50年代组建美国之音等电台从事对苏虚假信息宣传时，使用的术语就是"讲美国故事"。相关对中国信息行动的研究，就是将美国的举措"镜像投射"到中国身上，再加上基于意识形态和深层种族主义的滤镜。

透过这些形式上各具特点，质量上参差不齐的研究成果，可以发现，自2016年之后，受到美国和西方国内因素的刺激和影响，有组织政治战的概念、知识体系和认知框架，再度进入一个大规模演进和发展的阶段。造成这种发展的关键，对美西方国家来说，是由国内和国际两个维度的现实需求驱动的：

从美西方国家国内来说，冷战结束30年之后，红利分配殆尽，成本非均衡分配的现实以及由此导致的矛盾日趋明显，这种矛盾的本质是贫富差距问题，但是这种由收入分配制度决定的贫富差距，是由西方国家政治制度的核心特征所决定的，因此，在美国以及西方国家的实践中，无论是执政党还是在野党，都必须高度关注对民众认知框架的规训与塑造，确保其能够在给定的框架内讨论问题，避免因为对认知的失控而诱发大规模的冲突，社交媒体与叙事框架

---

[1] Hoffman, Frank (2007). *Conflict in the 21st Century: The Rise of Hybrid Wars*. Arlington, Virginia: Potomac Institute for Policy Studies.

[2] https://fsi-live.s3.us-west-1.amazonaws.com/s3fs-public/sio-china_story_white_paper-final.pdf.

的研究成为新的热点。① 使用机器人程序进行信息发布，影响投票，也在 2016 年美国总统选举之后成为新的研究热点；② 而无论是研究还是实践，从美国的具体实践来看，更加关切的都是如何在形式、程序、表面和短期内解决问题，相关的深层机制，基本上还没有得到应有的充分重视。英国、德国、法国的情况也比较类似，更多的关注投放到了一些具体的问题上，比如在选举关键时间节点如何有效实现对社交媒体账号的管控等功能性的议题得到了广泛的重视。③

在国际舞台上，大国之间的战略博弈自 2016 年之后，由于美西方国家迅速开始关注所谓俄罗斯运用社交媒体干涉西方国家国内政治过程，影响选举结果，威胁国家安全的问题；全球范围聚焦虚假信息流动和管控的讨论，热度也因此持续上升。从相关的成果可见，在聚焦打击虚假信息的研究标签下，各方，尤其是具有不同国家利益关切的主权国家，开始着手巩固并强化主权行为体在全球网络空间塑造并管控特定类型信息流动，构建并引导符合特定行为体利益的认知架构的全面尝试。④ 就具体的表现来看，2016 年美国总统选举，特朗普击败希拉里赢得选举之后，相当长一段时间内，认知规训与构建的主要焦点是在美国和西方的国内政治中，围绕如何规训

---

① Hendricks, John Allen, and Dan Schill. "The Social Media Election of 2016," *The 2016 US Presidential Campaign* (2017): 121 - 150.

② Ferrara, Emilio. "Bots, Elections, and Social Media: a Brief Overview," *Disinformation, Misinformation, and Fake News in Social Media* (2020): 95 - 114.

③ Majó-Vázquez, Silvia, et al, "The Role of Suspended Accounts in Political Discussion on Social Media: Analysis of the 2017 French, UK and German Elections", *Social Media + Society* 7.3 (2021): 20563051211027202.

④ 比较具有代表性的研究成果见：Tsoy, Diana, Tanin Tirasawasdichai, and Konstantin Ivanovich Kurpayanidi, "Role of Social Media in Shaping Public Risk Perception During Covid - 19 Pandemic: a Theoretical Review," *International Journal of Management Science and Business Administration* 7.2 (2021): 35 - 41.; Razali, Noor Afiza Mat, et al, "Opinion Mining for National Security: Techniques, Domain Applications, Challenges and Research Opportunities," *Journal of big Data* 8.1 (2021): 1 - 46.; Rasmussen, Joel, and Øyvind Ihlen, "Risk, Crisis, and Social Media: A Systematic Review of Seven Years' Research," *Nordicom Review* 38.2 (2017): 1 - 17.

和塑造民众对特朗普及其支持者的整体认知而展开。俄罗斯是作为一个辅助性的对象和要素存在的，更多的时候提到俄罗斯不是因为俄罗斯是否真的威胁到了美国和西方的国家安全利益，而是需要用俄罗斯的相关行为作为直接或者间接的证据，来强化和完善有关特朗普的负面认知，这种实践在西方舆论场以及受到西方影响的全球舆论场同样产生了深刻的影响。但是因为这种讨论有一个非常容易分散受众注意力的标的，即作为讨论对象的特朗普，所以人们更多看到的是西方国内政治不同群体围绕规训受众的认知的权力展开的激烈博弈。不过这次俄乌冲突的爆发，为全球范围提供了一个极为难得的近似"时空同步"的参与式观察的全新场景，不仅看到了高速流动的碎片化信息构建的多元化的场景，而且对主权国家围绕全球范围认知和观念塑造权力的竞争，有了直观的认识。

三、聚焦认知塑造的混合型博弈：理解俄乌冲突的系统框架

2022年2月爆发的俄乌冲突，在一个月的时间里，密集展现了与传统战场交战同步的认知作战行动。与传统意义上服从于军事作战行动的信息战、舆论战、心理战等不同，这次的认知交战行动，主要发生在直接冲突的俄罗斯与乌克兰之外的区域，主要通过"推特""脸书""优兔"加密通讯软件 Telegram 的群组以及中国的新浪微博等社交媒体展开。交战行动涉及的主要当事方：一是俄罗斯及其全球各地的支持者组成的较为松散的网络；二是乌克兰，以及欧盟和美国的政府部门、公司、非政府组织构成的庞大的跨国行动网络，这是一场以塑造认知，争夺舆论主导权，煽动情感，继而影响行动等为特征的极为典型的数字时代的认知交战行动。

此次交战的主战场是以"脸书""推特""优兔"，以及"照片

墙"、"电报"群组和网络社交平台；交战的主要目标是塑造如何认识、定义理解事件的宏观框架，并通过宏观框架下的定制信息发送，争取实现影响受众行动，继而通过影响关键因素，对俄乌冲突构成重大甚至决定性的影响。交战的作用机制超越一般意义上的影响思想与认识，贯穿并弥散在现代社会的主要领域。交战中参与的行为体呈现非传统的多中心聚合模式，具备媒体动员能力的个人，具备跨国行动能力的非政府组织，以及具备媒体影响力的企业等非传统行为体，与主权国家一起，共同参与其中，乌克兰及美西方的认知行动更多地体现出了多主体参与乃至形成认知交战行动中多中心新态势的典型特征；交战参与的行为体具备的能力和资源条件呈现显著差异，同时全球范围的信息流动无法被单一或者少数行为体进行全面的实质性管控。

从 2 月 24 日—3 月 28 日的持续观察显示，这种认知交战行动主要的影响对象，在俄罗斯和乌克兰这场具体的冲突中，是以中国、欧盟、美国等非直接当事方的普通民众、媒体、经济—金融精英以及政策制定者的认知。具体来说，包含三个维度的不同认知：第一，对战场态势的认知；第二，对交战双方正义性的认知；第三，对非直接的金融—经济介入措施真实效果及其影响的认知。已经可以被清晰识别出来的交战行动，至少包括三大类型：第一，信息扰动，即发布特定指向和内涵的信息，影响受众对真实交战态势的认识，继而塑造其立场，改变其行动；第二，标准竞争，即竞争性地发布关键性的评价指标，继而构建基于相应标准的话语环境，塑造有利于特定一方的认知框架；第三，舆论遮蔽，即在特定时间范围内，配合特定的线下行动，包括军事和政治领域的具体行动，制造特定类型的舆论，广泛占领舆论场，继而影响舆论的走向。

就已经出现的公开报道来看，此次认知作战行动，俄罗斯、乌克兰、欧盟、美国的政府均直接入场，采取了相应的举措：欧盟和美国系统性地运用监管部门权限和影响力,在最大范围内用"技术封堵"和"政策管理"的方式,直接消除了俄罗斯主要媒体在全球媒介平台上发布正面信息的全部账号,同时,给乌克兰政府发布信息以最大宽松尺度,构建了一个乌克兰可以使用虚假信息对俄罗斯以及全球范围俄罗斯的主要支持者发起攻击行动的非对称的网络环境。乌克兰政府围绕总统泽连斯基,进行了大规模的国家级舆论宣传攻势,并且在一段时间内取得了远远超过真实战场力量对比的优势和主动;俄罗斯政府进行周密的策划和具有显著俄式特色的应对,一方面,坚定地守住由俄罗斯厂商自行开发完善的加密通讯软件"电报"为主体的信息发布关键阵地,以由国防部高层人士定期发布的方式,谋求实现对乌克兰舆论共识的有效反击。

"争夺舆论场道义高地""打击挫伤经济—金融信心""煽动激进情绪制造对立",是此次认知域行动中已经被识别出来的三个主要目标,其关注对象,主要不是直接冲突的俄罗斯与乌克兰的受众,而是处于关键位置的第三方网络受众。其内在逻辑是,此次俄乌冲突,俄罗斯敢于发动军事行动的关键影响因素之一,被美西方和乌克兰主观认定为来自关键第三方的支持;切断这种支持,被认为具有实质性阻断俄罗斯持续采取行动,极大降低美西方直接介入冲突的成本等诸多重要的意义和影响。

从整个过程看,在俄罗斯宣布对乌克兰采取特别军事行动前,俄罗斯方面动用网络攻击力量,对乌克兰的关键基础设施实施了较为经典的分布式拒绝服务攻击,乌克兰外交部、教育部、能源部、内阁等在内的 70 多个中央和地区政府网站成为攻击目标。根据路透社消息,乌克兰国家紧急事务局曾短暂切断国际互联网以消除攻击威胁。在俄罗斯开始实施特别军事行动后,乌克兰方面在美西方国家的配合下,迅速使用非常规的方式,即借助美西方的影响力和实力,进行了非常规的反制,其间美西方国家间接介入俄乌冲突所展现出来的非对称优势，值得引起高度关注。

美国前国务卿希拉里·克林顿在接受微软全国广播公司采访时曾呼吁美国黑客对俄罗斯发动网络攻击。俄乌局势开始恶化之后，全球最大的黑客组织"匿名者"随即宣布对俄罗斯发起"网络战争"。自此，俄罗斯的政府、媒体、军工、航天网站等领域都开始受到攻击。乌克兰副总理兼数字化转型部长米哈伊洛·费多罗夫曾表示，乌方已组建由来自全球的网络特工和志愿黑客组成的"IT军队"，开始对俄罗斯执行网络作战任务。乌克兰网络警察还搭建了一个新的信息收集和分享平台，以便黑客组织分享和交流其发现的俄罗斯网络漏洞和关键系统的入侵情况。除官方网站无法正常浏览之外，在俄罗斯电视台正常播放的过程中，会被黑客切入乌克兰国歌和俄罗斯入侵乌克兰的图像，显示其攻击能力超出了普通意义上的黑客袭击，具有国家级攻击的显著特征。此次俄乌冲突，美西方国家系统性的协作，是较为值得关注的全新特征，在危机发生后的网络空间能力全球系统整合，得到了有效的实践检验：北约就与乌克兰签署了协议，向乌克兰共享网络攻击情报。据《华尔街日报》称，乌克兰已向其他国家请求网络力量支持，以保护其网络免受潜在的网络攻击，美国网络司令部派出几十名人员帮助支持政府和关键部门的网络系统。欧盟也宣布在整个欧洲部署网络快速反应小组，新成立的由来自立陶宛、克罗地亚、波兰、爱沙尼亚、罗马尼亚和荷兰的专家组成的团队开始保护乌克兰网络。无论其实际效果如何，这种机制的实际启用，在国际上也尚属首次。

除了间接提供能力援助之外，美西方国家的政府还凭借自身优势，对全球社交媒体平台的运营者进行了强力的管控：欧盟宣布封锁俄罗斯官方媒体"今日俄罗斯"与"俄罗斯卫星通讯社"及其相关子公司等亲俄账号。欧盟通过非立法决定，要求平台进行倾向于乌克兰的内容审查。若发现任何平台继续传播与亲俄主题有关的媒体公司内容，整个欧盟国家监督机构将有可能对其进行顶格处罚。另一个引人瞩目的现象，就是在西方国家民众被"无条件支持乌克兰"的政治正确进行了强势的"认知塑造"之后，基于多元的考虑，非国家行为体开始表现出更多介入的主动性和积极性，比如以美国企业为首的多家外国互联网服务运营商立即对俄罗斯实施制裁，对俄罗斯发起了"断网行动"：互联网骨干网供应商"科根特通信"自主决定切断对俄罗斯的业务、Sectigo停止了向俄罗斯人发布"安全套接层协议"证书、Namecheaper也停止了对俄罗斯域名的维护等。此外，由于乌克兰发生的事件，欧洲国家顶级注册机构理事会也针对俄罗斯互联网监管机构进行制裁，暂停了KC在该组织的成员资格。这种介入使得非国家行为体全面覆盖了商业应用、支撑平台，乃至关键基础设施等各个方面，实现了对一个国家数字维度的全光谱覆盖，由此引发的国家安全面临的新威胁和新挑战，其影响范围已经远远超过了这一危机的本身，继而迫使全球各国都开始考虑如何应对这种新的威胁和挑战。

而透过这些具体的、多样化的，具有鲜明的数字时代特征的表现形式，俄乌冲突，从美俄战略博弈的维度出发，就是一场经典的有组织政治战：双方博弈的真正焦点，是信心和认知。美国和欧盟尝试通过对全球舆论平台的掌控，占据道德和道义的高地，最大化地发挥金融霸权的心理威慑作用，凭借对社交媒体平台的压制性管控，构建一个不利于俄罗斯的信息环境，最大限度地挤压俄罗斯的战略意志，包括此前宣布动用被媒体夸大为"金融界核武器"，把俄罗斯踢出"SWIFT系统"，不仅对俄罗斯施压，而且用这种象征性的行动摧毁金融市场对俄罗斯的信心，让卢布兑美元的汇率"跌成瓦砾";① 美国和西方的媒体与市场都接受了这种说法,当俄罗斯采取强硬对策,通过将卢布与天然气挂钩,要求不友好国家购买天然气必须支付卢布等方式进行有效反制和回击时,卢布汇率不仅实现了回升,而且进入2022年4月之后已经超过了美国实施制裁之前的水平,美方的后续表现包括布林肯国务卿接受访谈时指出卢布汇率的回升不可持续,加码制裁禁止俄罗斯使用存放在美国银行账户的美元支付到期的主权债利息,一如乔治·凯南指出的那样,在经典的有组织政治战的场景中,遵循除了相互之间直接使用武力之外,一切政策工具皆可使用的朴素原则,持续谋求改变对手的认知与行为。

四、挑战与机遇:构建有效应对"有组织政治战"的多重能力体系

截至2022年4月25日,俄乌冲突仍然在持续进行,虽然距离最终的结局还有诸多的不确定性,但对于研究者而言,这场数字化时代的"有组织政治战",已经提出了非常明确的战略任务,即在美苏冷战大背景下诞生与演化的"有组织政治战",经过系统的演进,已经找到了与信息技术革命密切结合的新的存在形式,并借助地缘政治矛盾的阶段性爆发,向全球宣告了其重新的回归。

这当然是对和平与发展这一主题的重大冲击,但作为一种客观存在,在国际体系、国家以及非国家行为体三个维度,都需要开始全新的思考,这种思考要解决的核心问题就是,如何规范和约束这

---

① 详见拜登总统2022年3月26日在波兰的讲话稿,https://www.whitehouse.gov/briefing-room/speeches-remarks/2022/03/26/remarks-by-president-biden-on-the-united-efforts-of-the-free-world-to-support-the-people-of-ukraine/。

种有组织政治战的边界,继而将其可能带来的负面影响降到最低。这里需要明确的一个核心问题,是"有组织政治战"面临的时空环境,已经发生了极其微妙而重大的变化:当今世界,在实际的产业链条,系统的经济—金融活动,完整的社会—政治—文化流动等诸多方面,是一个深层嵌套的复杂网络;这个网络的存续本身,就是其中牵涉的各方行为体最大的利益,无论是否意识到,行为体都会以自发或者自觉的方式,将维护这个网络的存续作为最核心的目标,这同样为"有组织政治战"的所有参与者设置了一个边界。当有行为体试图越过边界,对这个网络的深层结构实施可能产生实质性损伤的行动时,某种自我修复和阻断的机制就会出现,这里典型的案例是,乌克兰试图以道德压力要求 ICANN 阻断对俄罗斯顶级域名的解析,阻断相应的 IP 地址块,将俄罗斯在逻辑上从全球网络空间至少是暂时剔除,但相应的举措遇到全球互联网社群中坚力量委婉但坚定的拒绝。不仅如此,在此次俄乌冲突之前,美国新一届政府尝试以价值观构建所谓"未来互联网联盟",重新复活希拉里·克林顿的"互联网自由战略",继而谋求将美国最主要的战略竞争对手以某种形式从全球网络空间挤压乃至区隔出去。但是相关方案的讨论,遭遇了互联网社群毫不迟疑的强烈反对。这两个案例中核心的原则和出发点,就是对"一个世界,一个网络"原则的坚持与捍卫。其对国家行为体滥用能力优势形成的边界限制效应,得到了非常清晰的展现。

"有组织政治战"的回归,客观上将围绕行为体认知展开的战略博弈,带入大国战略博弈的中心位置。在冷战时期,虽然乔治·凯南试图将"有组织政治战"构建成为一个与"国家安全"近似平等的宏观概念,但是基于具体技术能力的限制,"有组织政治战"的实践活动,仍然是以传统的宣传战、舆论战等中观乃至微观层面的操作性实践作为主要表现形式的。对于人类认知活动的广义影响,对于跨境流动信息的传播乃至操控,更多地停留在一种概念文件的维度。但是进入全球网络空间之后,客观上高度发达的社交媒体平台,对受众的认知具备技术上实施影响的真实的客观手段,在制度和实践层面,西方企业在全球社交媒体平台运营中所具有的非对称性优势,又蕴含着与特定国家的国家战略相结合之后释放出巨大能量的潜在可能。碎片化的社交媒体,基于深度数据挖掘和人工智能算法辅助的定制内容推送,结合对人类认知行为的科学研究等一些知识和实践的渗透与融合,在此次俄乌冲突之前,已经在社会乃至国家宏观层面上,提出了如何避免超级平台僭取国家能力,威胁国家安全的战略问题。此前的具体案例就是围绕内容分析企业和超级媒体平台对用户数据的深度挖掘,以及对美国选举政治结果的影响等,对于相关事态的持续观察可以形成这样一种认知,即无论具体的细节如何,一种全面的认知意义上的担忧,已经通过共享信息和知识的方式,实现了比较全面和大范围的扩散。其最终的结果就是,国家行为体的能力建设作为一种共识性的解决方案,被广泛地提上了议事日程。

当前,全球各方在相关问题上提出的能力建设方案,根据其指导原则,大致可以分为三大类型:第一种类型是服务于网络霸权国家非对称行为自由需求的"霸者通吃"模式,这种能力建设以自我中心的霸权主义安全观为指导,设置非对称的绝对安全原则,谋求实现单一国家或者极少数国家,构建压倒性的安全能力,在保障本国绝对安全的前提下,要求获得对其他国家形成压倒性的战略优势。第二种类型是体现西方国家"道义性权力"的"认证制俱乐部"模式,这种能力建设以所谓特定类型的价值观或者国际规范为标准,此类价值观或者国际规范具有显著的"俱乐部特征",虽然不像"通吃"模式那样的非对称与极端,但总体看,仍然是一个等级制的架构,甚至在相当程度上具有"中心—外围"的依附型特征。第三种类型是建立在尊重国家网络主权平等原则基础上的"共同体"模式，这种模式的核心特征，就是接受并内化了联合国在处置类似问题时遵循的"人类共同财产"模式，谋求实现各国基于法理上的平等地位，能够在能力分布极为不均衡的情况下，实现对各国核心利益的合理关切，从而最大限度构建一个具备自我进化和梯次完善能力的共同体，在最大限度上实现对冷战思维的扬弃，尽最大努力避免大国悲剧宿命的负面影响。

在面临新冠疫情严峻考验，世界经济复苏又面临巨大不确定性的当下，"有组织政治战"这个具有明显冷战幽灵特征的概念与实践在俄乌冲突的深层博弈中复现，对全球各主要行为体来说，是一个巨大的挑战和风险，同时对各国的能力建设以及未来世界的发展和走向，以测试的形式给出了一个做出正确抉择的机会。虽然还需要更多的时间和耐心，但最大限度地降低冷战幽灵在数字时代复苏所导致的风险和挑战，应该真正成为各方的有效共识。

拜登政府网络安全战略评析

沈　逸　高　瑜[*]

摘　要：2023年3月2日，美国最新版《国家网络安全战略》出台，立足于日益激烈的中美网络博弈，试图从国内国外两方面充分提升对华竞争力。拜登政府延续了特朗普政府的对华政策基调，继续将中国视为"头号竞争对手"，认为中国在网络空间对美国构成最大的安全威胁。对此，拜登政府从对内对外两方面着力提升对华网络竞争力。对内进行内部政企关系调整，对外拉拢盟友划分敌我阵营，对美国网络安全战略进行大幅革新。其中，对国内的数字生态系统调整力度最大，拜登政府意图通过加强互联网企业的安全保护责任，在加深政企关系的前提下让企业共担治理成本，以此构建一套全新的美国数字防御系统。

关键词：美国　拜登政府　网络安全战略

一、对内向企业施压，提升数字生态系统韧性

当前中美网络空间战略博弈十分复杂，不仅包括技术实力的比

---

[*] 沈逸，复旦大学教授，复旦大学网络空间国际治理研究基地主任；高瑜，复旦大学国际关系与公共事务学院博士研究生。

拼，还涉及数字经济实力、科技成果转化、电子商务发展等多个领域。决定性因素在于数字生态系统的较量。在全球化与数字化的时代，新兴技术迅速刺激企业的生产方式变革，推动成果投入市场、决策效率、资本和数据流动的全面搏动。在新创造的生产系统中，全球市场、金融中心、生产工厂和研发机构等将通过日益高效的互联网深度链接，不断交换大量的数据，产生新的信息和知识。在此基础上，通过较快的社会、经济和政治相应发展速度，数字技术产生更多的财富并转化为权力。数字生态系统的灵活性和生命力，决定了数字技术通过产业化转化为国家综合实力的速度和水平。当今时代，物联网、云计算、人工智能、区块链等技术崛起为数字生态系统带来更多发展机遇。企业通过多种形式的技术创新，调整业务模式并提升服务质量，不断适应和满足用户需求。同时，不同的平台之间也开始相互整合，形成更加完整和便利的数字生态系统。在此基础上，美国政府创建了一个框架，将生态系统完善为发展从业者的实用结构，其中，作为市场主体的企业发挥主导作用。该框架成为拜登政府构建美国数字生态系统的基本战略思维。

（一）改革问责制，要求企业承担产品安全责任

在新版《国家网络安全战略》中，拜登政府全面改革网络安全问责制，要求"责任必须落在最有能力采取行动防止出现负面结果的利益相关者身上"[1]，即网络供应商要直接对其产品的安全性能负责。

拜登总统上任伊始就在着手网络产品问责制改革，称之为"企

---

[1] The White House, "FACT SHEET: Biden – Harris Administration Announces National Cybersecurity Strategy | The White House," Mar. 2nd, 2023. https：// www. whitehouse. gov/briefing – room/statements – releases/2023/03/02/fact – sheet – biden – harris – administration – announces – national – cybersecurity – strategy/.

业网络安全和信息技术（IT）现代化计划"，即利用正式和非正式的场合，向两党人士喊话，呼吁民主党人和共和党人在网络空间问责制中协调一致，共同研究一套强有力的立法来追究大型科技公司的责任。该计划试图从组织文化和运行原则入手，赋予企业更多安全责任。具体来说，拜登政府的问责制改革主要包括三个部分：一是要求企业严格保护数据安全，对公司收集、使用和共享用户数据做出严格限制；二是要求科技公司对内容和算法负责，严苛审核内容传播，并提升算法透明度；三是要求企业公平竞争，打击互联网领域中的"赢者通吃"现象。[①]

针对第一项原则，拜登总统发布行政令，要求美国的企业密切与联邦政府合作，学会适应不断变化的威胁环境，营造更安全的网络空间。此外，拜登政府还明确推出"零信任架构"的原则，要求企业严格保障产品和供应链安全。[②] 在该行政令的指导下，美国白宫管理和预算办公室发布备忘录《增强软件供应链的安全性以提供安全的政府体验》，以达成拜登总统要求的第二项原则。具体来说，白宫管理和预算办公室要求美国软件生产商和机构在发布产品之前要填写一份"自我证明表格"，说明其使用的软件符合安全开发标准。同时，要求企业在软件中安装相应的程序，让联邦政府能够在危险情况下快速识别安全漏洞。[③] 对于第三项目标，拜登政府于 2021 年发布《促进美国经济竞争行政令》，反对少数

[①] Joe Biden, "Republicans and Democrats, Unite Against Big Tech Abuses," Jan. 11, 2023, https：//www.wsj.com/articles/unite－against－big－tech－abuses－social－media－privacy－competition－antitrust－children－algorithm－11673439411.

[②] The White House, "Executive Order on Improving the Nation's Cybersecurity," May. 12, 2021, https：//www.whitehouse.gov/briefing－room/presidential－actions/2021/05/12/executive－order－on－improving－the－nations－cybersecurity/.

[③] "Enhancing the Security of the Software Supply Chain to Deliver a Secure Government Experience ｜ OMB ｜ The White House," Sep. 14, 2022, https：//www.whitehouse.gov/omb/briefing－room/2022/09/14/enhancing－the－security－of－the－software－supply－chain－to－deliver－a－secure－government－experience/.

占主导地位的互联网平台榨取垄断利润,甚至收集私密的个人信息作为商业用途。① 此外,拜登总统还在《华尔街日报》发表一篇专栏文章,批评大型科技公司通过诱导用户吸引热度和点击量的现状,并严厉指责一些互联网龙头企业排挤初创企业的行为,或将其排除于平台之外,或对其收取离奇的价格,使中小企业更难竞争和发展。

(二) 企业分担地缘政治压力,保障关键基础设施安全

拜登政府对于网络关键基础设施安全的高度重视始于"太阳风"和"殖民管道"两大网络攻击事件。2020年12月13日,"火眼"披露"太阳风"软件在2020年3—6月间发布的版本均被植入恶意软件,导致许多美国政府机构的网络被外国黑客侵入并窃取了大量数据,诸多美国企业也遭受不同程度的损失。② 2021年"殖民管道"遭受网络攻击而被迫中断网络运营。虽然事实证明勒索软件并没有从IT系统泄漏到工业控制系统,但管道仍然需要其IT系统正常运行才能管理极其复杂的后勤框架。③ 这种网络攻击行为给美国政府和企业造成大量损失,引发拜登政府对于国家关键基础设施安全态势的担忧。

上述两起网络攻击事件,不仅暴露出美国的网络防御漏洞,更反映出美国政府以往的"世界警察"角色难以适应当前的时代发

---

① The White House, "Executive Order on Promoting Competition in the American Economy," Jul. 9, 2021, https://www.whitehouse.gov/briefing-room/presidential-actions/2021/07/09/executive-order-on-promoting-competition-in-the-american-economy/.

② CIS, "The SolarWinds Cyber-Attack: What You Need to Know," Mar. 15, 2021, https://www.cisecurity.org/solarwinds/.

③ Derek B. Johnson, "Three Takeaways from the Colonial Pipeline Attack," May, 28, 2021, https://www.scmagazine.com/news/critical-infrastructure/myths-versus-reality-three-takeaways-from-the-colonial-pipeline-attack.

展。在数字时代，网络攻击成为现代军事行动的重要部分，常常用来解决地缘政治冲突。而美国政府尚未做好充分的应对准备。就目前看来，拜登政府的解决方案是将地缘政治压力部分转移给企业，减轻政府的治理成本。例如，在《2022年关键基础设施网络事件报告法》中，明确要求相关企业一旦遭遇网络攻击，需在72小时内立即向网络安全和基础设施安全局（CISA）等相关部门汇报；一旦遭遇勒索软件攻击，必须在向对方付款后的24小时内报告政府。[①] 在此基础上，美国政府才能进一步部署政策资源，并将损失减至最低。简言之，《2022年关键基础设施网络事件报告法》彰显了拜登政府提升企业责任的基调。这一基调在《半导体法案》中进一步显现。同年，拜登政府还颁布了《2022年创建有益的半导体生产激励措施法案》对纳米技术、清洁能源、量子技术计算和人工智能等先进技术领域的投资做出严格限制，明确禁止在中国等"对美国国家安全构成威胁的国家"进行半导体制造。[②] 此举无异于将美企拉入地缘政治的漩涡之中，将地缘政治压力部分转移到企业身上。然而，对于企业来说，并不希望被卷入中美网络竞争中，更不希望丢失中国市场。这也给拜登政府网络安全战略实施埋下潜在隐患。

（三）加深政企融合，共同维护美国传统金融霸权

拜登政府希望进一步加强政府和企业在网络空间的合作力度，在确保美国数字资产的基础上，合力开发数字美元以维系金融霸权

[①] Kyle Chin, "What is CIRCIA? How This Law May Affect Your Business," Feb. 27, 2023, https://www.upguard.com/blog/circia.

[②] PWC, "The CHIPS Act: What it Means for the Semiconductor Ecosystem," https://www.pwc.com/us/en/library/chips-act.html.

地位。

根据《关于确保数字资产负责任发展的行政命令》，拜登政府计划通过开发数字美元，提升加密技术能力，以保障美国的数字资产安全。在此过程中，要求相关公司对美国消费者、投资者和企业的数字资产负责，政府同样需要加强监管并制定详细的保护标准[①]。据此，美国财政部发布《货币和支付的未来》报告，明确提出将中央银行数字货币作为国家主权货币加以推行，并通过身份验证系统、零信任证明、数字身份解决方案等措施，全面保障美元在全球金融市场的主导地位。[②] 该数字货币具有法定性、可兑换性和稳定性的特征，其访问权限和技术水平将进一步决定其未来的发展状态。2023年3月，美国财政部正式将中央银行数字货币作为工作重点，旨在全面提升美国在全球金融系统中的影响力，加强美国对外金融制裁的威慑力，并获取国际标准的制定权。为了实现上述目标，拜登政府进一步将加密货币与数字美元相结合，保障美联储以安全高效的方式推进中央银行数字货币。

具体来说，拜登政府在全球范围内推广美元数字货币分为三类做法：第一类做法旨在推动中央银行数字货币的国际认可度，立足美国的经济实力以及美国金融市场的深度、广度和开放性，利用数字美元弥补传统货币所缺乏的功能。第二类做法围绕美国数字货币的安全性和弹性支付系统，设计强大的网络安全措施以保护用户数据。美国的一些专家认为，外国数字货币的开发可能会削弱美元的使用，因此需要评估其他国家的数字平台对美国金融体系造成的风险。根据大西洋理事会的统计数据，占全球 GDP 95% 以上的 114 个

---

① Jr. Joseph R. Biden, "Executive Order on Ensuring Responsible Development of Digital Assets | The White House," Mar. 9, 2022, https：//www.whitehouse.gov/briefing－room/presidential－actions/2022/03/09/executive－order－on－ensuring－responsible－development－of－digital－assets/.

② U. S. Department of Treasury, "The Future of Money and Payments," https：//home.treasury.gov/system/files/136/Future－of－Money－and－Payments.pdf.

国家正在探索中央银行数字货币,已有 11 个国家的数字货币处于相当成熟的阶段,并在全球范围内全面推出。① 因此,专家建议美国政府评估别国数字货币的潜在威胁,确保美国能够在全球电子支付体系中维持核心地位。第三类做法以公平性为前提,在数字货币领域引入金融普惠原则,即联合美国的盟友和伙伴合力打击非法金融交易,并提升数字美元的包容性和公平性。

二、对外向盟友施压,构建层级式伙伴结构

在拜登政府最新颁布的《国家网络安全战略》中,将"打造国际伙伴关系,实现共同目标"作为最后一个支柱,着力推动美国的盟友体系建设。② 拜登政府的网络安全战略中,利用 2022 年 4 月签署的《互联网未来宣言》划定自己的"朋友圈",将 60 个国家定位为可合作的网络伙伴。但美国划定的盟友和伙伴具有显著的层级制特性,其中,"五眼联盟""四方安全对话"和美英澳三边安全伙伴关系处于最核心的位置;以北约为主要纽带的欧盟国家处于次一级地位;最外层的是地区性伙伴,其重要性取决于美国当局的战略重心地带。当前,拜登政府较为重视"印太地区"和美洲地区,因此将印太经济框架作为相对重要的区域性伙伴组织。

---

① U. S. Department of Treasury, "Remarks by Under Secretary for Domestic Finance Nellie Liang During Workshop on "Next Steps to the Future of Money and Payments," Mar. 1st, 2023, https: // home. treasury. gov/news/press – releases/jy1314.
② The White House, "FACT SHEET: Biden – Harris Administration Announces National Cybersecurity Strategy | The White House," Mar. 2, 2023, https: //www. whitehouse. gov/briefing – room/statements – releases/2023/03/02/fact – sheet – biden – harris – administration – announces – national – cybersecurity – strategy/.

（一）核心组织："五眼联盟""四方安全对话"和美英澳三边安全伙伴关系

"五眼联盟"由美国、澳大利亚、加拿大、新西兰和英国组成，是美国给予信任度最高的情报共享联盟，其成员均为美国的重要盟友。由于该联盟的机密程度较高，拜登在《国家网络安全战略》中没有着重提及，但屡次强调加强与成员国的信息和情报合作。2022年5月9日，"五眼联盟"国家联合发布公告，针对关键基础设施的网络攻击发出警告。这份公告由美国、澳大利亚、加拿大、新西兰和英国的相关部门共同撰写，概述了俄罗斯国家支持的高级持续威胁（APT）组织、与俄罗斯结盟的网络威胁组织和与俄罗斯结盟的网络犯罪组织，以帮助网络安全社区防范可能的网络威胁。[①] 2023年3月24日，拜登在与加拿大总理特鲁多的联合声明中，强调美加两国致力于维护盟友安全，通过强化"五眼联盟"的合作，提升双方防御能力。[②]

"四方安全对话"是美国与澳大利亚、印度和日本之间的战略安全会谈组织。2021年3月12日，拜登政府发布《四方领导人联合声明："四方精神"》，宣称要构建一个"自由、开放、包容、健康、以民主价值观为基础、不受胁迫约束的'印太地区'"[③]。2022年5月24日发布的《四方联合领导人声明》中，重申对自由开放的"印太地区"的坚定承诺。同时，该声明提及在日益数字化的世界中，

[①] CISA, "Russian State–Sponsored and Criminal Cyber Threats to Critical Infrastructure," May. 9, 2022, https://www.cisa.gov/news-events/cybersecurity-advisories/aa22-110a.

[②] The White House, "Joint Statement by President Biden and Prime Minister Trudeau," Dec. 24, 2023, https://www.whitehouse.gov/briefing-room/statements-releases/2023/03/24/joint-statement-by-president-biden-and-prime-minister-trudeau/.

[③] The White House, "Quad Leaders' Joint Statement: 'The Spirit of the Quad'," Mar. 12, 2021, https://www.whitehouse.gov/briefing-room/statements-releases/2021/03/12/quad-leaders-joint-statement-the-spirit-of-the-quad/.

网络威胁越来越复杂，迫切需要采取集体方法来加强网络安全。为此，四国将通过共享威胁信息、识别和评估数字化产品和服务供应链中的潜在风险，以及调整政府采购的基准软件安全标准，利用集体购买力来改善更广泛的软件开发生态系统。[①] 2023年2月7日，拜登政府再次发布声明，重点针对网络空间行为习惯，提升"四方安全对话"的网络安全合作水平。其工作重心在于保护全球互联网用户，防止敏感的个人数据遭到泄露，通过定期安装安全更新、通过多因素身份验证启用增强的身份检查、使用安全系数更高且定期更改的密码、为用户提供网络安全信息培训等方式，培育更安全和更有弹性的网络生态系统。[②]

2021年9月15日，美、英、澳三国首脑签署安全伙伴协议，旨在加强"印太地区"的战略伙伴关系，并为澳大利亚交付一支核动力潜艇舰队。[③] 2023年3月13日，美、英、澳三国领导人会面，商议"安全伙伴协议"中核潜艇协议的一些细节，最终决定澳大利亚建立自己的核动力潜艇舰队，但要先向澳大利亚出售至少三艘美国潜艇。核动力潜艇比传统潜艇更隐蔽，鲜有国家会共享这一技术。这是自20世纪50年代以来美国第一次与另一国家分享这种技术。根据计划，未来几年将开始在澳大利亚轮流部署美国和英国的潜艇，到2030年之后，澳大利亚有望从美国购买至少三艘、多达五艘美国弗吉尼亚级核动力潜艇。[④]

[①] The White House, "Quad Joint Leaders' Statement," May. 24, 2022, https://www.whitehouse.gov/briefing-room/statements-releases/2022/05/24/quad-joint-leaders-statement/.

[②] The White House, "Quad Joint Statement on Cooperation to Promote Responsible Cyber Habits," Feb. 27, 2023, https://www.whitehouse.gov/briefing-room/statements-releases/2023/02/07/quad-joint-statement-on-cooperation-to-promote-responsible-cyber-habits/.

[③] CISA, "Russian State-Sponsored and Criminal Cyber Threats to Critical Infrastructure," May. 9, 2022, https://www.cisa.gov/news-events/cybersecurity-advisories/aa22-110a.

[④] The White House, "Executive Order on Improving the Nation's Cybersecurity | The White House," May. 12, 2021, https://www.whitehouse.gov/briefing-room/presidential-actions/2021/05/12/executive-order-on-improving-the-nations-cybersecurity/.

（二）重要组织：北约

第一，拜登政府希望发挥北约的军事合作基础，在网络安全领域加强与欧盟国家的合作，共同应对全球性网络威胁，加强情报共享机制。自拜登执政以来，将保护网络安全提升到重要战略位置，着力构建现代化的网络安全防御体系，并系统性调整和协调相关机构的权责分工。在美方看来，在当今竞争激烈的地缘政治环境中，信息武器化无疑是一个重要发展趋势。恶意行为者利用新媒体和数字技术，攻击传统民主模式中存在的漏洞，加剧民主社会分裂。例如，虚假信息活动通常伪装成合法且值得信赖的内容，通过社交媒体的病毒式传播力量在数字社区广为流传，有时导致虚假信息的传播率远高于真实的新闻。与此同时，社交媒体的增长及其利用已经导致基于真相和事实的普通叙事出现严重裂痕。其综合结果是对政治生活常态的颠覆，即在美国和欧洲社会中播下和助长不和，并扩大裂痕、分裂、猜疑和不信任。2021年5月，拜登总统签署了一项旨在改善国家网络安全的行政命令。该命令包括与加强网络安全方面的公私合作伙伴关系、改善供应链安全以及使联邦网络安全实践现代化有关的条款。[1] 这些行动对欧盟和美国之间的网络安全合作产生积极影响。目前，美欧已经举行了8次网络对话，2022年举办的美欧网络对话中，美方多次表示将与欧盟加强情报共享和协作，共同制定网络安全政策和法律法规。[2]

第二，在数据流动框架方面，拜登政府致力于发挥北约盟友的

---

[1] The White House, "Executive Order on Improving the Nation's Cybersecurity | The White House," May. 12, 2021, https://www.whitehouse.gov/briefing-room/presidential-actions/2021/05/12/executive-order-on-improving-the-nations-cybersecurity/.

[2] United States Department Of State, "The 2022 U.S.-EU Cyber Dialogue," Dec. 21, 2022, https://www.state.gov/the-2022-u-s-eu-cyber-dialogue/.

影响力，在全球范围内推广所谓"民主式"的网络行为规范。美国政府着力在国际上推动数字治理标准的制定，推动跨境数据流动的国际标准和规则，以确保数据流动的透明度和安全性。为了满足欧盟对个人隐私的保护，美国正在努力提高数据隐私和安全的标准。2022年3月，拜登与冯德莱恩发表联合声明，宣称将推进网络安全合作，为"负责任的国家行为"制定标准并提升网络弹性。① 此后，拜登政府积极推动美欧间新的数据传输法律框架，并提供了个人数据保护问题的补救机制。在美国第14086号行政命令中，拜登承诺要充分保护各国公民的个人隐私和自由，针对以欧盟为代表的"合规伙伴"和区域经济一体化组织建立个人数据的多层保护机制，进行独立和有约束力的审查。② 此外，新框架还将允许欧盟公民在认为美国情报活动侵犯个人数据隐私时，采取相应的维权行动。③ 在等待新框架正式出台的过程中，美欧企业可以继续使用标准合同条款进行跨境数据传输，确保跨大西洋数字贸易顺利进行。④

第三，拜登政府希望借助欧盟强大的单一市场，在数字贸易方面保证跨大西洋数据流动稳定发展，通过打破数字壁垒来促进经济增长和创新。美国和欧洲之间的数据传输比世界上任何其他地方都

---

① "Statement by President von der Leyen and President Biden," Mar. 24, 2022, https：//ec. europa. eu/commission/presscorner/detail/en/statement_22_2007.

② The White House, "FACT SHEET: President Biden Signs Executive Order to Implement the European Union – U. S. Data Privacy Framework," Oct. 7, 2022, https：//www. whitehouse. gov/briefing – room/statements – releases/2022/10/07/fact – sheet – president – biden – signs – executive – order – to – implement – the – european – union – u – s – data – privacy – framework/.

③ Matt G. Southern, "How President Biden's New Executive Order Impacts Businesses," Oct. 12, 2022, https：//www. searchenginejournal. com/privacy – shield – 2 – 0 – data – protection – framework – may – benefit – us – businesses/467708/.

④ Salvatore A. Anania, "President Biden Issues Executive Order Providing for New EU – U. S. Data Privacy Framework," Oct. 26, 2022, https：//ogletree. com/insights/president – biden – issues – executive – order – providing – for – new – eu – u – s – data – privacy – framework/.

多，促成了价值 7.1 万亿美元的美欧经济贸易价值总量。① 目前双方的主要合作机制是美欧贸易和技术委员会。该委员会旨在进一步深化美欧双边数字经贸合作，减轻贸易壁垒，共同保护关键技术供应链。② 自成立以来，拜登政府一直高度重视 TTC，将其称为"跨大西洋关系取得具体成果的关键机制"③。在拜登政府最新颁布的《网络安全战略中》反复强调 TTC 的重要地位，将其作为跨大西洋联合应对共同威胁、维护数字市场秩序和实现共同繁荣的重要抓手。此外，拜登政府积极推进新的跨大西洋数据隐私框架，为美欧间跨境数据流动搭建稳定的合规机制。

事实上，美欧跨境数据流动机制的合作由来已久，奠定了北约数据合作的基础规则。目前美欧跨境数据流动的规则体系大体经历了三个阶段：第一阶段从 2000 年到 2015 年，美国与欧盟之间的跨境数据流动主要遵循《欧美安全港框架》④。然而，2013 年"棱镜门"事件被披露后，奥地利公民施雷姆斯向爱尔兰数据保护官投诉"脸书"，指控该平台受美国《爱国者法案》要求，将欧盟公民的数据传输到美国。最终欧盟法院判决《欧美安全港框架》无效。⑤ 第二阶段始于 2016 年，欧盟委员会认为《欧美隐私盾协议》足以保障

---

① Dennis Dayman, "Building Consumer Trust in Today's Digital Market," Mar. 7, 2023, https://www.securitymagazine.com/articles/98918-building-consumer-trust-in-todays-digital-market.

② "EU-US launch Trade and Technology Council," Jun. 15, 2021, https://ec.europa.eu/commission/presscorner/detail/en/ip_21_2990.

③ The White House, "U.S.-EU Joint Statement of the Trade and Technology Council," Dec. 5, 2022, https://www.whitehouse.gov/briefing-room/statements-releases/2022/12/05/u-s-eu-joint-statement-of-the-trade-and-technology-council/.

④ "EUR-Lex-32000D0520-EN," https://eurlex.europa.eu/LexUriServ/LexUriServ.do?uri=CELEX:32000D0520:EN:HTML.

⑤ Court of Justice of Union, "The Court of Justice Declares that the Commission's US Safe Harbour Decision is Invalid," Oct. 6, 2015, https://curia.europa.eu/jcms/upload/docs/application/pdf/2015-10/cp150117en.pdf.

数据传输符合欧盟法律。① 据此,《欧美隐私盾协议》成为支撑美欧跨境数据流动的新框架。之后,施雷姆斯再次对"脸书"提起诉讼,指控该公司将其个人数据从爱尔兰分公司转移到美国总部。直到2020年,欧盟法院正式做出裁决,《欧美隐私盾协议》就此失效。② 第三阶段目前还在进行中,在《欧美隐私盾协议》被欧盟宣判失效后,双方开始积极推动新的跨境数据流动协议。经过了一年多的谈判,2022年3月,美国和欧盟承诺制定新的跨大西洋数据隐私框架,以保持欧盟和美国之间的数据流动。③ 就目前的谈判结果来看,欧盟对数据传输条件提出了更高标准的要求,需要美国做出更多承诺,如:保证个人隐私和公民自由;建立具有独立约束力的新申诉机制;加强对信息情报活动的严格管理和分层监督。值得注意的是,除了原有的个人隐私保护部分外,新框架还加入了对情报活动的管控内容。2022年4月13日,相关各方在全球隐私峰会上的言论表明,新的协议已初步成型,有望在2023年底达成最终协议。④ 2022年10月7日,美国总统拜登签署行政命令,对3月签署的《欧美数据隐私框架》做出具体指示,承诺在情报活动中进一步加强隐私和公民自由保障。⑤

---

① "Commission Implementing Decision (EU) 2016/1250," https://eur-lex.europa.eu/legal-content/EN/TXT/? uri = uriserv%3AOJ. L_. 2016. 207. 01. 0001. 01. ENG.
② The Court Of Justice EU, "JUDGMENT OF THE COURT (Grand Chamber)," July 16, 2020, https://curia.europa.eu/juris/document/document.jsf? text = &docid = 228677&pageIndex = 0&doclang = en&mode = lst&dir = &occ = first&part = 1&cid = 9791227.
③ "The West's Plan to Keep Global data Flows Alive," Mar. 11, 2022, https://www.politico.eu/article/data-oecd-privacy-shield-national-security/.
④ Joseph Duball, "Officials 'thrilled' with EU-US data flows Agreement, 'Work Continues' on Finalization," Apr. 12, 2022, https://iapp.org/news/a/officials-thrilled-with-eu-us-data-flows-agreement-work-continues-on-finalization/.
⑤ "FACT SHEET: President Biden Signs Executive Order to Implement the European Union-U. S. Data Privacy Framework-The White House," Oct. 7, 2022, https://www.whitehouse.gov/briefing-room/statements-releases/2022/10/07/fact-sheet-president-biden-signs-executive-order-to-implement-the-european-union-u-s-data-privacy-framework/.

（三）常规组织：印太经济框架

在美国前总统特朗普决定退出《跨太平洋伙伴关系协定》（TPP）之后，美国的印太战略缺乏一定的地缘经济影响力。拜登政府上台后，美国开始致力于为印太地区制定经济框架。拜登政府的印太战略大体成型于2022年2月发布的"美国印太战略"，企图运用美国的同盟体系改变中国的周边战略环境，以恢复美国在印太地区的领导地位。该战略提出五个目标，大都与网络安全和数字经济相关。

一是推进自由开放的印太地区。包括加强信息开放和言论自由，提升媒体的独立性与多元化，加强合作以应对信息操纵带来的威胁。此外，美国还强调与伙伴在关键和新兴技术、互联网和网络空间中的合作，建构"开放、可互操作、可靠和安全"的互联网世界；与合作伙伴协调构建"以价值观为基础"的国际技术标准；促进研究人员的流动和科学数据开放，深化前沿科技合作；努力落实网络空间负责人的行为框架和相关规范。

二是在区域内外建立联系。以四方机制为核心，加强四国在关键和新兴技术、基础设施、网络等领域的合作。同时，美国表示"欢迎一个强大而独立的东盟"，深化与东盟的长期合作，同时在具体方面开展新的高层接触，并探索四方与东盟合作的机会。

三是推动印太地区的繁荣。推动后疫情时代的经济复苏，需要鼓励技术创新，推动数字经济的快速技术转型，并根据开放原则管理我们的数字经济和跨境数据流动，包括建立新的数字经济框架，提高透明度和信息共享。此外，该战略还提及与G7合作伙伴"重建更美好的世界"倡议，主张帮助印太新兴经济体建设高标准的基础设施，创造有弹性和安全的全球电信市场，推动5G供应商多元化，并发展开放无线电接入网络。

四是加强印太地区安全。重新专注于创新，以确保美军能够在瞬息万变的威胁环境中作战，包括外太空、网络空间、关键和信息技术领域。通过四方机制联合印太和欧洲合作伙伴，共同开发能巩固集体军事优势的关键技术。其中，印度作为美国的国防合作伙伴，扮演网络安全提供者的角色。此外，战略中还提及"台湾问题"，在一个中国原则和"与台湾关系法"下长期承诺的基础上，维护台海和平与稳定，确保台湾的未来符合人民的意愿和利益。战略中提到，美国将提升该地区的网络安全，提高伙伴国、对网络安全事件的保护、恢复和响应能力。

五是建立该区域抵御21世纪跨国威胁的能力。除了气候变化、疫情反复和卫生安全等问题之外，新兴技术的发展给印太地区安全局势带来了结构性变化，网络空间威胁格局更加复杂。网络安全和打击网络犯罪也将成为东南亚合作伙伴感兴趣的领域。[①]

2022年5月23日，美国发布了"印度—太平洋经济框架"，成为拜登政府"印太战略"的核心机构，其中，数字贸易成为重要议题。该框架首批成员包括美国、澳大利亚、日本、韩国、新西兰、印度、文莱、印度尼西亚、马来西亚、菲律宾、新加坡、泰国、越南和斐济14个国家。在印太经济框架中，拜登政府认为，在未来几十年的成功很大程度上取决于政府如何充分利用创新，尤其是清洁能源、数字和技术领域正在进行的转型。据此，该框架旨在恢复美国在该地区的经济领导地位，让美国及其盟友制定印太地区的经济竞争规则。该框架由四个关键支柱构成：第一大支柱是互联经济。其核心在于奉行数字经济的高标准道路规则，包括数据跨境流动标

---

① The White House, "FACT SHEET: Indo – Pacific Strategy of the United States," Nov. 2, 2022, https://www.whitehouse.gov/briefing – room/speeches – remarks/2022/02/11/fact – sheet – indo – pacific – strategy – of – the – united – states/.

准和数据本地化标准。同时美国希望与印太地区的伙伴加强数字经济合作，确保中小型企业能够从快速发展的电子商务行业中受益，同时解决互联网隐私、歧视和道德等问题。第二大支柱是弹性经济。美国寻求全新的供应链承诺，以更好地预测和防止供应链中断。该框架可能会遵循"美墨加三国协议"的基本原则，包括禁止对数字产品征收关税、限制数据本地化以及取消对跨境数据传输的限制。第三大支柱是清洁经济。在清洁能源、脱碳和基础设施等方面制定新目标。第四大支柱是公平经济。制定符合美国利益的多边经济规则，包括税收、反洗钱和反贿赂规则等。其中，备受印太地区国家关注的前两大支柱中，核心内容就是数字经济规则和数据治理标准。[1] 美国青睐的自由开放互联网标准与中国的数据主权模式及以数据隐私和消费者保护为中心的欧洲模式，在印太地区形成严峻的竞争态势。随着数字贸易和互联网经济对整体增长和经济发展变得越来越重要，东南亚各国政府正致力构建网络治理框架，现在面临在不同路径之间做出选择的态势。拜登政府希望以印太经济框架为抓手，为其首选的数据治理标准争取地区支持。因此，拜登政府将不遗余力地在印太地区扩大成员，以基础设施建设和数字市场开放作为两大筹码，吸引更多国家加入印太经济框架。

总之，美国"印太战略"和印太经济框架锚定网络和信息技术领域，从数字基础设施和网络安全两方面，加强对印太地区国家网络空间治理的控制。一方面，美国计划通过管理数字经济提升基础设施投资的透明度和高标准，事实上控制印太数字市场按照符合美国利益的方式运作。近年来，印太地区关键基础设施与互联网的连

---

[1] The White House, "FACT SHEET: In Asia, President Biden and a Dozen Indo – Pacific Partners Launch the Indo – Pacific Economic Framework for Prosperity," May. 23, 2022, https://www.whitehouse.gov/briefing – room/statements – releases/2022/05/23/fact – sheet – in – asia – president – biden – and – a – dozen – indo – pacific – partners – launch – the – indo – pacific – economic – framework – for – prosperity/.

接越来越紧密：高度连接的医院、由智能传感器驱动的水和能源系统、深深植根于数据的政府运作等。因此，老化的关键基础设施更容易受到攻击。加之新冠疫情对网络关键基础设施提出更高的要求，美国在战略中提及要与地区国家加强关键技术和供应链合作，在信息和通信技术方面协调弥合地区基础设施鸿沟。具体来说，美国计划在南亚、东南亚和太平洋岛屿构建所谓"安全和值得信赖的"数字基础设施，并推动云服务供应商多样化发展。事实上，美国是希望在网络基础设施构建的过程中，将本国的优势互联网企业嵌入其中，以帮助美国在印太地区攫取更多商业利益。与此同时，美国提出要创新网络架构鼓励扩展商业部署和测试合作，实现通用标准开发，在印太地区构建美国主导下的数字标准治理模式。另一方面，美国计划深化网络空间中的盟友军事合作以增强网络威慑能力，形成核心盟友之外的次级网络安全防御圈。在数字时代，信息在战争中发挥着关键作用。美国表示，俄乌冲突中，网络信息成为塑造国家形象的重要途径，这一发展趋势证明网络空间将改变未来印太安全体系。[1] 此外，支撑现代核系统的数字基础设施存在一些固有的漏洞，导致网络间谍活动有可乘之机，对手通过技术手段可能获得对网络或系统的访问权以窃取信息，甚至发动网络攻击。斯坦福大学和美国海军战争学院曾合作进行网络战争和核武器使用的兵棋推演，结果表明危机中的决策者可能会利用网络攻击来对抗对手的核系统。[2] 具体到"印太战略"中，美国尤其重视强化四方机制的首要区域集团地位，协调卫星数据共享。同时发挥 G7 和 G20 的领导作用，减轻来自外国干涉和信息操纵的风险，同时建立新的区域举措

---

[1] Patrick M. Cronin, "Ukraine—The Legacy of War," Apr. 2, 2022, https://www.hudson.org/foreign-policy/ukraine-the-legacy-of-war.

[2] Jacquelyn Schneider, Benjamin Schechter, Rachael Shaffer, "Cyber Operations and Nuclear Use: A Wargaming Exploration," Nov. 8, 2021, https://ssrn.com/abstract=3956337.

以改善集体网络安全并快速响应网络事件。

三、拜登政府网络安全战略动因

拜登政府的网络安全战略目标宏大，雄心勃勃地描绘了一幅国内外的数字生态系统蓝图，试图大刀阔斧地对国内的政企关系和国外的盟友关系进行改革。但在声势浩大的战略规划背后，暴露出美国政府在网络空间的治理能力方面有缺陷，以及面对内政外交压力陡增时的无措。对内，该战略的本质以国家安全为名，绑架美国企业帮助政府承担更多的网络安全防御责任，将网络空间的治理成本转嫁给资源更充沛、行动更自由、影响力更大的互联网大型企业。对外，该战略的本质是以意识形态为名，将中美博弈的压力转移给美国的盟友和伙伴，构造排挤中国的数字阵营。

（一）对内转嫁治理成本

拜登政府发布的第一份《国家网络安全战略》是对美国在网络空间领域的内政外交做出的一次重大改革。从对内数字治理层面看，拜登政府国内数字治理架构方面进行系统性调整，通过要求企业承担更多的数据安全保护责任来变革美国的数字生态系统。这份战略对国内数字生态的变革思路清晰，切合美国数字发展的需求，并充分发挥了美企的独特优势。美国作为互联网诞生地，在网络空间占据了技术和规则的先发优势，在此基础上催生出许多龙头企业，几乎在全球各个领域形成垄断态势，这也是美国网络霸权的根基所在。换言之，互联网企业，特别是龙头企业正是美国数字生态系统的核心枢纽。拜登政府正是精准把握这一点，利用美国大型企业已经成形的生态系统,带动全国的数字生态系统变革。同时将网络安全,特别是个人数字安全保护的责任转移到企业身上,不仅减轻美国政府的治理压力,还能够高效推进数字生态系统的安全化转型。

事实上,美国政府与互联网企业之间有着千丝万缕的关系,在2013年被曝出的"棱镜计划"中,涉及美国的九大互联网巨头,其中90%以上的数据由谷歌、微软和雅虎(已停运)三家公司提供。[1] 目前美国的谷歌、微软、脸书、推特、苹果、亚马逊等大型跨国公司基本已经覆盖到全球的数据流动,根据这些公司掌握的数据资源,美国就可以在一定程度上对全球网络空间进行有效管控。[2] 拜登政府在既有的政企关系基础上又向前大幅推进,在其网络安全战略中多次强调,互联网企业是网络空间中最活跃、最重要、最具权威的参与者,因而天然需要承担起更多网络安全保护责任。这不仅包括企业对消费者和员工的数据隐私和访问权限的保护,还包括国家对外网络安全保护的部分。因此,拜登政府要求企业加强与政府的网络合作,并听从美国政府的监督和指令,与政府共同分担网络安全保护的压力。这种战略逻辑事实上是美国政府转嫁网络治理压力,转移国内外产业矛盾的一种体现。这份战略从酝酿到发布的这段时间,恰逢美国政府面临内政外交等多方面压力骤增,其对华经济脱钩的种种举措导致美国企业失去了大量中国市场,造成严重经济损失,同时美国政府和企业屡屡遭受境外网络攻击。面对网络空间中的种种问题,美国政府事实上缺乏足够的治理能力和治理资源来应对。因此,拜登政府不得不将目光瞄向兼具数字处理能力和数据流动资源的互联网企业,特别是大型的企业。通过将网络安全保护责任分

---

[1] 沈逸:《后斯诺登时代的全球网络空间治理》,《世界经济与政治》2014年第5期,第144—155、160页。
[2] 沈逸:《美国国家网络安全战略的演进及实践》,《美国研究》2013年第3期,第30—50、5—6页。

摊给企业，拜登政府一方面得以强化对企业的管理和控制，深化政企数字合作和资源共享；另一方面减轻了政府的网络治理压力，提升了美国的网络安全保护水平。

（二）对外转移竞争压力，但盟友配合度不高

拜登政府通过划分"朋友圈"和"敌人圈"的叙述框架，并不断渲染意识形态威胁，实则是将对华网络博弈的压力部分转移给盟友和伙伴国家。近年来，美国的网络安全焦虑与日俱增，特别是担心中国网络能力的迅速增长威胁到美国的优势地位。但从实际层面看，中美之间的网络实力差距在短期内迅速缩小，无论是网络技术研发还是数字市场运营，美国都缺乏对中国压倒性的优势点。因此，拜登政府寄希望于拉拢盟友构建一套独属于西方的数字生态系统，通过意识形态的加持作用，让同质化国家分担美国的对华竞争压力。例如，美国希望与欧盟联手在全球推广其价值观，以对冲中国作为"非民主政体"在网络空间的影响力。美国希望借助欧盟在网络空间的"规范性力量"，提升国际数据标准的竞争力，并在全球创造符合其利益和价值观的数据治理框架。①

四、分析与评估

对内，拜登政府的主张可能会损害美国大型企业的商业利益，引起业界不满，恐难以达成有效的政企合作。就美国自身而言，从

---

① "EU–US Tech Cooperation：Strengthening Transatlantic Relations in Data–driven Economies," https：//www.atlanticcouncil.org/blogs/geotech–cues/eu–us–tech–cooperation/.

2018年特朗普政府发起对华贸易战开始，美国逐步寻求减少对中国的数字经济依赖，转而开发盟友市场。拜登政府延续了这一思路，认为通过与盟友间加强商业数据流动创造出大量商业价值，就可以弥补美国对华出口管制造成的经济损失。然而，彼得森经济研究所最新发布的2022年数据显示，美国出口下降幅度越来越大，相较于同时期中国市场销售的外国同行，美国对华出口的比重减少了23%。① 在企业损失大量经济利润的背景下，拜登政府还要求企业承担更多网络安全责任，势必会引发企业界的强烈不满。目前已经有不少企业发布声明，反对美国政府加强企业的监管，认为此举会削弱企业的全球市场竞争力。"基础科技公司"首席执行官兼创始人肖恩·里格塞克指责美国政府歪曲了"行业自律"一词，背离了资本主义和自由主义的信念。肖恩认为，在没有出台明确的处罚细则前，拜登政府网络安全战略的呼吁和要求"只不过是没有牙齿的纸老虎"，广告业应共同拒绝政府过于严苛的监管规定。②

对外，拜登政府在网络空间拉帮结派的做法不符合盟国自身的数字经济利益，同时会反噬美国自身的商业运营。就盟国的态度而言，除了澳大利亚、新西兰等"五眼联盟"国家对美国的配合度较高之外，其他盟友均保留了自身的利益考量，认识到拜登政府的排华式数字生态系统会阻碍本国数字经济发展。例如，日本众议院前议员高井たかし建议日本政府对美国保持警惕，甚至担心拜登政府会"买断日本数字市场"，因此要在必要时针对具体问题重新谈判。韩国国家外交学院建议，政府最好同时加入美国和中国主导的核心倡议，并在敏感问题上延续"模糊战略"，即在安全问题上站在美国

---

① Yilin Wang Chad P. Bown, "Five Years into the Trade War, China Continues its Slow Decoupling from US Exports," Mar. 16, 2023, https：//www.piie.com/blogs/realtime－economics/five－years－trade－war－china－continues－its－slow－decoupling－us－exports.

② Shawn Riegsecker, "Twitter：Shawn Riegsecker US," Oct. 6, 2021, https：//twitter.com/ShawnRiegsecker/status/1445647429718532096.

一边，而在经济上坚持与中国保持联系。泰国、印度尼西亚、马来西亚等东盟国家，更加希望能依据本国的实际情况，构建符合本国利益的数字贸易体系，实现"数字东盟"，建立"新经济生态系统"。"得道多助，失道寡助"，拜登政府强行拉拢盟友排华，构建以美国为中心的数字生态系统的政策，很难获得别国的支持，大概率只停留在美国单方面的政策文件字面上。

总之，拜登政府的网络安全战略的改革步伐过大，但缺乏足够的政治和经济资源支撑其落地。无论是对国内企业的要求还是对国外盟友的拉拢，都很难在现实层面得到相关行为体的配合。对内提升了企业的合规成本，引发企业界不满，加之拜登政府没有出台具体的安全规定，很容易出现大型企业消极配合、视若无睹甚至强烈反抗的情况。对外的意识形态对立做法，阻碍了其盟友和伙伴乃至全球各国数字经济的正常发展，不符合网络空间发展的基本规律。因此，尽管拜登政府网络安全战略的政策逻辑符合美国政府自身的利益考量，但加重了美企和其他国家的网络安全压力，很难取得实际成效。

"主权困惑"
——欧盟主权的博弈与再定义

宫云牧[*]

摘　要：近年来，欧盟成员国领导人和欧盟委员会陆续提出"主权欧洲""欧盟主权"以及欧盟的"经济、金融、技术和数字主权"等一系列概念。欧洲一体化之初试图埋葬的主权原则，又以崭新的方式在欧盟层面回归。作为具有超国家性质的国际组织，欧盟因其自身行为体的特殊性而形成的一系列"主权困惑"，难以与"主权"概念完全相适配。在一体化进程中，欧盟对"主权"概念的认知呈现多元化与实践性的特点。"欧盟主权"概念的建构更像是一种"言语—行为"与实现地缘政治诉求与战略竞争目标的工具。当欧盟尚不具备完全的超国家性质时，欧盟与成员国和域外大国之间的主权博弈会一直持续，欧盟对于"主权"概念的界定也会随情势变化而发生改变。

关键词：主权困惑　欧盟　主权博弈　战略自主

一、引言

欧盟的建立是对威斯特伐利亚体系下民族国家主权的超越。《罗

---

[*] 宫云牧，复旦大学国际关系与公共事务学院国际政治系博士研究生。

马条约》《马斯特里赫特条约》《阿姆斯特丹条约》《里斯本条约》均逐步对欧盟的权能范围做出界定，但自始至终规避使用"主权"一词。有学者认为欧洲正在进入"后主权时代",[①] "主权"是一体化进程中需要逾越的障碍。不过，随着新自由主义的式微，曾自视为国际体系中"规范性力量"[②]的欧盟也开始转向"硬实力"与地缘政治博弈。欧盟委员会又重拾"主权"概念，时任欧盟委员会主席的容克一度宣称"欧盟主权时刻的到来"。[③] 在此背景下，本文提出如下研究问题：为何在欧洲一体化进程中曾试图埋葬的主权原则[④]，又以"欧盟主权"这一概念被重新推出并赋予战略意义？作为国际组织的欧盟为何可以声称自身享有"主权"？为了与欧盟这一特殊国际关系行为体相适配，"主权"概念要如何被重新定义？

既有文献较少围绕"主权"概念本身，展开对"主权欧洲"和"欧盟主权"的讨论，而更多从官方文件与领导人表态入手分析"欧盟主权"的战略内涵与政策主张。金玲认为利用欧洲综合力量是"主权欧洲"这一理念背后的核心诉求，欧盟想借此实现竞争优势、权力自主与保护的功能。[⑤] 崔宏伟指出"欧洲主权"概念模糊、充满矛盾且富有争议，这一概念旨在提升欧盟内部的凝聚力与对外影响力，通过渲染外部威胁来推进成员国间政策与战略的协调，降低

---

① Neil MacCormick, *Questioning Sovereignty: Law, State, and Nation in the European Commonwealth*, Oxford: Oxford University Press, 1999, p. 95. 转引自潘忠岐、高兴伟:《中欧主权观分歧及其影响》,《欧洲研究》2011 年第 2 期, 第 66 页。

② 规范性力量指的是欧盟通过一系列价值、规范、规则与制度的安排，在国际社会中发挥"软实力"与国际影响力，具体讨论参见：Ian Manners, "Normative Power Europe: A Contradiction in Terms?", *Journal of Common Market Studies*, Vol. 40, No. 2, 2002, pp. 235–258。

③ Jean - Claude Junker, "State of the Union 2018: The Hour of European Sovereignty," *European Commission*, September 12, 2018, https://ec.europa.eu/commission/presscorner/detail/en/SPEECH_18_5808.

④ 1999 年时任德国总理施罗德提出要在欧洲一体化进程中"埋葬主权原则", 参见 "European Integration – in their own words," *The Bruges Group*, https://www.brugesgroup.com/quotes/european-integration。

⑤ 金玲:《"主权欧洲"、新冠疫情与中欧关系》,《外交评论》2020 年第 4 期, 第 82 页。

欧盟因对外依赖而产生的脆弱性。① 忻华则聚焦"欧洲经济主权与技术主权",指出上述"主权"概念以产业政策为核心,以"战略性价值链"为政策抓手,涉及经贸、全球治理、对外关系和战略安全等领域,反映出欧盟领导层的地缘政治战略与外部竞争焦虑。②

既有研究大多直接分析"主权欧洲"或"欧盟主权"概念的含义,而不讨论上述概念成立的前提。有关"欧盟主权"概念背后战略考量的讨论,大致分为如下三个层次:其一,在全球层面,欧盟寻求成为地缘政治行为体并维系多边规则体系,彰显一体化架构的主体性;其二,在多边与双边层面,欧盟面临来自美国和中国等域外大国竞争的压力,希望通过增强自身综合竞争力实现在中美"新两极格局"中的战略自主;其三,在欧洲内部,欧盟经历了主权债务危机、难民危机和英国脱欧等一系列挑战,成员国分歧加剧且出现"疑欧主义"和去一体化倾向,欧盟须探寻一体化的新目标。③

本文认为,在讨论"欧盟主权"的内涵与战略意义之前,应先厘清其与传统"主权"概念的关系。本文将从"主权"概念入手,分析在一体化进程中欧盟内部形成的"主权困惑"④;接着讨论"欧盟主权"的理论基础与概念建构过程;然后从内部主权博弈与外部主权博弈两种视角切入,探寻"欧盟主权"概念提出背后的战略考

---

① 崔宏伟:《"主权困惑"与欧洲一体化的韧性》,《当代世界与社会主义》2019 年第 5 期,第 127 页。
② 忻华:《"欧洲经济主权与技术主权"的战略内涵分析》,《欧洲研究》2020 年第 4 期,第 1 页。
③ 相关讨论参见忻华:《"欧洲经济主权与技术主权"的战略内涵分析》,《欧洲研究》2020 年第 4 期,第 1—29 页;金玲:《"主权欧洲"、新冠疫情与中欧关系》,《外交评论》2020 年第 4 期,第 71—94 页;金玲:《"主权欧洲":欧盟向"硬实力"转型》,《国际问题研究》2020 年第 1 期,第 67—88 页。
④ "主权困惑"翻译自"Sovereignty Puzzle",参见 Ole Wæver, "Identity, Integration and Security: Solving the Sovereignty Puzzle in E. U. Studies," *Journal of International Affairs*, Vol. 48, No. 2, 1995, pp. 389 – 431;崔宏伟:《"主权困惑"与欧洲一体化的韧性》,《当代世界与社会主义》2019 年第 5 期,第 123 页。

量;最后尝试对欧盟语境下的"主权"概念进行再定义。

二、主权概念变迁与欧盟的"主权困惑"

"欧盟主权"概念的提出引发两大"主权困惑":一是自威斯特伐利亚体系建立起的主权原则如何与现代国际关系行为体对"主权"的诉求相适配;二是欧盟虽为一体化程度最高的区域性国际组织,但并不享有主权[①],那么"主权"概念又如何与欧盟这一兼具政府间性质与超国家性质的新型国际关系行为体相适配?本文将从主权概念变迁与欧盟这一国际关系行为体的特殊性两方面作深入分析。

(一)主权概念变迁

最早关于"主权"的论述可以追溯到法国政治哲学家让·博丹的《论主权》一书中,让·博丹在书中写道:主权是共同体所有的绝对且永久的权力[②],它至高无上,不受法律限制[③]且具有最高权威和最高独立性[④]。博丹对"主权"概念的界定只涉及对内维度并将其用于论证君主统治的合法性。[⑤] 1648 年《威斯特伐利亚和约》确立了基于"主权"的国际关系新准则,由此主权原则于欧洲大陆诞

[①] 国际关系专家们认为国际组织不享有主权,参见[美]迈克尔·施密特总主编:《网络行动国际法塔林手册 2.0 版》,黄志雄等译,社会科学文献出版社 2017 年版,第 59 页。

[②] [法]让·博丹著:《主权论》,李卫海、钱俊文译,北京大学出版社 2008 年版,第 1 页。

[③] 博丹认为法律是拥有主权的人所下的命令,参见[法]让·博丹著,李卫海、钱俊文译:《主权论》,北京大学出版社 2008 年版,第 43 页。

[④] 对博丹主权论述的讨论,参见肖佳灵《国家主权论》,时事出版社 2003 年版,第 28—29 页。

[⑤] Gabriele Wight and Brian Porter, *International Theory: The Three Traditions*, New York: Holmes and Meier, 1992, pp. 2–3.

生并向世界传播推广。① 自威斯特伐利亚体系以来，对"主权"概念的界定包含对内和对外两个维度：对内，主权是指行为体在所辖区域内拥有至高无上的权威；对外，主权意味着独立自主的权威，不受外部干涉。② 由此可见，威斯特伐利亚体系下的主权原则可被细分为主权平等和不干涉内政两项具体原则。国家对内主权的至高无上性和对外主权的独立性，存在于规范和实践两个层面。③ 有些对主权的声索停留于规范层面，有些则会通过配套政策措施来付诸实践，因而需根据具体的声索内容进行分类讨论。

传统上"主权"概念具有绝对性与不可分割性。绝对性指的是主权行为体在特定领土内管辖的事务范围，而不是指享有主权的程度或是主权的性质。④ 随着现代社会的发展，以欧盟为代表的具有超国家性质的行为体突破了绝对主权的限制。举例而言，欧盟在共同贸易政策领域具有专属权能，代表成员国对外签署经贸协定，在一定程度上削弱了成员国的绝对主权。在区域一体化与经济全球化的双重影响下，国家主权的行使受到一定程度的制约，因而"主权"概念也存在一定的相对性与局限性。⑤

在"主权"概念确立之初，欧洲的政治哲学家均将主权视作一个整体，认为主权具有不可分割性。⑥ 在讨论欧盟的"主权困惑"时，奥利·维夫也指出主权具有不可分割的特性，因为无法界定欧盟及其成员国各自拥有多少比例的主权，主权的内容会随时间改变，

---

① 潘忠岐等著：《概念分歧与中欧关系》，上海人民出版社 2013 年版，第 20 页。
② Daniel Philpott, "Sovereignty: An Introduction and Brief History," *Journal of International Affairs*, Vol. 48, No. 2, 1995, p. 357.
③ Hedley Bull, *The Anarchical Society: A Study of Order in World Politics*, 3rd edition, New Jersey: Columbia University Press, 2002, p. 8.
④ Daniel Philpott, "Sovereignty: An Introduction and Brief History," *Journal of International Affairs*, Vol. 48, No. 2, 1995, p. 358.
⑤ 伍贻康、张海冰：《论主权的让渡——对"论主权的'不可分割性'"一文的论辩》，《欧洲研究》2003 年第 6 期，第 68 页。
⑥ 潘忠岐等著：《概念分歧与中欧关系》，上海人民出版社 2013 年版，第 21 页。

但主权作为一种形式本身不会发生变化。[①] 在他看来，成员国向欧盟转移的所谓"主权"，[②] 实质上是一些事务的管理权限，而这些事务一旦被转移便不再属于主权的范畴。在欧洲一体化进程中，欧盟与成员国之间围绕相关事务管理权限进行博弈，进而重新定义"主权"的概念范畴。

斯蒂芬·克拉斯纳进一步提出四种主权类型：其一，对内主权，即国内至高权威；其二，相互依赖性主权，具体指公共机构管理跨境流动的能力；其三，国际法律主权，也即国家和其他政治实体获得的国际承认；其四，威斯特伐利亚主权，一般指将外部行为体排除在国内权力机构之外，亦即免受外部干涉。[③] 在他看来，后两种主权只涉及权威的问题，即主权行为体是否有权排除外部干涉以及是否可以获得国际承认并加入国际协议等；相互依赖主权仅指行为体对跨境流动的控制权，而对内主权则同时强调权威和控制权。[④]

简言之，权威和控制权是衡量主权分类的重要标准。"主权"并不等于"绝对权力"，存在制约、协调和分割的可能性，主权对行为体而言既是一种实现和维护的目标，又是一种为国家利益服务的手段，因而会随着国家利益诉求的变化而发展变化，具有较强的实践性。[⑤] 欧盟在一体化进程中规避或运用"主权"概念，否定抑或承认主权原则，背后均体现出一定的利益考量，但也随之在欧盟层面形成"主权困惑"。

---

① Ole Wæver, "Identity, Integration and Security: Solving the Sovereignty Puzzle in E.U. Studies," *Journal of International Affairs*, Vol. 48, No. 2, 1995, p. 417.

② 这里"转移主权"翻译自"Transfer of Sovereignty"。

③ Stephen D. Krasner, *Sovereignty: Organized Hypocrisy*, New Jersey: Princeton University Press, 1999, p. 9.

④ Stephen D. Krasner, *Sovereignty: Organized Hypocrisy*, New Jersey: Princeton University Press, 1999, p. 10.

⑤ 相关讨论参见肖佳灵：《国家主权论》，时事出版社2003年版，第468—497页。

(二) 欧盟的"主权困惑"

欧盟层面的"主权困惑"有三种表现形式：一是欧盟这一国际关系行为体的特殊性所带来的"主权困惑"；二是欧盟与成员国形成逆向的"主权"诉求，[1] 欧盟对"主权"的强化与成员国对各自国家主权的捍卫之间的矛盾关系形成一种"主权困惑"；三是欧盟对"主权"的声称是否可以获得国际外交承认也构成了一种"主权困惑"。

首先，欧盟是国家主权的产物，通过成员国间自愿协议而成立；但欧盟又与传统意义上的主权原则背道而驰，因为上述协议一定程度上破坏了成员国的司法自主权。[2] 在欧洲一体化进程中，成员国在煤钢联营、关税同盟、经济共同体等具体领域把最高权威转移或让渡给欧盟这一超国家机构，这种转移和让渡建立在成员国自愿的基础上，并在一体化架构中形成了成员国集体行使权力的机制。[3] 欧盟以专属权能[4]和机制设置为依托，推进联盟层面共同的对内与对外政策，发挥其在国际事务中的影响力[5]。欧盟所拥有的权能依赖于成员国的授权[6]，"一致同意"和"有效多数"表决机制的设定体现出欧

---

[1] 崔宏伟：《"主权困惑"与欧洲一体化的韧性》，《当代世界与社会主义》2019 年第 5 期，第 123 页。

[2] Stephen D. Krasner, "Sovereignty," *Foreign Policy*, Jan. – Feb., 2011, No. 122, p. 28.

[3] 戴炳然：《欧洲一体化中的国家主权问题——对一个特例的思索》，《复旦学报（社会科学版）》1998 年第 1 期，第 40 页。

[4] 专属权能翻译自"Exclusive Competence"，关于欧盟权能的分类与表述参见 Article 2, Treaty on the Functioning of the European Union, https://eur-lex.europa.eu/legal-content/EN/TXT/?uri=celex%3A12012E%2FTXT.

[5] 有关欧盟行为体与欧盟双层对外政策体系的讨论，参见张骥、陈志敏：《"一带一路"倡议中的中欧对接：双层欧盟的视角》，《世界经济与政治》2015 年第 11 期，第 40—43 页。

[6] 崔宏伟：《"主权困惑"与欧洲一体化的韧性》，《当代世界与社会主义》2019 年第 5 期，第 127 页。

盟层面的决策主权仍归属于成员国，而非欧盟这一超国家机构。欧盟的超国家性质不足以使其成为享有主权的法律实体，欧盟层面的法律法规中也刻意规避了"主权"的概念，多强调欧盟法的"直接效力"和"至高无上性"。可见，欧盟声称自身拥有"主权"不符合国际法，这里对"主权"概念的使用更具政治化倾向。

其次，随着欧洲一体化进程受挫，一些欧盟成员国内部出现"欧洲怀疑论"，反对一体化向纵深发展，主张捍卫国家主权。例如，英国脱欧公投中打出"夺回控制权"的口号便反映出成员国对"主权"的逆向诉求。在此背景下，欧盟层面在推出"欧盟主权"这一概念时显得异常谨慎，避免触碰成员国中民族主义者的敏感神经。时任欧盟委员会主席容克在宣告"欧盟主权时刻到来"之时，还特别强调欧盟主权并非是要削弱或取代国家主权。① 欧洲对外关系委员会甚至声称"欧盟主权"中的"主权"不是要从成员国手中夺走，而是要从中国、俄罗斯和美国等域外大国手中夺回。② 由此看来，"欧盟主权"偏向于主权的对外维度，即保持独立自主的权威，不受外部行为体的干涉。

值得关注的是，上述表态暗藏两个问题：其一，"主权"概念自身包含对内对外两个维度，难以被割裂，欧盟对外的独立自主也需要以对内主权为支撑，片面强调主权对外维度无法对冲欧盟内部的"疑欧主义"；其二，欧盟"对外主权"概念的建构需要界定何谓"外部干涉"，如若把经济层面的对外相互依赖性视作"外部干涉"与"主权受损"，则会滑向"民族主义"与"保护主义"，偏离"主

---

① Jean-Claude Junker, "State of the Union 2018: The Hour of European Sovereignty," *European Commission*, Sep. 12, 2018, https://ec.europa.eu/commission/presscorner/detail/en/SPEECH_18_5808.

② Mark Leonard and Jeremy Shapiro, eds., *State Sovereignty: How Europe Can Regain the Capacity to Act*, European Council on Foreign Relations, June 2019, p. 13, https://ecfr.eu/publication/strategic_sovereignty_how_europe_can_regain_the_capacity_to_act/.

权"在对外维度上的本义。

最后,欧盟在全球有143个驻外代表团,各国依据《维也纳外交关系公约》给予欧盟代表团外交特权与豁免权,代表团地位相当于外交使团,团长被视为全权大使。可见,欧盟已获得国际对其外交地位的承认,但这一国际承认并不等同于对欧盟"主权"地位的承认。简言之,欧盟因其自身行为体的特殊性、与成员国间逆向的"主权"诉求,以及难以获得国际承认而形成了一系列"主权困惑"。能否解决上述"主权困惑"是"欧盟主权"概念成立与否的前提,而"欧盟主权"概念的发展则依赖于一定的理论基础。

三、"欧盟主权"的理论基础

一体化理论和地缘政治理论构成"欧盟主权"的两大理论基础:前者关注成员国与欧盟间的互动关系,对"主权"问题的讨论贯穿始终;后者从国际秩序视角切入,分析欧盟对"主权"概念认知的变迁。

(一) 一体化理论

欧洲一体化进程中一直存在主权问题的辩论:功能主义视角下的欧洲一体化对成员国的主权产生约束作用,并推动新的主权形式在欧盟层面建立;政府间主义视角下一体化进程中最终主权属于成员国,成员国在实践层面拥有主权。[1]

---

[1] 金玲:《"主权欧洲"、新冠疫情与中欧关系》,《外交评论》2020年第4期,第73页。

1. 功能主义视角

功能主义奠基人大卫·米特兰尼主张通过限制和削弱民族主义，创建以功能性国际组织为代表的国际共同体，避免国际冲突与战争，实现和平与发展的目标，增进人类福祉。[1] 在具体操作层面，米特兰尼提出功能性扩展的路径，即国家间的合作将会自动从某一领域扩展到另一个领域，某一层面的专职合作会产生对加强另一方面专职合作的需求[2]，由此国家间的一体化合作不断扩展、完善。随着区域一体化的推进，功能主义也产生了新的理论分支，如厄恩斯特·哈斯在米特兰尼的基础上提出的新功能主义和菲利普·施密特对新功能主义的修正。[3] 新功能主义强调超国家机构的重要作用，成员国将权力委托给欧盟委员会或欧洲中央银行等超国家机构，成员国之间的功能性合作有"外溢效应"，欧洲一体化进程中成员国在经济领域的合作溢出到政治和安全领域的合作，使得一体化不断向纵深方向发展。

概言之，一体化理论中的功能主义视角对"主权"概念的界定较为宽泛，认为欧洲一体化进程中成员国与超国家机构形成一种"汇集主权"。随着成员国间功能性合作受阻，尤其是受到英国脱欧的影响，施密特等学者提出了一体化的"回溢效益"，具体表现形式包括成员国不再愿意向欧盟转让权能。这一理论可以解释欧盟成员国内部重新重视对国家"主权"的讨论，但难以用来解释为何"欧盟主权"的概念被提出并被赋予重要的战略内涵。

---

[1] 房乐宪：《欧洲一体化理论中的功能主义》，《教学与研究》2000年第10期，第34页。
[2] 同上，第35页。
[3] 梁雪村：《欧盟为什么需要民族国家？——兼论欧洲一体化的理论误读》，《欧洲研究》2020年第1期，第9—10页。

2. 政府间主义视角

区别于功能主义，政府间主义采取国家中心主义视角，认为欧洲一体化进程是成员国政府间合作与竞争并存的博弈结果。[①] 安德鲁·莫拉维克斯克提出自由政府间主义，认为欧洲一体化进程包括三个阶段：第一阶段，国内利益集团通过游说等方式，汇聚国内利益，形成国家偏好；第二阶段，欧盟成员国政府在欧盟层面进行博弈，目标为实现各自国家利益的最大化；第三阶段，成员国设计并建立超国家机制，确保政府间博弈结果的落地实施。[②] 莫拉维克斯克的自由政府间主义，结合了自由主义与政府间主义两种理论视角。具体而言，第一阶段国内利益与国家偏好的形成过程体现了自由主义视角，即国内利益集团与社会团体影响并塑造国家对外政策偏好；第二阶段成员国以利益偏好为导向进行博弈，体现了政府间主义视角，即把欧洲共同体视作理性政府战略互动博弈的结果。[③]

新政府间主义同样采取国家中心主义视角，认为成员国政府间博弈是欧洲一体化进程的主要影响因素。区别于自由政府间主义视角，新政府间主义在国家利益偏好塑造阶段引入大众政治作为新的影响因素，认为大众动员和随之产生的汹涌民意限制了成员国在欧盟层面的共识与合作，而欧盟层面的超国家机构作为理性行为体，并不会盲目推进成员国一体化合作的超国家化。[④]

简言之，政府间主义视角更适合被用于分析成员国间博弈和欧

[①] Liesbet Hooghe and Gary Marks, "Grand Theories of European Integration in the Twenty-first Century," *Journal of European Public Policy*, Vol. 26, No. 8, p. 1115.

[②] Andrew Moravcsik, *The Choice for Europe: Social Purpose and State Power from Rome to Maastricht*, Ithaca: Cornell University Press, 1998, p. 24.

[③] 房乐宪:《政府间主义与欧洲一体化》,《欧洲》2002 年第 1 期, 第 86 页。

[④] 张亚宁:《2019 年欧盟委员会主席换届——新政府间主义的视角》,《德国研究》2020 年第 1 期, 第 76—97 页。

盟与成员国之间的双层博弈。一体化理论中的政府间视角可以用来分析欧盟成员国与欧盟超国家机构围绕"主权"而展开的博弈。"欧盟主权"概念的提出与落地均体现了成员国与欧盟机构之间的协调与博弈。

（二）新自由主义受挫与地缘政治的回归

新自由主义范式强调开放性的国际秩序，地缘政治理论关注大国之间的权力斗争与国际体系中的权力分配。欧盟及其成员国对"欧盟主权"的讨论与新自由主义范式和地缘政治理论的争论密切相关。[1] 在经济全球化进程中，新自由主义和国际垄断资本处于支配地位[2]，开放的自由主义国际秩序促使欧盟强化自身的规范性力量，通过一系列价值、规范、规则与制度的安排，增强"软实力"与国际影响力。此时，欧盟鲜有提及"欧洲的主权"而更多地宣示"欧洲的主义"，[3] 向世界推广欧洲的制度与价值观。而随着全球化进程受阻和大国战略竞争的加剧，欧盟不再一味关注自身"软实力"的塑造，而是向"硬实力"转型，[4] 着眼于权力政治与地缘政治博弈，强调"欧盟主权"的战略价值。

1. 新自由主义视角

经济自由主义是欧洲一体化重要的指导思想之一，欧盟通过市

---

[1] 忻华：《"欧洲经济主权与技术主权"的战略内涵分析》，《欧洲研究》2020年第4期，第6页。
[2] 中国社会科学院"新自由主义研究"课题组：《新自由主义研究》，《马克思主义研究》2003年第6期，第23页。
[3] 忻华：《"欧洲经济主权与技术主权"的战略内涵分析》，《欧洲研究》2020年第4期，第6页。
[4] 金玲：《"主权欧洲"：欧盟向"硬实力"转型》，《国际问题研究》2020年第1期，第67页。

场竞争政策和欧盟法院来减少国家对市场的干预，消除欧盟单一市场内部对商品、服务、资本和人员这四大要素自由流动的所有障碍。① 在继承资产阶级古典自由主义经济理论的基础上，新自由主义以反对和抵制凯恩斯主义为主要特征，适应国家垄断资本主义向国际垄断资本主义转变要求，强调以市场为导向，主张贸易自由化、价格市场化、私有化观点的理论思潮、思想体系和政策主张。② 在新自由主义思潮影响下，欧洲国家加快推进欧洲一体化。

新自由主义虽推动了欧洲经济一体化的进程，却无法弥合欧盟区域发展的不平衡。受 2008 年国际金融危机的冲击，以希腊、西班牙、葡萄牙为代表的南欧国家，深陷主权债务危机之中。在欧盟成员国中，经济危机逐步演化成政治危机和社会危机，一些国家甚至出现"疑欧主义"倾向，在欧盟层面形成去一体化的压力。在此背景下，"欧盟主权"概念的提出可被视作对欧盟一体化进程中产生的一系列危机的回应，通过强调保护"欧盟主权"来增强欧盟内部的团结。概言之，新自由主义思潮的式微促使欧盟推出"欧盟主权"的概念，并进一步强调维护欧盟在诸如经济、技术、数字等方面的主权的战略意义。

2. 地缘政治视角

欧盟委员会主席冯德莱恩在 2019 年欧洲议会演讲中将新一届欧委会称为"地缘政治委员会"③，宣告欧盟向地缘政治与大国权力博

---

① 崔宏伟：《欧盟"内嵌的自由主义"为什么失败？——对欧债危机的解读》，《马克思主义研究》2012 年第 12 期，第 51 页。

② 中国社会科学院"新自由主义研究"课题组：《新自由主义研究》，《马克思主义研究》2003 年第 6 期，第 18 页。

③ Ursula von der Leyen, "Speech in the European Parliament Plenary Session," European Commission, Nov. 27, 2019, https：//ec. europa. eu/commission/presscorner/detail/es/speech _ 19 _ 6408.

弈的转向。欧洲对外关系委员会建议欧盟创立"战略主权",学习像一支地缘政治力量那样思考。① 欧洲的"地缘政治"目标包括多边主义、公平开放贸易、全球推广欧盟标准、技术主权与防务自主。② 欧盟建构出一系列"主权"概念,在一定程度上反映出其上述地缘政治目标。本文将进一步分析大国地缘政治博弈对"欧盟主权"概念内涵和外延的影响。

四、"欧盟主权"概念的建构

近年来,欧盟成员国领导人和欧盟委员会陆续提出"主权欧洲""欧盟主权"以及欧盟的"经济、金融、技术和数字主权"等一系列概念。欧洲一体化之初试图埋葬的主权原则,又以崭新的方式在欧盟层面回归。

(一)"欧盟主权"概念的提出

2017 年 9 月 26 日,法国总统马克龙在索邦大学以"欧洲新倡议:构建主权、团结、民主的欧盟"为题发表讲话,首次提出"主权欧洲"的概念。他认为,实现"欧盟主权"③ 的建构有六大路径:

---

① Mark Leonard and Jeremy Shapiro, eds., *State Sovereignty: How Europe Can Regain the Capacity to Act*, European Council on Foreign Relations, Jun. 2019, p. 5, https://ecfr.eu/publication/strategic_sovereignty_how_europe_can_regain_the_capacity_to_act/.

② "The Pitfalls of a 'Geopolitical' European Commission," Dec. 26, 2019, https://balkaninsight.com/2019/12/26/the-pitfalls-of-a-geopolitical-european-commission 转引自解楠楠、张晓通《"地缘政治欧洲":欧盟力量的地缘政治转向》,《欧洲研究》2020 年第 2 期,第 19 页。

③ 本文将"European Sovereignty"翻译为"欧盟主权"而不是"欧洲主权",因为本文并不认同"区域主权",主权不是地理上的概念,而是一种政治性概念,"欧盟"作为区域内的政治实体,比"欧洲"作为"主权"的指射对象更为恰当。

一是全方位保障安全；二是应对移民挑战；三是针对非洲和地中海制定对外政策；四是成为可持续发展的典范；五是在数字世界中支持创新、推进监管法规；六是拥有经济和货币权力。① 在演讲中，马克龙并未对欧盟主权相关概念进行阐释，只是提出加强边境管控、数据保护、食品安全等具体措施。"欧盟主权"的概念内涵与外延尚不明晰，马克龙总统的索邦演讲更像是一种"言语—行为"，即通过对"主权欧洲"的概念建构，回应欧盟的内生性危机与外部的竞争压力。

欧盟机构领导人随后也提出"欧盟主权"的概念。2018年9月12日，时任欧盟委员会主席容克在欧洲议会发表"盟情咨文"宣告"欧盟主权时刻的到来"。他指出欧盟应成为一个拥有更多主权的国际关系行为体，欧盟主权源自成员国的国家主权，建构欧盟主权并非寻求取代国家主权，而是通过分享主权的方式使每一个成员国都变得更加强大。② 容克虽在盟情咨文中区分了"欧盟主权"与"国家主权"两个概念，但并未给出"欧盟主权"的概念界定。欧盟作为具有较高一体化水平与"超国家"性质的区域性国际组织，尚不具备主权国家的特征，也无法满足自威斯特伐利亚体系以来对"主权"概念的传统界定。

随着欧盟委员会正式推出"欧盟主权"的概念，欧盟与成员国和域外国家围绕"欧盟主权"展开博弈并对"主权"的概念进行再定义，使之更加符合欧盟的特殊性。2019年7月14日，作为欧盟委员会主席候选人的冯德莱恩推出了她的欧盟议程，强调要实现欧盟

---

① Emmanuel Macron, "Speech on New Initiative for Europe," *Elysée*, Sep. 26, 2017, https://www.elysee.fr/emmanuel-macron/2017/09/26/president-macron-gives-speech-on-new-initiative-for-europe.en.

② Jean-Claude Junker, "State of the Union 2018: The Hour of European Sovereignty," *European Commission*, Sep. 12, 2018, https://ec.europa.eu/commission/presscorner/detail/en/SPEECH_18_5808.

的技术主权。① 当选欧盟委员会主席后，冯德莱恩在欧委会2020年工作计划中提出应强化欧盟的经济和金融主权②，随后在2020年9月的"盟情咨文"中推出了数字主权的概念。由此，"欧盟主权"概念的外延被不断丰富完善。

（二）"欧盟主权"概念的内涵与战略意义

从"主权欧洲"到"欧盟主权"，再到欧盟的经济、金融、技术和数字主权，欧盟委员会已围绕"欧盟主权"建构起一套概念体系。值得注意的是，欧盟对"主权"概念的运用存在一定限度，即倾向于强调经济层面的"主权"，避而不谈安全层面的"主权"。由于依赖美国主导下的北约来提供安全保护，欧盟多使用"自主性"或"战略自主"等词语来指代欧盟的防务一体化。目前尚缺乏对"欧盟主权"内涵与外延的严格界定。这种对"主权"定义模糊化的处理方式，反映出"主权"的工具属性。换言之，主权并非欧盟的最终目标，而是实现欧盟战略诉求的一种手段。本文选取欧盟推出的"经济主权""技术主权""数字主权"来分析"欧盟主权"概念的内涵与战略意义。

1. 经济主权与市场监管性权力

在经济领域，单一市场是欧盟在国际竞争中获得非对称性权力的重要途径。凭借着单一市场庞大的规模与较高的消费体量，欧盟

---

① Ursula von der Leyen, "A Union that Strives for More – My Agenda for Europe," *Europa*, Jul. 14, 2019, https://commission.europa.eu/system/files/2020 – 04/political – guidelines – next – commission_en_0.pdf.

② "European Commission Work Program 2020: A Union that Strives for More," COM（2020）37 final, Brussels, Jan. 29, 2020, https://eur – lex.europa.eu/legal – content/EN/TXT/? uri = CELEX%3A52020DC0037.

可以通过设置市场开放程度与准入标准,[1] 寻求在全球经济竞争中的非对称优势。欧盟在经济领域的一体化程度最高,《里斯本条约》对内部市场中商品、服务、资本和人员的自由流动做出详细规定,欧盟法院有权对成员国违反欧盟法的行为做出判决。鉴于此,欧盟提出的"经济主权"在对内维度上拥有制度支撑。

欧洲对外关系委员会对"经济主权"的内涵做出如下四点阐释:其一,提高欧洲的研究和科技基础;其二,保护对国家安全至关重要的资产不受外国干涉;其三,在国内和国际竞争中建立公平的竞争环境;其四,加强欧洲货币和金融自主权。[2] 这里着重强调了"经济主权"的对外维度。欧盟意在掌握市场规则的制定权,通过发挥监管性权力的作用,在全球层面推广欧盟经济治理规则、理念、价值与规范。不过,由于"经济主权"涵盖范围不明确,如若把欧盟在全球经济中的非对称相互依赖视作对"经济主权"的侵害,则会陷入贸易保护主义倾向,与新自由主义视角下欧盟单一市场的初衷相违背。

2. 技术主权与技术竞争博弈

在核心与尖端科技领域,欧盟的竞争力逊于以美国和中国为代表的域外大国。欧盟推出"技术主权"概念,意在提高欧盟对核心技术的自主掌控力,减少对外部的技术依赖。具体而言,欧盟出台对互联网科技巨头市场垄断的限制措施,一方面为维护公平竞争的市场环境,另一方面则是为摆脱对他国企业的技术依赖,尽快依靠

---

[1] 庞大的国内市场可以变为重要的经济武器,通过操纵国内市场开放程度,影响国际市场开放程度。相关讨论参见黄琪轩《大国权力转移与技术变迁》,上海交通大学出版社 2013 年版,第 63—64 页。

[2] Mark Leonard and Jeremy Shapiro, eds., *State Sovereignty: How Europe Can Regain the Capacity to Act*, European Council on Foreign Relations, Jun. 2019, p. 10, https://ecfr.eu/publication/strategic_sovereignty_how_europe_can_regain_the_capacity_to_act/.

单一市场优势，扶持欧洲本土的高新技术企业。"技术主权"背后体现出地缘政治博弈的色彩，技术领域也成为影响行为体国际竞争力的关键性因素。不过，一味强调技术产业链与供应链的自主性会陷入技术民族主义悖论，不利于欧盟自身的技术进步与产业发展。

3. 数字主权与数字空间治理主导权

欧盟委员会主席冯德莱恩在2020年9月的"盟情咨文"中提及"数字主权"[①]，但并未围绕概念本身做详细阐述。欧洲对外关系委员会将"数字主权"界定为"管控新数字技术及其社会影响的能力"[②]。欧洲议会认为欧盟的"数字主权"是"欧盟在数字世界的自治权，也是形成战略自主与推广欧盟领导力的工具"[③]。缺乏对"欧盟数字主权"概念的官方界定，其中对于"主权"概念的运用更多基于政治动机。"欧盟数字主权"概念的建构可分为两个步骤：一是威胁认知的塑造；二是政策路径的制定。

第一，欧盟认为以谷歌、亚马逊、脸书、苹果和微软为代表的在数字领域占据主导地位的美国互联网企业，对欧盟的"数字主权"构成挑战，而来自非欧盟国家的5G设备供应商则对欧盟的"技术主权"形成威胁。通过塑造威胁认知，欧盟将自身对"数字主权"的诉求合法化。

第二，欧盟将数字领域政策纳入"数字主权"的框架下，从实

---

① Ursula von der Leyen, "State of the Union Address by President von der Leyen at the European Parliament Plenary," *Europa*, September 16, 2020, https://ec.europa.eu/commission/presscorner/detail/en/SPEECH_20_1655.

② Carla Hobbs ed., "Europe's Digital Sovereignty: From Rulemaker to Superpower in the Age of US - China Rivalry," *European Council on Foreign Relations*, https://ecfr.eu/publication/europe_digital_sovereignty_rulemaker_superpower_age_us_china_rivalry/.

③ European Parliament, "Digital Sovereignty for Europe," *European Parliamentary Research Service Ideas Paper*, https://www.europarl.europa.eu/RegData/etudes/BRIE/2020/651992/EPRS_BRI (2020) 651992_EN.pdf.

践层面诠释"数字主权"的正当性。欧盟委员会内部市场专员蒂埃里·布雷顿指出欧盟数字主权有三个不可分割的支柱：其一，人工智能与量子计算的能力；其二，对欧盟数据的管控力；其三，保证连通安全性的能力。第一大支柱旨在提高欧盟在数字领域的创新能力，培育掌握技术优势的本土企业。第二大支柱意在应对美国互联网企业的结构性权力，具体包括两方面的措施：一是从法律层面保护欧盟的数据主权，制定《通用数据保护条例》，两次废止美欧间的跨境数据流动协议，[①] 并讨论在欧盟境内征收数字税[②]；二是推动建立欧盟自己的云计划"Gaia－X"项目[③]，保护本土企业的工业数据。第三大支柱强调建立欧盟拥有"主权"的基础设施，如伽利略卫星定位系统等。

概言之，欧盟数字主权包含对内和对外两个维度。对内，欧盟希望通过运用"主权"概念来推行区域内的数字政策，提高欧盟企业的国际竞争力；对外，欧盟在数字领域面临来自美国和中国的竞争时，"主权"概念自带的边界属性有助于欧盟在日益相互依赖的数字空间中设置单一市场的准入规则，争夺数字空间治理的主导权。

[①] 欧盟法院于2015年裁定美欧《安全港协议》无效，参见"Maximillian Schrems v. Data Protection Commissioner, Judgment," *EUR－LEX*, Oct. 6, 2015, https：//eur－lex.europa.eu/legal－content/EN/TXT/? uri＝CELEX%3A62014CJ0362；2016年美欧签订的《隐私盾协议》又在2020年被欧盟法院废止，参见"The Court of Justice invalidates Decision 2016/1250 on the Adequacy of the Protection Provided by the EU－US Data Protection Shield," CURIA, Jul. 16, 2020, https：//curia.europa.eu/jcms/upload/docs/application/pdf/2020－07/cp200091en.pdf。

[②] Ryan Heath, "EU Pushing ahead with Digital tax Despite U.S. Resistance, top official Says," *POLITICO*, Jun. 23, 2020, https：//www.politico.com/news/2020/06/23/eu－digital－tax－united－states－336496.

[③] Ryan Browne, "France's Macron lays out a vision for European 'Digital Sovereignty'," *CNBC*, Dec. 8, 2020, https：//www.cnbc.com/2020/12/08/frances－macron－lays－out－a－vision－for－european－digital－sovereignty.html.

五、"欧盟主权"博弈

随着"欧盟主权"概念的建构,欧盟与成员国及域外大国展开内部与外部的博弈。内部博弈体现为成员国权力让渡意愿与欧盟的协调困境;而外部博弈则反映出欧盟的地缘政治考量与对战略自主空间的诉求。

(一)内部博弈:成员国权力让渡意愿与欧盟的协调困境

欧盟多层复合的决策制度一定程度上削弱了其在协调和推进欧洲区域内政策的权威性。在对内维度,欧盟尚不具备严格意义上的最高权威,许多政策均依赖以法国为代表的域内大国来推进,而中东欧国家等域内小国则形成分离倾向,造成欧盟内部的协调困境。

1. 大国权力政治

法国作为欧盟中处于主导性地位的大国,率先提出"主权欧洲"的概念,体现出推动欧洲一体化向纵深发展的意愿与打造强大欧盟的决心。法国总统马克龙在采访中将"主权欧洲"与"战略自主"作为同义词替换使用,并强调在技术、卫生和地缘政治等领域摆脱对外依赖。[1] 法国对"欧盟主权"的构想是通过汇集各成员国的力量为欧盟赋能,进而法国便可凭靠强大的欧盟,提高自身的外交实力与国际影响力。换言之,马克龙推出的"主权欧洲"实则是

---

[1] "La Doctrine Macron: Une Conversation avec le Président Français," *Le Grand Continent*, Nov. 16, 2020, https://legrandcontinent.eu/fr/2020/11/16/macron/.

为保护法国的国家主权,推动欧盟的战略自主也是为了实现法国的战略自主。①

法国视角下的"欧盟主权",既是对美国特朗普政府单边主义行为的回应措施,又是对中国国际影响力日益扩张的应对之策。② 举例来说,2019年3月,中国国家主席习近平访问法国之际,法国总统马克龙邀请欧盟委员会主席容克和德国总理默克尔一同在爱丽舍宫会见习主席,形成中法德欧"四方会谈"③。

由此可见,法国总统马克龙提出的"主权欧洲",并非新功能主义视角下通过成员国的主权让渡来强化欧盟的"超国家"性质,而更偏向于自由政府间主义视角下的通过成员国政府间博弈来推动欧盟的政治议程,其真正目标是实现大国权力政治的诉求。

2. 小国分离倾向

匈牙利和波兰两国以反对欧盟将经济与法治挂钩的名义,曾于2020年11月16日投票否决了欧盟2021—2027年长期财政预算方案,之后又于12月10日与其他成员国领导人达成共识,批准了该预算方案。可见,欧盟内部存在着协调困境。"欧盟主权"概念的推出,反映了大国的权力政治诉求,但仍需协调小国的利益诉求,否则会在政策制定与施行过程中受到小国的掣肘。以5G领域为例,目前波兰、爱沙尼亚、拉脱维亚、捷克和斯洛文尼亚五个成员国均与美国签署了5G联合声明。美国对东欧国家施加的影响,一定程度上阻碍了欧盟推行"技术与数字主权"。未来欧盟在制定5G网络相关

---

① 张骥:《法国外交的独立性及其在中美战略竞争中的限度》,《欧洲研究》2020年第6期,第22页。

② 同上,第29—30页。

③ Richard Lough and Jean‐Baptiste Vey, "European Leaders Press for Fairer Trade Relationship with China," *Reuters*, Mar. 26, 2019, https://www.reuters.com/article/us‐france‐china‐macron/european‐leaders‐press‐for‐fairer‐trade‐relationship‐with‐china‐idUSKCN1R713N.

标准以及法律法规时可能会面临分化的问题,即东欧五国会追随美国的标准体系与法规设定,而以德国和法国为代表的西欧诸国更倾向于形成一套独立的欧盟标准和规范。由此可见,欧盟主权博弈不仅在内部展开,还存在于欧盟与域外大国之间。

(二) 外部博弈:地缘政治考量与欧盟的战略自主空间

欧盟外交与安全政策高级代表兼欧委会副主席约瑟夫·博雷利和欧盟委员会内部市场专员蒂埃里·布雷顿撰文指出,新冠疫情让欧洲需要重新审视自身在世界的位置与角色,面对日益紧张的中美关系,欧洲需要关注自己的自主性、主权以及在世界地缘政治中的定位等核心问题。[1] 鉴于此,大国战略竞争与地缘政治博弈已成为欧盟委员会制定对外政策时的重要考量因素。面对上述国际局势,欧盟作为重要的国际关系行为体,通过建构"欧盟主权"的概念,寻求更大的战略自主空间与国际影响力。

1. 欧美竞合与欧盟战略自主

自 2017 年以来,特朗普政府推出的"美国优先"原则与单边主义外交政策对欧盟奉行的多边主义外交政策形成较大冲击。欧盟日益感到美国对外战略收缩对多边合作带来的挑战,欧盟在国际事务中的主导地位也因美国的掣肘而被削弱。由此,欧盟及其成员国领导人更加意识到寻求战略自主与欧盟主权的重要性。值得注意的是,2016 年 6 月,欧盟对外行动署发布的《共同愿景、共同行动:一个

---

[1] Josep Borrell and Thierry Breton, "For a United, Resilient and Sovereign Europe," *European Commission*, https://ec.europa.eu/commission/commissioners/2019 – 2024/breton/announcements/united – resilient – and – sovereign – europe_en.

更强大的欧洲——欧盟外交与安全政策的全球战略》①文件中首次提出"战略自主"的概念，这一时间节点早于特朗普总统宣誓就职。由此可见，欧盟最初强调自身战略自主性时，尚未受到美国对外政策转向的影响。随着美国相继退出《巴黎气候协定》与"伊核协议"，作为对美国单边主义行为的回应，法国总统马克龙与欧洲委员会主席容克也先后提出"欧盟主权"概念，寻求在外交政策上对美战略自主。

2. 欧中竞合与地缘政治博弈

对欧盟而言，中国虽是重要的经济合作伙伴，但因发展阶段、政治制度和历史文化的差异也被视作竞争者和制度性对手，中国国际影响力的上升是欧盟寻求实现"主权"的重要外部因素。②欧盟理事会于2019年通过的《欧盟外商直接投资审查框架》是"经济主权"框架下对内部单一市场的保护措施。一般认为，欧盟是出于对中国投资安全性的担忧而设立了这一审查框架。此外，在"技术主权"框架下，欧盟委员会推出"5G安全工具箱"，要求成员国评估5G设备供应商的风险，并将高风险供应商从关键和敏感的资产中排除出去。③"5G安全工具箱"的推出也有着对中国因素的考量。在5G技术领域，欧盟对中国形成非对称相互依赖关系，欧盟的"技术主权"概念，旨在减少对华技术依赖，寻求在大国技术竞争与地缘政治博弈中的优势地位。

---

① European External Action Service, "A Global Strategy for the European Union's Foreign and Security Policy," *Europa*, June 2016, https: //eeas. europa. eu/archives/docs/top _ stories/pdf/eugs _ review_web. pdf.

② 金玲:《"主权欧洲"、新冠疫情与中欧关系》，《外交评论》2020年第4期，第73页。

③ "Secure 5G deployment in the EU: Implementing the EU toolbox – Communication from the Commission," *European Commission*, Jan. 23, 2020, https: //digital – strategy. ec. europa. eu/en/library/secure – 5g – deployment – eu – implementing – eu – toolbox – communication – commission.

六、欧盟语境下"主权"的再定义

欧盟作为兼具政府间与超国家性质的特殊国际关系行为体，一定程度上修正了传统的主权原则，例如，欧盟法律体系便是建立在主权可被分享与分割之上，[①] 由此发展出"汇集主权"与"共享主权"等主权新概念。值得关注的是，在欧洲一体化进程中，欧盟对主权的认知较为多元，体现出主权概念实践性的特点。通过上述对欧盟主权困惑与主权博弈的讨论，可以发现欧盟作为特殊的国际关系行为体难以与主权概念相适配。欧盟之所以推出主权概念，是因为"主权"是一种"合法性的具体表现形式"，即主权作为一种"言语—行为"建构起行为体的绝对权威和其行使权力的合法性。[②]

在欧盟语境下，"主权"更像是实现自身地缘政治诉求与战略竞争目标的工具，一旦被冠以诸如经济、技术和数字等名词，便成为欧盟推行相关领域政策的手段，即以主权之名来赢得欧洲民众的支持。欧盟对主权概念的运用及其含义的拓展，均反映出自身利益诉求的发展变化。当欧盟还不具有完全的超国家性质时，欧盟与成员国和域外大国之间的主权博弈会一直持续，欧盟对于主权概念的界定也会随着情势变化而改变。

[①] 潘忠岐等：《概念分歧与中欧关系》，上海人民出版社2013年版，第28页。
[②] Wouter G. Werner and Jaap H. de Wilde, "The Endurance of Sovereignty," *European Journal of International Relations*, Vol. 7, No. 3, 2001, p. 287.

大国战略竞争背景下的威胁认知变化及其国内后果

——比较奥巴马政府到拜登政府网络安全协调机构

张书言[*]

摘　要：从奥巴马政府到拜登政府，中国较美国实力差距缩小甚至逆转。在中美大国竞争态势不断加强的体系压力下，美国政府的网络安全威胁认知发生转变。奥巴马政府侧重基础设施保护和网络意识形态传播，拜登政府侧重国内市场发展和与中国展开竞争。为支持美国网络安全战略的变化，拜登政府的网络安全协调机构在技术背景、职能范围、机构独立性、行政自主性方面强于奥巴马政府，映射出大国战略竞争的国内后果。

关键词：中美关系　网络安全　网络安全协调机构

从奥巴马政府到拜登政府，互联网技术在美国社会生活和经济活动中的嵌入性不断加深，网络安全在国家安全战略中的重要性越发深刻。奥巴马政府时期，白宫设立了网络安全协调官一职，以支撑其国家网络安全战略，这意味着美国第一次将网络安全提升到前所未有的战略高度。然而，随着特朗普时期全面的战略收缩，网络

---

[*] 张书言，复旦大学国际关系与公共事务学院国际政治方向硕士研究生，荣昶高级学者。

安全协调官这一职位随之取消。为了弥补特朗普政府在网络安全治理问题上的"缺失",拜登政府重新设立了国家网络安全总监,作为其国家网络安全战略的制度性保障。

拜登政府为何选择新设国家网络安全总监的职务作为其国家网络安全的制度支撑,而非单纯恢复奥巴马时期的网络安全协调官一职?或许此举本身就意味着两届政府在网络安全协调机构方面存在差异,两届政府的机构设置差异何在?又是什么因素推动拜登政府的机构设置调整?本文尝试回答这些问题。

本文认为,美国国家网络安全协调机构的变化是其国家网络安全战略变化的产物,而国家网络安全战略的改变来源于体系层面游戏规则、力量对比的改变。这种改变构成的体系压力作用于美国国内,美国为了服务于相应的网络安全战略,需要将机构设置进行相应的调整从而支撑自己的实践。为了验证这一假设,本文选取了奥巴马政府的网络安全协调官和拜登政府的国家网络安全总监作为研究、分析的对象。一方面,特朗普政府时期这一职能机构缺失意味着该时期美国国家网络安全战略发生了颠覆性的转向,因此为了控制分析网络安全政策的战略背景大体一致,选择同样重视网络安全的奥巴马政府和拜登政府,使两个案例具有可比性;另一方面,网络安全协调机构是从奥巴马时期以来变革最为明显的机构设置之一,网络安全协调机构的设立、取消到再设立,是美国国家网络安全战略变化最显著的体现和映射。

本文首先对已有的美国网络安全机构设置的国内外研究进行梳理和总结。其次,选择符合"体系压力—战略认知—政策调整"路径的新古典现实主义作为本文的理论框架。通过对新古典现实主义理论的简单评述和调整,提出适用于本研究的分析方法。再次,本文将分别考察奥巴马政府和拜登政府时期,中美的实力对比以及美国对这种体系压力的战略认知调整。最后,从人员设置、制度框架和职能权限等方面对比两届政府的网络安全协调机构,并考察机构设置的差异与体系和认知变化之间的一致性。

一、文献综述

(一) 国内研究

国内关于美国国家网络安全机构的研究大体上可以分为两类。

其一,对某一届政府的网络安全机构进行静态的描述和分析。比如有学者将美国网络安全机构设置划分为直属委员会和各级直属机构,并分别陈述其职能差异。[①] 也有学者将美国网络安全组织架构划分为总统、政策执行机构和私营企业三个层次,讨论三者之间的互动关系。[②] 具体而言,奥巴马政府时期,网络安全协调部门凌驾于政府、军队和情报部门之上,直接向总统汇报。国防部网络空间司令部、国土安全部和国家安全局将各自工作全部汇集到网络安全协调官处,并由其通过国家安全委员会和国家经济委员会整合到美国的国家安全政策和经济发展政策中。[③] 这样的设置有利于及时应对威胁和应急响应。

拜登政府时期,除了对奥巴马、特朗普政府的政策保持一定的延续性外,在机构设置方面也做出了相应调整(参见图1)。通过人员更换与机构改革,拜登政府对一大批网络安全领域的资深专业人

---

① 尹建国:《美国网络信息安全治理机制及其对我国之启示》,《法商研究》2013 年第 2 期,第 138—146 页。
② 张莉、黄日涵:《美国网络安全组织架构探析》,《江南社会学院学报》2014 年第 2 期,第 18—21 页。
③ 陈治科、熊伟:《美国网络空间发展研究》,《装备学院学报》2013 年第 1 期,第 86—91 页。

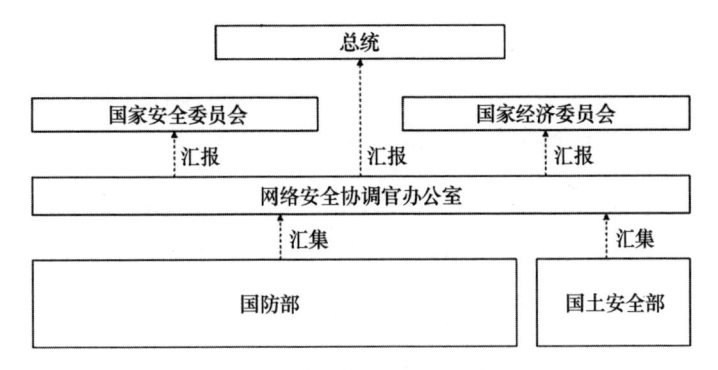

```
                        ┌──────┐
                        │ 总统 │
                        └──────┘
                         ↑    ↑
            ┌────────────┘    └────────────┐
    ┌──────────────┐                ┌──────────────┐
    │国家安全委员会│                │国家经济委员会│
    └──────────────┘                └──────────────┘
         ↑ 汇报           ↑ 汇报          ↑ 汇报
         └────────┬───────┴────────┬───────┘
              ┌──────────────────────┐
              │  网络安全协调官办公室  │
              └──────────────────────┘
                    ↑ 汇集      ↑ 汇集
            ┌───────┘              └───────┐
      ┌──────────┐                  ┌──────────┐
      │  国防部  │                  │ 国土安全部│
      └──────────┘                  └──────────┘
```

图1　奥巴马时期美国网络空间指挥机构与协调机构[①]

士委以重任，这为推进落实美国的网络安全战略提供了制度保障。[②] 有学者将拜登政府的网络安全战略概括为三大调整：一是设立负责网络和新兴技术的国家安全顾问；二是设立国家网络总监统筹国家网络安全政策；三是设立网络安全审查委员会。[③]

其二，将美国国家网络安全战略侧重点的变化和机构设置的相应调整联系起来，展现出从奥巴马到特朗普再到拜登时期网络安全机构动态连续的调整过程。有研究从政策功能的维度将美国网络安全战略分为作战功能、关键基础设施保护功能、投资审查功能和网络安全人才培养功能。[④] 奥巴马时期，网络安全工作的重心在于基础设施的保护与"互联网自由"价值观的对外输出。因此，奥巴马时

[①] 陈治科、熊伟：《美国网络空间发展研究》，《装备学院学报》2013年第1期，第86—91页。同时，关于美国网络安全机构设置的详细介绍可以参考张国良、王振波：《美国网络和信息安全组织体系透视（上）》，《信息安全与通信保密》2014年第3期，第64—69页；张国良、王振波：《美国网络和信息安全组织体系透视（下）》，《信息安全与通信保密》2014年第4期，第59—61页；胡璇、程德斌、冷昊、李炜玥：《美国网络安全发展现状及制度体系建设研究》，《电子产品可靠性与环境试验》2022年第5期，第73—79页。

[②] 邢瑞利：《拜登政府网络安全战略的调整与中国应对》，《中国矿业大学学报（社会科学版）》2022年第6期，第101—116页。

[③] 罗仙、张玲、胡春卉：《2021年美国网络空间战略概览与分析》，《信息安全与通信保密》2022年第3期，第80—87页。

[④] 廖蓓蓓、邢松、孟繁瑞等：《奥巴马和特朗普时期美国网络安全战略体制研究对我国的启示》，《信息安全与通信保密》2021年第3期，第83—90页。

期致力于组建网络作战指挥机构,增强自身威慑力,国土安全部统筹协调基础设施保护的职责也在此时期得到明确。同时,以国务院为核心的组织架构服务于在国际层面推送网络安全意识形态。[1] 特朗普时期,"互联网自由"相关的外交工作被边缘化,外交方式上不再强调多边合作与国际规则塑造,而是倾向双边谈判。同时,保护关键信息基础设施的工作职能得到加强,国土安全部的核心领导地位更为突出。[2]

有学者在美国网络安全战略的演进与政府机构设置的调整之间建立了更加明确的关联和阶段划分:

> 当美国国家网络安全被意识形态流主导时,会将网络安全看作是冷战时期人权外交与意识形态进攻性推送时,就需要形成以国务院为核心的组织架构;当美国国家网络安全被打击网络犯罪的社会治安管理与执法行动思路主导时,网络安全基本上会与跨国打击网络犯罪以及相关问题的司法合作画上等号,司法部,或者更加精准地说联邦调查局,就会在其中占据主导位置;当美国国家网络安全的核心任务是保障美国关键信息基础设施的安全,促进美国经济良性发展,构建有效的网络国防能力时国土安全部和国防部的重要性以及在决策过程中的话语权就会大幅度上升。[3]

---

[1] 沈逸:《特朗普时期美国国家网络安全战略调整及其影响》,《中国信息安全》2017年第10期,第45—46页。
[2] 关于特朗普时期美国国家网络安全战略的调整以及相应的机构设置变动可以参考王天禅:《特朗普政府的网络空间治理政策评估》,《信息安全与通信保密》2017年第12期,第16—18页。
[3] 沈逸:《特朗普时期美国国家网络安全战略调整及其影响》,《中国信息安全》2017年第10期,第45—46页。

（二）国外研究

如果说国内研究大多止步于对美国网络安全机构的实然描述和分析，那么国外研究则更深入地探讨了网络安全机构设置的应然状态并对现有政策的合理性进行反思。比如有研究指出："借用核时代的语言，我们呼吁网络安全应建立在政府间关系、私营企业参与和网络公民参与三者的平衡之上，作为一种有弹性的模式，以应对这个崭新而具有挑战的安全环境。"[1] 笔者敏锐地意识到，正如媒体和白宫极力避免"网络沙皇"一词一样，网络安全不会因为权力的集中控制而得到加强，而是通过协调的网络系统构造韧性。

类似地，有学者对网络安全协调机构的设置提出了三种可能的路径：以白宫和总统为核心的协调主体、设立内阁级别的协调主体以及独立于现有政府部门的国家级协调官。作者认为，相较于以国防部或国土安全部为网络安全工作的主导单位难以打破现存的体制问题，新设立一个独立的网络安全协调部门将更有效推进网络安全工作，但是新设部门或许面临缺乏资源和预算不足的困难。[2]

还有研究将协调国家网络安全工作描述为"拼接"不同的任务、法律框架和组织结构。先存组织结构之间存在的"间隙"被视为网络安全协调的障碍。文章认为2016年关于美国网络事务协调官的一

---

[1] Harknett, Richard J., Stever, James A., "The Cybersecurity Triad: Government, Private Sector Partners, and the Engaged Cybersecurity Citizen," Journal of Homeland Security and Emergency Management, Vol. 6, No. 1, 2009. https://doi.org/10.2202/1547-7355.1649. （上网时间：2023年4月12日）

[2] Newmeyer, Kevin P., "Who Should Lead U. S. Cybersecurity Efforts?", PRISM, Vol. 3, No. 2, 2012, pp. 115-26. JSTOR, http://www.jstor.org/stable/26469733. （上网时间：2023年4月12日）

系列政策旨在引导和标准化政府内部以及政府与私营部门的合作，但是这种尝试并不能真正改善当下网络安全领域的组织"间隙"。[①]从上述学者的研究中发现，早在奥巴马政府的第一任期，对网络安全协调机构便早已呼之欲出，学术界的政策阐释与官方的文件之间形成了一种协调的呼应关系。相较于国内研究，美国学者对本国政策的阐发和评价更具挑战性。

相比奥巴马政府时期，针对拜登政府的网络安全研究更多是评价和预测其与奥巴马时期政策的差别和延续性。比如，有学者引用间歇性平衡理论对特朗普政府到拜登政府的网络安全政策进行分析认为，美国国家网络安全战略同时具备长期相对稳定性和间歇性逐步变化，因此拜登政府在沿袭特朗普政府的政策创新的同时，也会改善、精简和协调现有的网络安全能力，地缘政治压力和新兴技术的扩散，将刺激拜登政府进行进一步的政策创新。[②] 相似地，有学者着重从拜登政府最新发布的《国家网络安全战略》分析和比较其与奥巴马时代的差异，认为它重新平衡了网络安全的负担和责任，在确认联邦政府对网络安全方面的作用有明确界限的前提下，倡导协调私营部门与政府的合作成为工作重点。[③] 另外，新战略要求加强对技术供应商的监管："网络安全的力度不能简单地由个别私营部门的行为体仅根据其业务需求来决定。为了公共安全和国家安全需要，国家需要一个更强大的网络安全态势。"综上，对加强协调政府部门之间以及政府与私营部门合作的需求在拜登政府时期变得更加迫切，

---

① Tarun Chaudhary, Jenna Jordan, Michael Salomone, Phil Baxter, "Patchwork of Confusion: the Cybersecurity Coordination Problem," *Journal of Cybersecurity*, Vol. 4, No. 1, 2018, https://doi.org/10.1093/cybsec/tyy005. （访问时间：2023 年 4 月 12 日）

② Shively Jacob, "Cybersecurity Policy, Punctuated Equilibrium Theory, and the Biden Administration," 2022.

③ Herbert Lin, "Where the New National Cybersecurity Strategy Differs From Past Practice," Lawfare, 2023, https://cisac.fsi.stanford.edu/news/where-new-national-cybersecurity-strategy-differs-past-practice. （上网时间：2023 年 4 月 12 日）

学界在期待拜登政府对奥巴马时期网络安全政策有所延续的同时，也希望拜登政府能够通过机构设置、政策调整等一系列手段再次加强网络安全的战略地位。

通过梳理中美关于美国国家网络安全战略的研究文献发现：第一，既有研究大多将网络安全的机构设置视为整体网络安全战略的一个分支或一个部分，关于具体讨论网络安全机构的研究目前相对缺乏。进一步地关于网络安全协调机构的行为研究和分析尚处于空白，还需要回答奥巴马与拜登时期的网络安全协调机构究竟如何协调政府内部、政府与私营部门的行为？由此延伸出的问题是，两届政府在协调工作上取得的具体成就和效果应该如何评价？第二，已有研究大多是就网络安全政策的片面对比和分析，鲜有将网络安全政策置于国际关系的大背景以及国际社会体系变化语境下的因果关系分析。两届政府进行网络安全组织架构调整的动因是什么？国际体系的压力如何促动美国的政策调整，并最终反映在行政部门的组织架构调整中？相关话题值得进一步讨论。

二、理论框架：新古典现实主义

（一）新古典现实主义理论要点及评述

为分析体系压力与国内政策的关系，新古典现实主义提供了一个有益框架，以将体系层次和单元层次的要素结合起来分析国家的政策实践。新古典现实主义的理论要义在于：（1）试图解释国家行为体的外交政策而非国际体系中以特定模式反复出现的国际结果。（2）认为体系压力是导致国家行为体政策实践的自变量。（3）将国内层次作为连接体系压力和国家行为的中介变量。

尽管吉登·罗斯[①]之后的主要新古典现实主义学者都确定了体系层次作为自变量以及国内层次作为中介变量的因果关系,但是在应用到实证分析的过程中,两个变量的相对变化关系是不同的。比如,斯蒂芬·洛贝尔的《霸权的挑战》将崛起国的修正主义经济政策作为因变量,由于因变量的类型不同,霸权国国内政治联盟的认知反馈因而不同,导致霸权国采取不同的应对策略。[②] 而施韦勒的《没有应答的威胁》则是将体系层次处理为相对稳定的概念,国内层次中国家行动意愿和能力的不同导致了制衡结果的差异。[③] 不同学者对体系压力和国内层次这两个变量的不同处理在丰富新古典现实主义的实证经验的同时,也为本文构建自己的分析框架提供了新的启示。

当然,新古典现实主义诞生至今,同样引起了热烈的讨论和批判。对新古典现实主义的批判也在一定程度上反映了本文解释力的局限性:第一,新古典现实主义理论缺少核心的分析概念来统合不同的研究议程。虽然有学者将主要著者引用的变量归纳为物质变量和观念变量两个大类,但具体研究所涉及的包括领导人认知、国内政治结构、国内集团力量对比、领导人自主性等在内的分析对象仍然太过广泛。[④] 第二,正如新古典现实主义在诞生之初就是为了弥补关于外交政策的理论研究,这使得新古典现实主义理论下的研究往往被归为对国家行为的实证分析,而缺乏宏观理论的建构意义。[⑤] 正如华尔兹写到,当理论对现实的解释越详细,理论本身的精简性和

[①] Giden Rose, "Neoclassical Realism and Theories of Foreign Policy," World Politics, Vol. 51, No. 1, 1998, pp. 144 – 177.

[②] Steven E. Lobell, The Challenge of Hegemony: Grand Strategy, Trade, and Domestic Politics, Ann Arbor: University of Michigan Press, 2003.

[③] Randall L. Schweller, Unanswered Threats: Political Constraints on the Balance of Power, Princeton: Princeton University Press, 2006.

[④] 陈志瑞、刘丰:《国际体系、国内政治与外交政策理论——新古典现实主义的理论构建与经验拓展》,《世界经济与政治》2014 年第 3 期,第 111—128、159—160 页。

[⑤] 同上。

抽象性就会相应削弱,也就越难获得普适的解释力。①

(二) 适合于本文的分析框架

基于新古典现实主义的基本观点和理论要义,本文提出适用于分析美国国家网络安全协调机构调整的分析框架。不同于主流新古典现实主义的研究,将分析的重点聚焦于国家对外政策的调整,本文将着重分析代表国内分析层次中国家物质变量的调整。换言之,本文将美国的网络安全对外政策视为一个政策目标,而网络安全协调机构的调整是服务于这个目标的国家能力的一部分。由于美国领导人对体系压力和国家实力对比变化的认知不同,美国制定出不同的对外政策来应对体系压力的冲击,而在制定政策目标的过程中,国家能力和领导人认知这两个中介变量之间相互协调,不同认知结果影响了不同的国家能力调整。简单来说,本文沿用了新古典现实主义的框架,考虑体系压力和国内要素对外交政策的影响,但是分析重点在于中介变量,也就是国内分析层次中不同要素之间的互动(参见图2)。

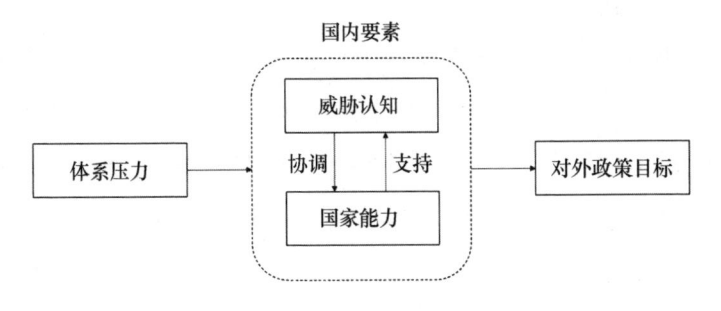

图 2 本文的分析框架

① Kenneth N. Waltz, *Theory of International Politics*, Reading: Addison-Wesley, 1979.

本文认为，面对中美实力对比的变化这一体系压力，奥巴马政府和拜登政府对此做出了不同的认知反馈，为此，两届政府需要调整既有的网络安全政策以应对体系压力的冲击。而为了使国家的行动能力与政府制定的网络安全政策相匹配，需要对现有的机构设置进行调整和改革，从而更好地适配美国的对外政策。在确定了体系压力、领导人认知和美国对外政策目标的前提下，可以通过结合以上三个变量以更深刻地理解美国网络安全机构设置的调整过程。

在不同的新古典现实主义研究中，学者选择了不同的国内层次变量。其中，物质变量包括政府动员能力、行政部门自主性、国内集团力量对比等，而观念变量则包括国家利益偏好、领导人利益偏好、领导人对国家自主性的认知、战略文化等。[①] 在美国的网络安全框架下，白宫和总统，以及总统内阁幕僚中负责网络安全的高级官员构成了美国网络安全的领导者，因此本文将针对这部分人的利益偏好和认知进行梳理和研究，从而确定国内层次中的观念变量。网络安全的物质变量，即国家能力的构成则更为复杂，包括经济委员会、安全委员会、国防部、国土安全部等官僚和军队机构，初步对比奥巴马政府与拜登政府的网络安全机构设置发现，网络安全协调机构设置的变化在奥巴马—特朗普—拜登政府时期发生的变化最为显著，从协调部门入手，或许对美国网络安全国家能力的调整可见一斑。此外，也有学者研究了美国网络安全框架下的央地关系以及政党政治对美国网络安全政策的影响，但是考虑到政党对抗在美国的对外战略制定过程中影响效果有限，而政府机构设置是国家能力受领导人认知变化影响最为显著的表现，本文拟以机构设置调整作为最核心的分析对象，地方政府、利益集团和政党政治与美国国家

[①] 刘丰、陈志瑞：《东亚国家应对中国崛起的战略选择：一种新古典现实主义的解释》，《当代亚太》2015 年第 4 期，第 4—25、157 页。

网络安全政策的关系暂且不表，留待后续学者的讨论。

三、案例分析

（一）体系压力：中美大国竞争态势加剧

网络空间作为大国竞争与合作的非传统安全重要领域已经成为共识。根据本文的研究框架，中美大国竞争的实力对比构成了影响美国战略认知的体系压力，即影响美国网络安全政策目标的自变量。在美国政府看来，中美两国国家整体实力的缩小甚至反超，极大程度上是中国围绕网络空间所取得的发展而导致的，因此抑制中国的网络经济发展成为美国保证自身实力领先，从而维护国家地位的重要国家安全战略。①

奥巴马政府以来，中美国家整体实力差距缩小。对比2008年数据，中美两国 GDP 总值的差距缩小了 38.59%。② 中国在全球市场中占据的份额不断扩大，其中对美货物贸易顺差持续增长。在企业竞争力方面，2020年中国（含香港）上榜企业数量是美国的1.1倍，中国上榜企业数量连续两年力压美国。③

中美国家整体实力比较投射在网络空间则更为明显，因此，中国围绕网络空间取得的经济发展和技术能力进步被美国视为中国国家实力增长的核心原因。也正是因此，打击中国网络空间的实力发展成为美国国家安全战略的重要目标。2008年以来，我国网民数量

---

① The White House. "National Cybersecurity Strategy," March 2023.
② https://zhuanlan.zhihu.com/p/443963381. （上网时间：2023年5月17日）
③ https://zhuanlan.zhihu.com/p/443963381. （上网时间：2023年5月17日）

与网络普及率得到了飞速提升①。尽管中国在网络普及率上与美国仍然存在差距，但中美网络普及率的差距在过去的 15 年间已经大幅缩小（参见图 3）。

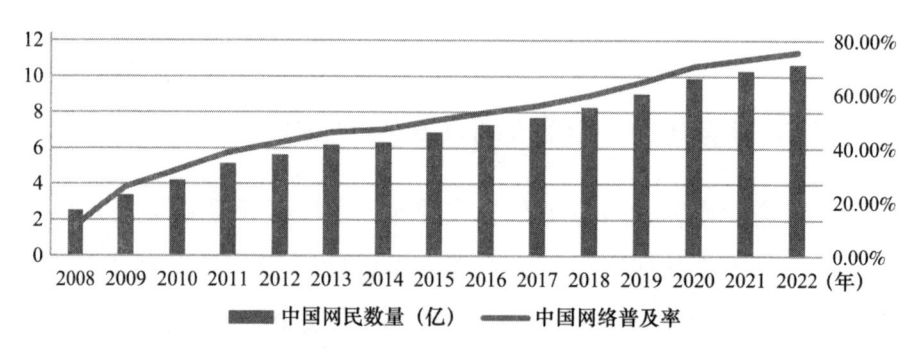

图 3　2008 年以来中国网民规模与网络普及率统计

中国数字经济产业增加值在 2005—2020 年实现高速增长。中国 2005 年以来的复合年均增长率为 15.0%—15.1%，而美国数字经济产业增加值规模的复合年均增长率为 4.2%。② 中国数字经济规模从 2005 年以来已经远超美国，数字经济占 GDP 比重也反超美国（参见图 4）。

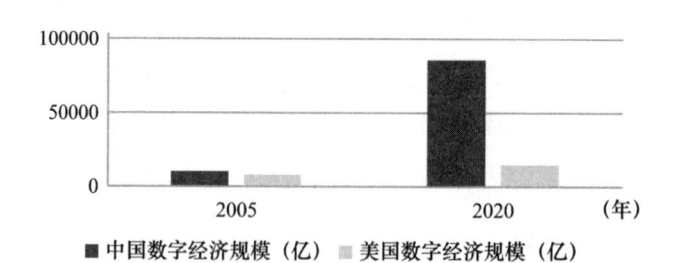

图 4　2005 年与 2020 年中美数字经济规模对比

---

① 该数据与图 5 数据均来源于历次中国互联网络发展状况统计报告。
② 北京立言金融与发展研究院：《数字经济产业的规模、增长与结构：基于 2005—2020 年数据的实证分析》，2021 年 7 月，https：//cj.sina.com.cn/articles/view/5367424460/13fec65cc01900vptc。（上网时间：2023 年 4 月 12 日）

我国的通信基础设施建设情况相对美国也取得重大进步。2021年，我国有142.5万个5G站点，占全球总数的73%。[1] 我国的IPv6地址分配数量也在2021年超越美国，位列世界第一。[2] 同时，中美的科技创新实力也发生了转变。2008年，中国的专利申请总数为289838件，美国专利申请总数为456321件，中国专利申请总数在2011年实现对美反超。在全球申请专利数量排名前20的企业中，中国申请人有5家，分别是华为（5464件）、京东方（1892件）、欧珀（1801件）、中兴（1316件）和平安科技（1304件），而美国企业仅占3家，分别为高通、惠普和微软（参见图5）。[3]

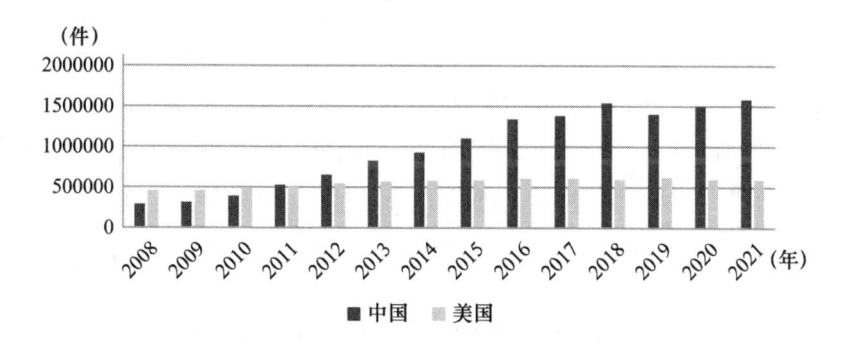

图5 2008—2021年中美专利申请总数对比

综上所述，从奥巴马政府时期以来，中美两国的国家整体实力差距缩小，其中中美两国在网络空间的国家实力对比所发生的转变尤为鲜明，中国在网络普及率方面与美国的差距显著缩小，在基础

---

[1] 中商情报网：《2022年全球5G运营商数量及基站数量分析：中国基础建设领先》，2022年11月。https://t.cj.sina.com.cn/articles/view/1245286342/4a398fc6001018b6w.（上网时间：2023年4月13日）

[2] 朱爽：《上半年全球IPv6地址新增数中国最多》，《中国教育网络》2021年第8期，第44—45页。

[3] 数据从世界知识产权组织官网导出，https://www.wipo.int/portal/en/index.html.（上网时间：2023年4月14日）

设施建设、数字经济规模和科技企业创新能力上，实现对美反超。基于这样的国际现实，美国将抑制和打击中国的科技发展以及网络经济发展视为国家网络安全的重要目标。

（二）美国威胁认知与网络安全战略的调整

由于奥巴马时期中美在网络空间的实力差距明显，相较于与中国展开全球层面的战略竞争，美国国内基础设施的韧性对其国家网络安全的挑战更为巨大。同时期美国是世界遭受网络安全袭击最频繁的国家。在奥巴马政府的《网络空间政策评估》中写道："美国保护网络空间的失败是新政府面临的最紧迫的国家安全问题。"① 因此，奥巴马政府认为关于网络基础设施的威胁将持续增长。② 同时，国家和非国家行为体越来越重视大众媒体在塑造国际舆论方面的作用。例如，在加沙冲突中，媒体在塑造公众参与冲突方面发挥了重要作用。③ 因此，保护网络基础设施以及推送意识形态，成为奥巴马政府网络安全战略的核心政策。为此，2009 年，美国正式确立核—太空—网络空间"三位一体"的国家安全战略，2010 年美国防部正式建立"网军司令部"，2011 年发布的《网络空间国际战略》④ 与《网络空间行动战略》⑤ 进一步确定了网络威慑的战略形成。同时，美国白宫 2011 年发布《网络空间可信身份国家战略》，意图制定全球数字身份认证标准，占据国际话语权。国务卿希拉里还多次表示，

---

① The White House, "Cyberspace Policy Review," June 2009.
② Director of National Intelligence, "Annual Threat Assessment of the Intelligence Community for the Senate Armed Services Committee," Statement for the Record, Mar. 10, 2009.
③ Director of National Intelligence. "Annual Threat Assessment of the Intelligence Community for the Senate Armed Services Committee," Statement for the Record, Mar. 10, 2009.
④ The White House, "International Strategy for Cyberspace," May 2011.
⑤ Department of Defense, "Department of Defense Strategy for Operating in Cyberspace," Jul. 14, 2011.

美国将继续为进行网络审查国家的公民提供技术支持。

而到了拜登时期，中美在网络空间的实力对比发生了巨大变化。拜登政府对国家网络安全的威胁识别为两个方面：一方面是外来网络攻击对关键基础设施的安全威胁加剧。2020年的"太阳风"事件重新暴露了美国政府在应对供应链安全上的防范和应急能力不足。美国国内开始出现"美国已经丧失在网络空间的主导地位，建立更具韧性的网络应对措施至关重要"等反思性论调。[1] 另一方面是拜登政府认为中国的"恶意"网络行为进一步危害了美国的国家安全和数字生态建设。美国政府将中国的快速崛起以及中国科技企业的发展解读为中国恶意知识产权窃取的结果。在拜登政府发布的最新国家网络安全战略中，将中国列为最主要的网络攻击来源，认为"在过去的十年中，中国的网络行为已经远远超出知识产权窃取，成为美国最大的战略竞争对手"[2]，将针对中国的竞争和对抗意图提升到全新高度。拜登政府的网络安全战略分为五大支柱：第一，修改和厘清现有网络安全条例，扩大公私合作，建设网络基础设施的弹性和稳定。第二，强化网络威慑能力，进一步强化美国网军的行动能力，加大网络犯罪的打击力度和行动空间。第三，塑造市场力量推动网络生态弹性，包括明确数据保护责任、推动网络安全设备研发、厘清数据安全法律责任并利用联邦政府的资金刺激市场发展。第四，促进政府对网络创新、研发和教育的公共投资，确保美国在技术和创新方面继续保持领导地位。第五，强化与美国盟友的国际合作，建立一个更具内在弹性和防御性的共享数字生态系统。[3]

相关研究普遍认为，拜登政府的网络安全战略是对特朗普政府

---

[1] Ariel Levite, "America Must Bolster Cybersecurity," The Hill, https://thehill.com/opinion/cybersecurity/533763-america-must-bolster-cybersecurity. （上网时间：2023年4月11日）

[2] The White House, "National Cybersecurity Strategy," March 2023.

[3] The White House, "National Cybersecurity Strategy," March 2023.

网络安全政策的重大调整和修正，并延续奥巴马政府时期网络安全的重要战略地位。相比而言，拜登政府在基础设施保护和网络军事能力上扩大了美国政府各部门的职能和权限，而在意识形态的对外输出和国际规则的建构方面采取了相比奥巴马政府较为缓和的姿态。同时，通过经济政策和联邦政府公共投资促进美国网络市场的发展成为拜登时期新的政策重点。以上种种政策目标的调整和变化对网络安全架构的顶层设计和协调机构设置提出了全新的要求，拜登总统也在2021年设立了国家网络总监一职，负责网络安全的协调职能。

（三）奥巴马、拜登政府网络安全协调机构的比较

1. 奥巴马政府：网络安全协调官

网络安全协调官一职来源于奥巴马政府于2009年发表的《网络空间政策评估》（以下简称《评估》）。[1]《评估》指出，在网络安全领域，联邦政府各部门之间具有重叠的任务，但相互之间的协调和沟通并不尽如人意。[2] 因此，美国总统应该考虑再任命一位白宫网络安全政策官。[3] 2009年5月，奥巴马在新闻发布会上表示，自己将在白宫设立网络安全办公室，并亲自挑选网络安全协调官作为该办公室的领导。[4] 这不仅暗示网络安全协调官在总统办公室中享有更高

---

[1] The White House, "Cyberspace Policy Review," June 2009.
[2] The White House "Remarks by the President on Securing Our Nation's Couber Infrastractare," May 29, 2009. 参见 https：//obamawhitehouse. archives. gov/video/President－Obama－on－Cybersecurity. （上网时间：2023年4月20日）
[3] The White House. "Cyberspace Policy Review," June 2009.
[4] The White House "Remarks by the President on Securing Our Nation's Couber Infrastractare," May 29, 2009. 参见 https：//obamawhitehouse. archives. gov/video/President－Obama－on－Cybersecurity. （上网时间：2023年4月20日）

的行政级别，更意味着担任协调官的官员和总统具有相对亲密的关系。在奥巴马的最初构想中，网络安全办公室的职责包括：协调和整合政府的所有网络安全政策；与管理和预算办公室密切合作，确保机构预算反映网络安全的优先事项；并在发生重大网络事件或被攻击时，协调应急反应措施。为此，网络安全协调官将直接向总统汇报，并且将同时是国际安全团队和国家经济委员会的一员。事实上，奥巴马政府设置网络安全协调官的做法并非一个创新之举。该职能的诞生一方面受到小布什政府后期对网络安全架构搭建的政策延续性的影响，另一方面，网络安全协调官所形成的凌驾于各个政府部门的"没有品级的超品角色"性质，也可以被视为对总统国家安全事务顾问在网络安全政策领域的模仿。

2009 年 11 月，白宫宣布任命霍华德·施密特为白宫网络安全协调官。尽管施密特并非专业的技术官僚出身，但是在政府部门和私营部门的信息安全工作经历使他成为奥巴马第一任网络安全协调官的不二人选。霍华德·施密特曾在 1997 年担任过微软首席信息安全官和信息安全总监。"9·11"事件后，他被布什总统任命为总统关键基础设施保护委员会的副主席，并于 2001 年 12 月被任命为白宫网络空间安全特别顾问。2003 年，施密特加入 eBay 担任首席安全战略师。[1] 施密特涵盖政府、私营企业和空军的工作背景，很大程度上有利于他担任网络安全协调官的职责：第一，奥巴马政府的网络威慑战略与构建网络军事力量的一系列政策要求美国国防部、空军与白宫的其他行政部门之间保持高度的政策协调性，因此选择具有空军背景的高级官员对构建网络威慑力和网络袭击应急响应体系尤为重要。第二，在基础设施保护方面，奥巴马政府强调公私合作，促

---

[1] 关于霍华德·施密特生平，参见 https：//en. wikipedia. org/wiki/Howard_Schmidt。（上网时间：2023 年 4 月 20 日）

进私营部门与政府信息共享。而施密特在微软、eBay 等美国头部科技企业的工作经历也正好满足协调政企关系的工作要求。相比于霍华德·施密特，他的继任者——2012 年接替施密特担任网络安全协调官的迈克尔·丹尼尔的专业性则遭到了美国国内媒体的更多质疑。2014 年的一篇媒体文章评论道，丹尼尔在哈佛大学和普林斯顿大学获得公共政策学位后的 17 年间，一直任职于白宫预算管理办公室，这样的工作背景以及对计算机专业知识的缺乏或许难以使他胜任网络安全协调官。[①] 关于网络安全协调官更应该具备技术背景还是政治背景的矛盾和争论，也在一定程度上决定了这一职位在核心政策制定过程中的影响力有限。

从机构的自主性上来看，网络安全协调官颁布和推行政策的能力有限，而更多起到政策汇总以及向上汇报的协调功能。奥巴马政府时期，国防部网络司令部总揽军队网络安全的政策、网络作战指挥等；国土安全部主管政府机构、大型企业等关键基础设施网络安全的政策、实施和保障。上述工作将全部汇集到网络安全协调官处，由其向总统报告，并通过国家安全委员会和国家经济委员会整合到美国的国家安全政策和经济发展政策中。[②] 而在颁布和推行政策方面，由于网络安全协调官办公室的预算受到白宫预算管理办公室[③]的全面监督，因此其不具备独立的业务责任和单方面制定业务的权力。

另一个值得注意的特征是，奥巴马时期，美国网络安全的外交工作相对上述讨论的国内网络安全框架是较为独立的。时任国务卿

[①] 关于对迈克尔·丹尼尔作为网络安全协调官是否应该具备技术背景的讨论参见 https：//slate.com/technology/2014/08/white-house-cybersecurity-coordinator-michael-daniel-doesn-t-know-much-about-technology.html.（上网时间：2023 年 4 月 21 日）

[②] 陈治科、熊伟：《美国网络空间发展研究》，《装备学院学报》2013 年第 1 期，第 86—91 页。

[③] Executive Office of The President, "Memorandum for the Heads of Executive Departments and Agencies," July 2010.

希拉里在国务院单独建立了"网络问题协调员办公室"和网络安全协调官一职，负责统一协调国务院各机构处理网络问题，协调国务院在全球网络安全方面的外交活动，就网络安全问题向国务卿提出建议。① 这一办公室的前身是国土安全部下设的网络安全局和网络安全中心，在奥巴马政府时期独立出国土安全部，作为国务院下设机构。

2. 拜登政府：国家网络总监

奥巴马政府设立的网络安全协调官并没有在特朗普时期得到延续。2018 年，特朗普政府为了"赋予国家安全委员会高级主管更多权力，精简管理层有助于提高效率、简化官僚体系并加强问责"② 决定不再设立网络安全协调官这一职位。此举引发了美国国内的激烈反对，认为是联邦网络安全政策的一大倒退。而 2020 年的"太阳风"供应链事件以及特朗普任期内的一系列针对美国政府的网络安全攻击，进一步引发了美国国内对网络安全体系不足的反思。因此，拜登政府早在竞选阶段，就将修复国家网络安全框架作为重要的政策目标。从体系层次来看，拜登政府时期，中美之间网络实力对比发生了明显变化，中国在数字经济体量和科技创新能力等方面实现了对美国的反超。因此，全面遏制中国的高速发展，与中国展开战略竞争成为拜登政府的政策重点。结合国内和国际体系两方面的考虑，拜登政府修复并搭建新的国家网络安全职能机构势在必行。

拜登政府对网络安全架构的重视从内阁人选中就有体现，关键

---

① 张莉、黄日涵：《美国网络安全组织架构探析》，《江南社会学院学报》2014 年第 2 期，第 18—21 页。
② 《白宫取消网络安全协调员职位 被批网络安全政策倒退》，参见 http：//www.xinhuanet.com/world/2018 - 05/17/c_129874100.htm. （上网时间：2023 年 4 月 21 日）

岗位多名人选具备网络安全背景。① 2020 年 11 月，美国当选总统拜登公布了首批内阁人选：安东尼·布林肯任国务卿，埃夫丽尔·海恩斯为国家情报总监，杰克·苏利文为国家安全顾问，亚列山卓·马约卡斯为国土安全部部长。其中，马约卡斯曾任奥巴马政府的国土安全部副部长，在该部曾负责网络威胁信息共享方面的工作。海恩斯曾分别担任中情局和奥巴马首席副国家安全顾问，做出过"解密并增加与美国私营行业共享网络安全威胁信息"承诺，预计会继续维持承诺并在工作中持续推进。从拜登政府的内阁人选安排可看出，其网络安全政策思路体现出鲜明的"精英治网"特征。②

此外，根据美国 2021 财年《国防授权法案》，拜登政府任命克里斯·英格利斯担任白宫国家网络总监③。英格利斯先后毕业于美国空军学院和哥伦比亚大学，于 1976 年获得工程力学理学学士学位，又在 1984 年获得约翰·霍普金斯大学计算机科学硕士学位。④ 相较于奥巴马时期的两位网络安全协调官，拜登总统任命的国家网络安全总监具有更专业的技术背景。作为拜登政府的第一任国家网络总监，英格利斯的主要职责在于招募外部专家和从其他机构录用网络安全官员，建立和完善国家网络安全总监办公室的工作架构。目前，国家网络总监办公室的主要领导成员包括国家网络总监、办公室主任、一位首席副主任和四位副主任，分管联邦网络安全、国家网络安全、

---

① 廖蓓蓓、邢松、孟繁瑞、冀冰、于进洲：《奥巴马和特朗普时期美国网络安全战略体制研究对我国的启示》，《信息安全与通信保密》2021 年第 3 期，第 83—90 页。

② 邢瑞利：《拜登政府网络安全战略的调整与中国应对》，《中国矿业大学学报（社会科学版）》2022 年第 6 期，第 101—116 页。

③ Ellen Nakashima, "Biden Administration Plans to Name Former Senior NSA Officials to White House cyber Position and Head of CISA," The Washington Post, https://www.washingtonpost.com/national-security/former-senior-nsa-officials-named-to-white-house-cyber-position-and-head-of-dhs-cyber-agency/2021/04/11/b9d408cc-9b2d-11eb-8005-bffc3a39f6d3_story.html. （上网时间：2021 年 4 月 13 日）

④ 具体参见 https://en.wikipedia.org/wiki/John_C._Inglis. （上网时间：2023 年 4 月 21 日）

策略和预算以及技术和网络生态安全。2023年2月，英格利斯离任国家网络总监一职，由其原本的首席副主任肯巴·瓦尔登接任代理总监。

从职能性质上来说，国家网络总监是美国总统在网络安全及相关新兴技术领域的首席顾问，也是政府与私营企业的联络枢纽，负责监督和协调联邦政府给出网络威胁应对方案从而达到提升美国整体网络实力的目标[1]。相比于网络安全协调官，国家网络总监在网络安全机构之间的领导性地位和咨询职能更为明确。国家网络总监被要求向国土安全部和国防部提供政策建议，领导网络安全政策实施的协调过程，在整合网络突发事件响应工作中起领导作用，协调私人部门向国家安全部门、国家情报部门提供咨询建议，监督各部门的政策实施情况，并对其他网络安全部门的预算执行和绩效进行评估。[2]

就具体的权力结构而言，国家网络总监的权力范围也相较奥巴马政府的网络安全协调官有所扩大。国家网络总监有权力颁布必要的条例和规则以履行赋予他的职责，并且可以在经授权的情况下利用其他联邦部门的设施、服务和人员。[3]而在具体的工作领域中，国家网络总监在美国网络安全框架中的整合性更强。国家网络总监的具体职责涵盖：保护美国的信息和数据安全、改善美国在网络安全中的国家地位、促进美国供应链的风险管理和供应商安全，在外交层面建构网络安全国际规范和国际共识，积极采纳新兴技术用以促进国家安全。[4]

---

[1] Mark Montgomery, Robert Morgus, "A Cyber Opportunity: Priorities for the First National Cyber-Director," War on the Rocks, https://warontherocks.com/2021/01/a-cyber-opportunity-priorities-for-the-first-national cyber-director/. （上网时间：2023年4月20日）

[2] One Hundred Sixteenth Congress of the USA., "National Defense Authorization Act for Fiscal Year 2021," p. 757.

[3] One Hundred Sixteenth Congress of the USA., "National Defense Authorization Act for Fiscal Year 2021," p. 760.

[4] One Hundred Sixteenth Congress of the USA., "National Defense Authorization Act for Fiscal Year 2021," p. 761.

拜登政府设立国家网络安全总监及其办公室，被视为对特朗普政府网络安全政策的修正和弥补，并在一定程度上回归奥巴马政府时期对国家网络安全的战略认识。拜登政府的网络安全协调机构从人事安排上来说，具有更强的专业背景，这使得网络安全协调机构对新兴技术的采纳、运用以及对其所带来的风险认知更为敏感。为了展开与中国的全面竞争，拜登政府要求国家网络安全总监在数字经济建设和数字生态发展方面采取更积极的姿态。这一点从国家网络总监办公室最新发布的《国家网络安全战略》中得到了体现。[①]国家网络总监在协调政府部门的行政权力上更具有自主性，在职责范畴上也更为整合，更好地满足拜登政府利用"盟友"关系构建全球网络安全规范的外交工作需求。

四、结论与讨论

（一）比较奥巴马与拜登政府网络安全协调机构

对比两届政府的网络安全战略目标，奥巴马政府时期采取了一系列捍卫国内基础建设和数字生态的"保护"性措施，在全球层面开展一系列霸权地位的"建构"性实践；而拜登政府的目标则转向了对国内市场和数字生态的"激励"性发展和全球层面的"竞争"性对抗。两届政府的网络安全协调机构设置和人员构成也基本满足上述政策取向。

第一，从表1可以看出，两届政府的网络安全协调机构设置的初衷上首先存在差异。奥巴马政府时期，网络安全政策快速发展而

---

① The White House, "National Cybersecurity Strategy," March 2023.

行政主体之间缺乏协调，因此设立网络安全协调机构；拜登政府则出于弥补特朗普政府时期网络治理的缺失，重新恢复协调机构。

表1 奥巴马政府与拜登政府网络安全协调机构的横向比较

	奥巴马政府：网络安全协调官	拜登政府：国家网络总监
国家能力需求	网络安全政策协调性差	弥补前任政府治理缺失
政策目标	基础设施安全、推送意识形态	国内市场发展与国际竞争
人选	行政背景	技术背景
职能	政策枢纽	政策集成
机构自主性	弱	强

第二，在人选方面：奥巴马政府选用具有空军背景的高级官员，更好地协调了官僚机构与军队的工作，有助于美国构建网络军事力量，通过"网络威慑"维护网络基础设施安全；在国务院设立网络问题协调员，也符合利用互联网向全球推送"网络自由"意识形态的政策取向。拜登政府为了发展美国的网络技术竞争力，进一步强化政府与私营部门合作的需求也更加强烈，因此选择技术背景更强的高级官员担任国家网络总监，对国内网络生态和数字经济市场的发展更为重视。

第三，网络安全协调机构的职责范围更加统筹，推动网络安全政策的自主性更强。奥巴马时期，与网络安全相关的外交职能由国务院的网络问题协调员向国务卿汇报，而对外推动网络治理多边合作、构建国际网络安全规范又是奥巴马政府的政策重点之一；相比之下，拜登政府将围绕网络安全的外交工作协调职能划入了国家网络总监的工作范畴，统筹性更为明显。

第四，奥巴马政府时期，网络安全协调官同时向国家经济委员会、国家安全委员会和总统汇报工作。而拜登政府时期，国家网络总监是向其他行政部门提供政策建议和咨询服务的平级关系，甚至有权力颁布条例和规则，利用其他联邦部门的服务与资源。可以认为国家网络总监的行政权力范围大于网络安全协调官。网络安全协调机构的权力扩张，体现出拜登政府相较于奥巴马政府更为重视网络空间在国家安全体系中的地位。

（二）大国竞争态势与网络安全机构调整

本文认为，美国政府对网络安全协调机构进行调整的原因在于中美大国竞争态势加剧使美国政府的威胁认知发生调整。从奥巴马政府到拜登政府时期，中美的国家实力对比发生变化，中美之间总体实力差距缩小，大国竞争态势明显加剧。为了合理化中国在近年来取得的快速发展，网络空间被美国政府视为遏制中国的重要领域。因此，拜登政府制定出一系列网络安全政策，从而巩固其自身的国际地位。一方面，拜登政府进一步强化了奥巴马政府的基础设施保护政策，将对国内基础设施的攻击和对美国知识产权的"窃取"作为美国认知中最重要的威胁来源；另一方面，拜登政府进一步强调促进国内数字生态建设和国内数字经济市场发展，从而在国际层面与中国展开竞争。为此，拜登政府强化了网络安全协调机构的自主性、专业性并扩大了其职能范围。

通过对比两届政府网络安全协调机构的异同发现，美国网络安全协调机构的设置基本符合其国家网络安全战略的需要。网络安全协调机构的人员、职能表现出较强的国家政策主导性，与当届政府的国家网络安全战略的侧重点具有一致性。研究发现，美国政府基于对中美实力对比变化的感知，调整其国家安全政策，为此需要对现有的行政机构进行调整以满足安全战略对国家能力的要求，因而美国的网络安全协调机构发生了变化。"网络安全协调机构是美国基于国家权力结构变化做出战略认知调整的国内后果"这一假设基本成立。导致两届政府在网络安全协调机构的设置安排上的差异的根本原因，是大国竞争态势所构成的体系压力，以及美国政府面对体系压力所产生的战略认知变化。拜登政府设立国家网络总监一职，既体现了对奥巴马政府构建国家网络安全战略的政策延续性，更重要的是，两届政府面对中美实力对比的威胁认知差异，是美国机构设置差异的根本原因（参见图6）。

体系压力 —— 引发 ——> 威胁认知和战略调整 —— 需求 ——> 国内机构设置调整

中美实力对比发生变化　｜　奥巴马：基础设施保护与国际规则重塑；拜登：基础设施投资与产业扶持　｜　网络安全协调职权扩大

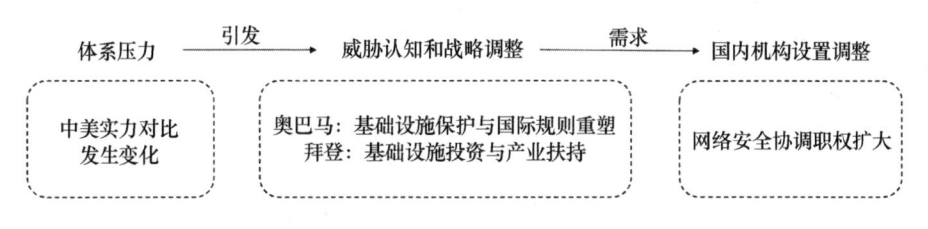

图 6　本文的核心逻辑

图书在版编目（CIP）数据

数字时代的新地缘政治博弈与冲突协调／胡冯彬，沈逸主编 .—北京：时事出版社，2024.6
ISBN 978-7-5195-0575-2

Ⅰ.①数… Ⅱ.①胡…②沈… Ⅲ.①地缘政治学—研究 Ⅳ.①D5

中国国家版本馆 CIP 数据核字（2024）第 069115 号

出 版 发 行：时事出版社
地　　　　址：北京市海淀区彰化路138号西荣阁B座G2层
邮　　　　编：100097
发 行 热 线：（010）88869831　88869832
传　　　　真：（010）88869875
电 子 邮 箱：shishichubanshe@sina.com
印　　　　刷：北京良义印刷科技有限公司

开本：787×1092　1/16　印张：17　字数：205千字
2024年6月第1版　2024年6月第1次印刷
定价：112.00元

（如有印装质量问题，请与本社发行部联系调换）